国家社科基金
GUOJIA SHEKE JIJIN HOUQI ZIZHU XIANGMU
后期资助项目

科技金融与高新技术产业协同演化机理、模式及效应研究

Research on the Mechanism, Mode and Effect of Co-evolution of Sci-tech Finance and High-tech Industry

刘湘云　著

中国财经出版传媒集团
经济科学出版社
Economic Science Press

国家社科基金后期资助项目
出版说明

　　后期资助项目是国家社科基金设立的一类重要项目，旨在鼓励广大社科研究者潜心治学，支持基础研究多出优秀成果。它是经过严格评审，从接近完成的科研成果中遴选立项的。为扩大后期资助项目的影响，更好地推动学术发展，促进成果转化，全国哲学社会科学工作办公室按照"统一设计、统一标识、统一版式、形成系列"的总体要求，组织出版国家社科基金后期资助项目成果。

全国哲学社会科学工作办公室

前言

科技金融与高新技术产业融合创新发展，既是促进我国经济结构优化和调整的重要方向，也是学界研究的热点和难点。科技金融是现代金融体系一体化过程中，能有效促进科技产业发展的一系列金融工具、平台体系、金融政策和金融服务的创新性系统安排，是科技产业与金融产业相互融合、相互促进、共创价值、协调发展的结晶，属于产业金融范畴。我国经济高质量发展背景下，科技金融与高新技术产业的协同发展已经成为国家重大发展战略。在大数据、物联网、云计算、人工智能和区块链等新一代信息技术迅猛发展的今天，世界主要发达国家都加大了对科技创新的投入力度，大力发展新型战略性产业。党的十九大报告指出，当前经济发展需要更加注重创新资源要素的有效汇聚和协同，通过科技金融与高新技术产业的有效融合和交叉创新，更快、更大地释放经济增长能力，实现经济高质量发展。

本书以演化经济学、复杂性科学等理论为基础，对我国科技金融与高新技术产业协同演化机理、模式及其效应进行了探索性研究。研究发现，科技金融和高新技术产业协同效应显著，科技金融对高新技术产业发展的促进作用和贡献程度逐渐加深。科技金融与高新技术产业协同演化是一个由多要素、多主体、多层次形成的集合体，是一个典型的开放型复杂巨系统形成过程；科技金融与高新技术产业互利互惠协同发展，具有多元一致性，其协同演化进程呈现出明显的、稳定的上升形态；科技金融与高新技术产业协同演化的动态关系呈现双向正效应。以广东省为例，实证研究表明：科技金融与高新技术产业二者之间存在着环境保障、市场导向和政策协同等相互促进、相互影响的从无序到有序的协同演化机制；在科技金融产业复合系统内，科技金融和高新技术产业二者之间不仅存在密切的协同演化关系，也存在系统中机制因素的推动作用，即协同演化机制；科技金融与高新技术产业两个子系统所构成的复合巨系统具有开放性、自组织特征且系统有序度在不断提升，该复合巨系统通过竞争合作、信息共享、交互学习、环境保障等方式，实现子系统和复合系统的有序性。通过研究科技金融与高新技术产业间系统协同效应与协同发展模式表明：协同环境条件下，存在科技金融子系统与高新技术产业两个子系统间协同发展所形成的"1＋1＞2"的整体效应，产生新的复合系统功能以及实现协同效应最大化的趋势；两个子系统的结构不断完善、系统有序度不断提升，并促进了复合系统的整体结构稳定与功能增强，两者协同演化，形成区域乃至全国经济生态，最终促进经济增长。自2000年以来，广东省科技金融与高新技术产业的子系统有序度与复合系统协同度均呈现"阶梯式增长"发展特征：珠三角地区科技金融与高新技术产业协同发展绩效明显优于粤东、粤西和粤北地区；以深圳、广州、佛山、东莞和珠海为代表的粤港澳大湾区城市，科技金融与高新技术产业协同效应显著，协同创新能力明显强于广东省其他地区。

综上所述，科技、金融、产业融合创新发展（以下简称"三融合"）是我国大力实施创新驱动发展战略的重要举措，经济新常态背景下，此举措对于拉动经济增长、促进供给侧结构性改革等具有重要的实践意义。本书分别从科技金融与高新技术产业协同演化的机理、模式及其效应三个维度，分析研究了科技金融与高新技术产业的协同发展问题。首先，对国内外和广东省科技金融与高新技术产业协同发展现状，以及协同发展中存在的问题及成因进行了分析；其次，从科技金融与高新技术产业协同演化机制、协同效应基本原理及协同发展模式构建、共生演化关系及群体视角下二者的动力学机制等角度，对其协同演化机理进行较为全面的分析；再次，通过建立科技金融与高新技术产业复合系统协同度模型和DEA交叉评价模型，并结合相关数据，对复合系统的协同状态进行测度和对协同效应进行评价；最后，分别从科技金融与高新技术协同创新发展的路径环境、政府引领和市场机制建设等方面，分析了科技金融与高新技术产业协同创新发展路径实施的可行性。

本书由粤港澳大湾区科技金融与数字经济协同创新研究院院长刘湘云教授负责全书总体思路和研究框架设计，并撰写部分重要章节；广州华商学院伍梓毅老师参与撰写了第2章、第3章、第4章等内容；主要写作成员还包括暨南大学博士研究生韦施威，广东财经大学研究生方晓阳、吴楚键、罗文倩、杨引斌等。

本书撰写过程中，全国哲学社会科学工作办公室和经济科学出版社提供了大力支持与帮助；同时也得到广东省普通高校创新团队建设项目（科技金融创新与大数据分析研究团队，批准号：2017WCXTD004）和广州华商学院校级重点学科——金融学（批准号：2020HSXK01）资助；广东财经大学、广州华商学院、广州市科学技术局科技金融处、广州市科技金融创新研究院、粤港澳大湾区科技金融与数字经济协同创新研究院等单位也提供了业务指导，在此表示衷心感谢！由于高新技术产业发展迅速，科技金融相关的理论、政策和实践处于快速变化之中，本书对相关问题的探讨如有不足与错误之处，欢迎批评指正。

刘湘云

2022 年 2 月

目　　录

第1章 绪 论

1.1 研究背景与问题提出

科学和技术创新对一国经济增长的巨大贡献不应被夸大,这一结论在世界经济发展的漫长历史中很容易得到证实,以至于决策者在制定一国的长期发展战略方针时,总是假定科学和技术进步对一国的经济有重大影响。然而,每一项技术创新背后都有金融资本的力量,技术和金融从未平行和独立地发展,而是相互融合和互动的。在科学技术的发展历史中,金融模式的创新和金融制度的升级与科技革命带来的经济增长相伴相生,从演化经济学角度出发,技术进步和金融结构是一个共同演化的系统。每一次产业革命都源于一系列重大的技术创新和技术进步,而技术进步需要投入大量的人力、物力、财力等。创新经济学的先驱在提出创新理论时,把金融资源配置研究作为中心课题之一,因为金融的发展推动了新技术的进步和发展。

科技创新会带动传统产业的升级转型,只有金融产品的创新发展以及金融体系、金融机构和金融部门的优化升级才能满足新的工业部门的发展需求。新技术提供的先进的技术工具手段,不仅对于金融业扩张和融资效率提高具有推动作用,而且将创造广泛的需求空间发展,并给金融产业发展带来递增的正反馈。然而,在很长一段时间里,经济学家们使用新古典主义的均衡分析方法集中研究它们之间的单向相互关系,较少研究它们之间的协同演化关系。一些进化经济学家就这个问题提出了自己的看法和观点。纳尔逊和温特(Nelson & Winter, 1982)、弗伦肯(Frenken, 2000)、弗莱明和索伦森(Fleming & Sorenson, 2001)等已经认识到技术创新或进步的进化,但他们主要解释技术创新为何发生,没有去研究科技金融与高新技术产业之间的协同演化关系。多西（Dosi，1990）、奥沙利文（O'Sullivan，2004）研究分析了金融创新在产业演化中的特殊功能和作用。佩雷斯（Perez，2002）将技术革命作为其理论的核心，分析了金融资本与技术经济范式的转换关系，其研究侧重"技术—经济"范式变革中金融资本如何发挥作用，但没有研究金融和科技的协同演化关系，并且她的研究是从宏观视角的历史考察，缺乏微观实证数据的支撑。

科技和金融是新时代经济发展中最重要的两大因素，科学技术是第一生产力，金融在现代经济中发挥枢纽和联结的核心作用。科技与金融的结合，对于我国增强自主创新能力、进一步刺激经济增长、促进产业结构优化升级，具有重要的战略意义。一方面，金融支持科技的发展，完善、创新的金融服务和金融技术可以有效地加速生产和科技成果产业化、加快新兴产业的孵化，可以有效地促进高新技术企业创新能力的提升和发展；另一方面，科技引领金融服务升级，以信息技术为代表的高科技成果融入金融领域，将为金融行业带来巨大的技术创新和效率提升。推动国家科技发展"十三五"规划的落地，实现科技金融深度融合，培育和发展战略性新兴产业，支持和引导经济发展方式转变，推动产业结构的优化升级和建立创新型国家。《关于促进科技和金融结合加快实施自主创新战略的若干意见》指出，大力促进科技和金融的融合，不断增强科技金融的主导作用，构建多层次资本市场体系的目标，走出一条金融改革和创新具有区域特色的道路，加快形成产业转型升级与金融要素的高效对接机制，实现金融科技与产业的良性循环。

20世纪90年代，我国开始关注科技金融，主要关注金融如何更好地服务科技企业这一问题。直到2001年，"科技金融"一词才得到官方解释。科技金融是与金融、政策、科技相关的一系列创新手段的总和，其主要目的是促进我国科技事业的发展和科技成果的转化，是我国科技金融体系的重要组成部分。

忽视科技金融与高新技术产业的协同进化关系，在一定程度上影响了科技与金融的协同发展。美国虽然是世界上最发达的经济体，但其科技金融和高新技术产业之间也存在不平衡的问题。在我国，政府仍然居于绝对的领导地位，市场融资结构严重失衡，特别是创新型中小企业融资的"麦克米伦缺口"，是一个严重的问题。由于市场机制在配置财政资源方面没有发挥作用，科技金融投资风险高、研发收益低，以及投资的市场导向机制尚未形成等突出问题，导致财政资源与科技发展脱节，增加了财政风险。在对二者关系的研究中，更多地侧重解决实际问题和政策层面，理论研究不足，研究方法简单，对策思路缺乏实证依据。

在大数据、物联网、云计算和区块链等新一代互联网技术快速发展的今天，世界主要发达国家为求在国际市场竞争中占据领导性优势，都对技术创新加大了投入力度，大力发展新型战略性产业。党的十八大强调了科技创新对社会发展的重大推动作用。因此，在中国创新驱动发展战略的背景下，关于科技金融和高新技术产业的协同创新发展机制机理以及模式路径的研究，对实现科技与金融协同创新发展具有重要的理论和现实意义。

1.2 研究意义

当今社会资源配置以金融行业为中心，技术创新和进步是一国经济可持续发展的内生力量。高新技术产业发展方兴未艾，是促进我国经济结构优化升级的重要力量。党的十九大报告指出，当前经济发展需要更加注重创新资源要素的有效汇聚和协同。高新技术产业是发展活跃、创新能力强的新兴产业。只有突破新兴产业之间的阻碍因素，充分激发产业内部因素的活力，实现深度合作，才能进一步促进我国产业结构的优化升级。同时，科技金融通过金融资源配置和创新培育服务，进一步促进科技产业的发展和升级。实现科技金融与高新技术产业的有效融合和在复合体系中的协同作用，可以释放经济增长能力，促进科技金融与科技产业的深层次合作。因此，研究如何实现科技金融和高科技产业之间的协调发展具有重要意义。

科技金融与高新技术产业的协同创新发展已成为我国重要的发展战略。然而，如何构建科技型金融业的创新与发展体系，已成为一个热点和难点问题，因为科技金融产业协同创新与发展的动力机制、协同演化关系和路径不清晰。本书运用系统工程理论、协同组织行为学理论和协同学理论，对科技金融与高技术产业协同进化的机理进行了探讨，并对二者的协同进化关系进行了实证分析，具有重要的理论意义和实践价值。

理论上，分析研究科技金融与高新技术产业协同演化机制、动态演化关系、科技金融产业复杂系统的群体行为特征以及演化体系，对构建完善的科技金融产业协同创新体系具有重大的指导意义。此外，科技金融是重要的新兴交叉学科，涉及经济学、财政学、管理学、信息科学和法学等，本书运用协同学理论、组织行为学等理论与方法分析研究上述问题，实现在复杂经济问题中跨学科应用与融合，具有特别重要的理论意义。实践上，分析科技金融与高新技术产业协同演化机制，首先，有利于新常态下经济发展质量和速度的转换，能够更好地贯彻和落实国家"双创"政策和供给侧结构性改革的要求，促进产业结构转型升级和战略性新兴产业成长，缓解企业资金困境，增强创新发展动力；其次，分析科技金融与高新技术产业的协同演化关系，能够加快实现金融、科技、产业间的内生循环。

1.2.1　理论意义

在理论方面，本书的研究可以在一程度上弥补演化经济学家在相关领域的研究欠缺。本书基于科技金融与高新技术产业之间动态协同演化关系的全新视角，剖析了二者之间的协同演化机理，描述了二者之间的协同演化特征，搭建了二者之间的协同演化理论框架，构建了二者之间的协同演化模型，从而为剖析二者的协同演化规律提供实证基础。

运用协同学理论和群体动力学分析研究科技金融协同效应，对构建系统和完整的科技金融协同创新体系具有重要的指导意义。首先，研究科技金融协同效应是一个复杂的系统性工程，涉及经济学、金融学、财政学、管理学和信息学等多学科知识，需要在复杂经济问题中运用跨学科知识，并进行学科交叉与融合，为现代自然科学和社会科学交叉发展作出理论贡献，不断加深软科学的高度综合性，从而具有非常重大的理论意义。其次，构建科技金融协同效应评价体系，为广东省以及全国测评科技金融协同发展状况提供了具体科学的定量测量指标体系以及有效科学的检验模型与方法，也为协同效应结果的分析与运用提供了理论依据。最后，研究并结合相关学者的研究成果，设计科技金融协同模式，补充拓展了我国对于科技金融发展模式的相关研究，并为政策设计与实施提供了理论参考与支持。

1.2.2　实践价值

在实证方面，本书广泛收集并分析国内外科技金融与高新技术企业协同发展的经验数据，创新发展模式以及成功的先进经验，并开创性地通过选取广东省近年来科技金融和科技金融发展宏微观数据对科技金融和高新技术的协同发展机制以及协同效应进行定量的实证分析，在此基础上，对科技金融与高新技术协同路径进行了比较分析，以弥补演化经济学对科技金融与高新技术协调发展研究的不足，动态监测我国科技创新、科技金融与高新技术产业的协调发展，为我国促进科技创新和加快金融业的发展提供理论和决策依据，具有重要的现实意义。

在应用方面，本书将科技金融与高新技术产业协同演化理论应用于我国的实践，探索我国科技金融与高新技术产业协同演化的规律，为我国未来科技金融与高新技术产业的协同演化、效应分析、路径选择和模式构建提供政策参考。

同时，研究和分析高技术产业与高技术金融的协同效应，构建高技术金融与高技术产业的协同发展模式，具有重要的实践价值。一是政策制定层面，丰富和完善科技型金融体系是金融改革的重要组成部分。研究和引导科技金融与科技产业的协调发展，有利于科技、金融与产业的协同发展，有利于加速科技创新与金融创新的良性互动，实现金融、科技、产业的内生循环。二是在行业企业层面，从区域经济发展的角度，有利于贯彻双创发展战略和供给侧改革要求，有利于推动产业结构转型升级和战略性新兴产业成长，缓解科技企业融资瓶颈，增强发展创新动力。三是在高校人才培养层面，高校、政府部门和工业企业采取政、产、教、研一体化模式，打造多元化培养基地和高端智库，大力培养高层次、复合型人才，有利于提高高等教育质量，扩大就业规模。

1.3　相关概念界定

1.3.1　技术进步和创新

本书研究的高新技术产业是以技术进步和创新为核心的知识密集型产业。一般来说，技术进步的定义有广义和狭义之分。狭义而言，技术进步是指生产、流通和资讯交换所使用的工具和程序的改善；从广义上讲，技术进步是指技术所涵盖的各种形式知识的积累和改进。技术进步是一个描述发明、技术创新和技术扩散的综合过程以实现经济增长的过程。总之，一个完整的技术进步过程一般包括技术创新、技术扩散和技术转让或引进三个部分。

1.3.2　科技金融

科技金融是在现代金融体系一体化的过程中，依托并能有效促进科技产业发展的一系列金融工具、平台体系、金融政策和金融服务的系统创新性安排，是科技产业与金融产业相互融合、互动发展、共创价值、协调发展的结果，属于产业金融的范畴。

从整体上看，科技金融是为科技产业发展提供金融资源综合配置与创新服务从而实现科技和金融更紧密融合的一系列制度安排。科技金融由投融资体系、创新体系、服务体系、政策体系和公共平台几个部分构成（见图1-1）。科技金融作为金融资源配置和创新服务的系统性安排，其核心功能就是通过投融资方式促进科技产业系统和金融系统的创新与发展，投融资体系与创新体系是科技金融中的核心部分。科技金融通过服务体系的不断完善和优化，以及配套政策体系的协同支持，有力地推动了科技成果的迅速转化和产业化进程。同时，在资源得到有效合理配置的同时，科技产业自身规模的发展通过资金流和政府政策目标实现等方式反馈到科技金融中，实现了科技金融经济效益和社会效益升级，并进一步加强科技金融的平台作用，从而实现科技金融与科技产业的协同发展。

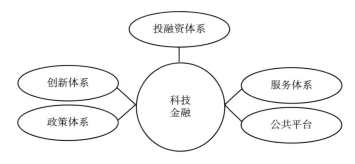

图1-1 科技金融构成

1.3.3 高新技术产业

目前，世界各国及相关组织对高新技术产业尚无统一的定义。由于不同的经济发展水平和国情，难以统一、科学地界定和概括高新技术产业。通常，美国商务部对高科技产业的定义是，研发支出超过该产业增长总值的10%、高科技研发和相关生产人员超过其总员工10%以上的智力密集型产业部门。经济合作与发展组织（OECD）利用研究和发展强度对高新技术产业进行界定和分类，从而满足国际产业比较的需要，其中衡量高新技术产业的指标有研发（R&D）总费用及直接费用占总产值、增加值的比重等。一些西方国家，如澳大利亚，把新技术的应用和推广以及新产品的大规模生产作为判断高新技术产业的标志。随着科学技术的快速发展和生产力的快速提高,原有的定义已不能适应当前和未来经济社会发展的需要,高新技术产业的比重和内涵规定也将适应这种需要而不断升级。

目前我国对高新技术企业及其产业的界定,是根据 2016 年 1 月科技部、财政部和国家税务总局联合修订发布的《高新技术企业认定管理办法》,把产业的技术密度和复杂程度作为标准,定义高新技术产业是以高新技术为基础,从事一项或多项高新技术及其产品的研发、产业化生产和技术服务支持,以各类不同层次的高新技术产业开发区为载体的企业集合。目前,我国高新技术产业主要分布在新材料技术、信息技术和生物技术等领域。

1.3.4　协同演化

复杂系统内部的协同演化随着信息、物质、资源等的频繁交流而发展。协同演化是所有复杂系统中广泛存在的机制,是复杂系统协同演化的关键基础。复合系统的协同演化能够充分反映复合系统中各子系统的功能,从而加强复合系统的整体功能。因此,复合系统将实现"1 + 1 > 2"的协同效应而非子系统功能的简单叠加。协同演化学者凡勃伦(Veblen,1989)认为,复杂系统是由许多具有独特运行机制的子系统组成的,并且这些子系统会对变量产生不同影响的复杂性无序混沌系统。协同演化机制的关键是分析具有内在联系的子系统从而实现复杂系统从无序到有序转化。因此,为了借鉴大多数学者的研究成果,本书关于科技金融与高新技术产业的协同演化定义为:在一定的技术与金融创新的时空范围内,科技金融子系统与高新技术产业子系统协同发展、相互促进,最终优化各个子系统的资源配置的内在机理。

第 2 章　文献综述与理论基础

2.1　文献综述

科技与金融的互动、协同、创新和融合，使科技金融逐步完善和发展，并成为一个独立且具有正外部性的系统而存在。近年来，关于金融创新对科技产业影响的研究逐渐转向探讨科技金融体系与高新技术产业体系之间的正向互动效应。科技金融作为一种创新的、综合性的资源配置服务平台，可以通过科技与金融紧密结合从而有效地实现技术研发和科技成果产业化，进而对高新技术产业具有明显的推动效应。

2.1.1　科技金融研究现状

作为我国科技创新及金融服务体系的重要组成部分，科技金融是科技与金融产业相互作用、相互融合、共同创造价值、协同发展的产物。赵昌文等（2009）认为，科技金融是一系列金融工具、金融体系、金融政策和金融服务的系统创新安排，促进了产业链上科技研发与成果转化的有效整合，进而推动了科技产业的发展。2011 年，中华人民共和国科技部明确规定，科技金融是以科技型企业为服务对象，整合各种资源，贯穿于企业整个发展周期和发展阶段，提供全方位、多元化金融相关服务的政策性综合服务体系。同时，在财政科技投入不断优化的情况下，引导和促进金融机构的各类资本支持科技创新，实现科技创新与金融资本的有机结合。顾焕章等（2013）认为，科技金融作为现代金融服务体系的重要组成部分，有力地推动了科技研发及其成果产业化进程，其核心任务是引导金融资本和社会投资进入科技创新领域。赵天一（2013）根据推动因素，将科技财政分为公共科技金融、市场科技金融和混合型科技金融。总体而言，科技金融通过资源整合提供金融支持、资源配置和创新平台，以高科技发展为服务导向，推动科技创新，促进科技与金融融合，推动整体体制和制度安排的深化发展。

科技金融具有经济利益导向和社会价值提升两个特征，由以科技资本市场中投融资体系为代表的市场、科技金融和以政府支持科技发展的相关经济活动为代表的公共科技金融共同构成。我国尚未建立系统完整的科技金融架构，不少学者对科技金融的建设进行了积极的探索。吴翌琳（2013）指出，有效整合多样化的金融运营模式是建设科技金融服务体系的关键所在，需要进一步优化和创新资本配置方式。束兰根（2013）认为，科技金融的构建应该从券商和创投行业、政府支持以及商业银行三个方面考虑，券商和创投行业投资属于直接融资范畴，商业银行发放的科技贷款则属于间接融资。肇启伟等（2015）认为，科技金融构建的任务有两个：一是解决企业融资问题；二是疏通科技成果转化渠道。常国辉（2015）认为，科技金融涵盖资本市场投融资、创新链条、金融服务功能、政策引导体系与公共平台五个领域，构成相互关联的整体。薛莉（2016）分析了科技金融四部门——政府、银行、风险投资、资本市场在创新投入与创新展开两阶段的异质性作用关系。这些研究成果为创建科技金融提供了很好的建议和指导。

2.1.2　科技金融与高新技术产业协同演化动态关系研究现状

1. 科技金融支持高新技术产业发展研究现状

基于国内大多数学者对科技金融支持高新技术产业发展的研究可知，科技金融在促进高新技术产业发展、金融支持和服务方面发挥着重要作用。其方式包括：张明彦和田伟民（2010）、朱大为和雷良海（2010）认为，政府在金融领域实施各项优惠政策后，如果能够全面落实各项税收优惠、减免等金融支持政策，有利于提高高新技术企业的发展水平和科技创新效率，进而实现企业竞争力和区域经济增长；龚天宇（2011）认为，高新技术企业的可持续发展需要金融支持政策的支持和科技支持政策的指导，提出了支持我国高新技术企业发展的创新政策决策形式、创新金融产品和创新服务模式；刘湘云和吴文洋（2017）基于高新技术产业发展现状，分析了科技财政政策的作用路径，基于 DEA 模型，实证检验了 2000年以来一系列科技金融政策对广东省高新技术产业的影响，实证表明科技金融政策的实施对高新技术产业发展具有显著的支持作用。在金融服务与支持方面，刘志彪（2012）认为，在发展力量转变的背景下，中国商业银行应及时转变，适应新时期高技术产业发展的需要，积极开展各种业务创新，完善科技服务工作，创新金融产品，加快与科技企业融合；侯茂章等（2014）根据东湖等示范区建设的现状，认为科技金融可以有效地整合金融创新和科技创新的要素，对促进科技成果转化和高新技术产业集聚具有重要的现实意义；尤丽（2017）认为，科技产业的发展始终存在财政支持，科技产业的发展水平和实现科技创新的质量取决于财政支持的力度，两者的变化方向是一致的；陈永明等（2017）认为，高新技术产业的发展需要科技金融的支持，主要包括三个方面：一是创新具体的金融工具，二是从数量上为高新技术产业提供充足的资源，三是建立服务平台，为高新技术产业的发展提供优质的政策、金融和咨询服务；姚学松等（2017）选取中国各地区的面板数据，构建了一个模型来检验固定效应，发现中国各地区的金融发展对企业的科技创新活动具有显著的正向影响。

2. 高新技术产业助推科技金融创新研究现状

宏观层面上高新技术企业发展有助于资本市场的完善。许博炫（Po-Hsuan H，2009）通过实证发现高新技术产业科技研发或创新对股票市场具有正向的冲击效应，从而认为科技研发或创新等能够提高股票市场的活跃度，更加完善资本市场的价格发现机制。安娜·伊蕾娜（Anna Ilyina，2012）选取计算机工作站全球数据库（CWGD）中的科技企业公司数据进行数据分析，发现企业上市融资为企业创新活动提供了直接融资渠道，为企业研发活动提供了动力，因此，企业进入资本市场能够促进企业科技创新安排，实现企业创新效率，加快企业发展，促进经济增长。

2.1.3　科技金融与高新技术产业协同演化机制研究现状

两个复杂群体之间的共生演化关系及其相互作用机制是组群间协同演化机制的重要组成部分。共生演化最初是用来描述两个或两个以上不同物种在进化过程中长期保持密切互利关系的生物学术语，演化经济学汲取了这一理论并将其应用于现代经济学研究。科技与金融的共生演化是科技与金融两个子系统之间不断相互作用和演化的过程，是复合系统中两个子系统相互影响、相互交织的现象。

目前大部分学者主要集中于科技与金融二者关系的研究，而鲜有将科技和金融两个领域视为共生演化关系进行研究的。经济学者对科技与金融关系的研究主要集中在区域创新网络和产业集群的内部结构上。王子龙

（2006）等认为，企业集群演化的本质是一个区域经济系统和生态系统相结合的复杂过程，其发展受到利益驱动机制和自然平衡机制的制约，在这两个机制下的演化发展呈现出复杂的轨迹。胡浩（2011）发现，区域创新系统之间的差异在于创新极的数量、实力和共生关系，而区域创新系统的演化受创新极和共生关系的影响。余斌斌（2014）和胡汉辉（2014）建立了基于制造业和服务业互动效应的共生演化模型，研究发现特定城市空间区域内的制造业与服务业之间存在互惠效应和挤出效应。王斌（2014）运用网络组织理论和产业聚集理论构建了基于网络结构的集群知识网络共生演化模型，发现根据共生宽度和共生深度四种组合的不同，集群知识网络从较低层次向较高层次演化。叶斌和陈丽玉（2015）建立了区域创新网络竞争合作的共生演化模型，发现区域创新网络中创新主体之间的共生演化结果取决于共生系数的大小。基于 Logistic 函数模型的优良特性和金融、科技系统的共生演化特性，可以利用 Logistic 函数模型研究二者的演化关系并构建协同模型。唐荣强等（2009）提出一个生产者服务业与制造业共同发展的模式，其中环境容量在共生和环境变化的影响下以分段 Logistic 函数表示，研究发现人口属性、人口密度、制度环境和产业环境的变化将影响生产性服务业与制造业协同发展的机制。庞富辉和郭振（2010）用分段 Logistic 曲线描述了生产性服务业与制造业的协同演化。庞复辉（2012）基于生态人口协同演化模型，将生产者服务业与制造业的互动阶段进行了划分，并给出了具体特征，即成长期的生产者服务业与制造业的互动发展属于非对称互动模式。吴勇民等（2014）构建了金融业与高新技术产业协同演化发展的演化模型，研究发现我国金融业与高新技术产业的协同演化可以用 Logistic 协同演化模型来准确描述，并且金融业与高新技术产业之间也是非对称性互惠关系。吴勇民和王倩（2016）构建了产业协同演化模型，通过对技术与金融协同演化机制的实证分析，发现信息通信产业与现代金融业的有机结合促进了我国互联网金融的发展。

2.1.4 科技资本市场与高新技术产业协同发展研究现状

科技资本市场是科技金融系统中最为活跃、经济效应最为明显的部分。广东省科技资本市场具有多层次、多形式的特点：以风险投资、产业投资基金为主要股权投资基金形式；主板、创业板、新三板、区域股权交易中心和科创板等不同层次的证券市场；以商业银行贷款为主的传统贷款融资以及企业债券市场。不同形式的科技资本市场主体对区域企业创新活动的发展以及科研成果向产业化的有效转化具有重要影响。为此，国内外学者从融资模式创新到产品和产业化的科技支撑、科技创新到金融服务的推动、资本市场科技与金融合作机制的发展三个方面进行了研究和思考。

学者们发现创新型融资模式有效地促进了科技成果转化过程，显著提高了高新技术企业的创新能力。杰勒德和加内什（Gerard & Ganesh，2003）认为，金融机构根据企业的实际生产经营状况制定个性化融资计划，在一定程度上提高了科技企业的产品转化能力。资本市场的完善程度对企业研发技术的进步和社会经济的增长具有重要影响，这一问题可以通过改进公共政策来缓解。辜胜阻等（2007）认为，企业创新随着时间的推移呈现出层次和阶段的特征，企业融资模式和规模应该随着时间推移和阶段特征而变化。黄刚和蔡幸（2006）通过对国内外科技企业发展的比较，指出完善资本市场制度设计是解决这一问题的有效途径。郑婧渊（2009）认为高新技术企业与资本市场的对接因为科技金融平台得到了显著改善。雷维利亚和费尔南德斯（Revilla & Fernandez，2012）指出，信息技术通过生产管理升级和技术升级促进了资本积累。黄德春等（2014）从金融模式和服务升级的角度认为，科技型企业的科技创新对科技型金融的发展具有一定的支撑作用，并因此建立科技金融指数。近年来，科技金融一体化战略越来越受到人们的重视。卡萝塔（Carlota，2009）在《技术革命与金融资本》中指出，技术资源与金融资本之间的关系正变得越来越互动。陈迅和陈军（2009）从演化经济学的角度分析了技术进步与金融服务优化升级之间的协同作用。张景安（2010）建议，银行体系应该在科技与金融的互动中积极发挥作用。许爱萍（2015）认为，科技金融在支持科技创新方面发挥着重要作用。祝佳（2015）发现中国省（区、市）的金融支持与技术创新之间存在明显的协同关系。

2.1.5 公共科技金融与高新技术产业协同发展研究现状

政府在科技金融与高新技术产业的协同发展过程中发挥着重要作用。政府通过制定产业政策、引导区域金融结构调整、财政科技投入、制定和实施区域增长评价指标、调整预算结构等方式，支持高新技术企业的创新发展。财政科技拨款和财政 R&D 补贴是其中比较有效的措施。学者们从财政科技投入和政府行为对区域高新技术产业发展的影响、政府在产业集群发展中的作用、政府在引导高新技术产业发展中的作用以及产学研一体化机制模式创新方面进行了探讨和研究。

　　吴非等（2017）研究发现，财政对科技创新产出的作用存在区域差异性，并提出改善政府考核机制和财税激励结构以适应区域异质性的科技产业创新驱动发展路径。吴非等（2018）研究发现，政府经济增长绩效考核和财政失衡问题会对财政 R&D 补贴效果产生逆向作用，不合理且过度的财政补贴会引起企业的"迎合"现象，反而降低科技企业创新研发效率，并提出以"政府—市场"联动为主要形式的绩效考核升级和财税激励结构优化措施来促进科技企业发展。邱海雄和徐建牛（2004）研究发现，产业集群、技术创新的主导者是我国地方政府，地方政府参与科技产业活动的原因包括产业竞争加剧、市场失灵和社会缺位等客观因素，财政分权下制度激励加深是其参与的主观因素。韩建军（2003）认为，政府可以通过税收优惠等政策引导产业升级，政府行为或政府引导的企业协会的壮大能够消除产业集群的负外部性，并促进科技产业集群的创新和发展。刘筱等（2006）研究发现，通过政府主导型和混合治理型向市场主导型治理模式的转换，能够促进高技术产业集群的投资规模、资本收益率以及政府服务能力的提升。陈建先和王昊（2002）研究了国外政府高新技术产业发展政策，提出营造有利于高新技术产业发展，如专利保护、技术转移和外资引入等的法律环境、完善的税收优惠制度和退出机制等创新制度。郭晓丹等（2011）研究发现，政府补贴及额外行为能有效缓解战略新兴产业技术研发过程中的外部性问题，研发补贴对激励企业科技创新具有正向效应。朱迎春（2011）认为，政府通过引导、激励、服务和规范战略新兴产业等行为，能够有效解决产业的负外部性、高风险和市场失灵等问题，进而实现产业的准公共性价值。陆国庆等（2014）研究发现，创新补贴绩效及创新外溢性显著，公司治理效果和财务风险水平较大程度上影响政府补贴的实际效果。姜宁和黄万（2010）的研究表明，政府补贴在一定程度上会影响企业研发投资规模，以及政府补贴对企业研发投资的影响具有时滞性。周春彦（2006）认为大学、产业和政府在三重螺旋中可以成为创新的主体或创新的组织者和参与者，并能动态地促进创新活动以及主体之间的共同发展。王成军（2005）借鉴了政府间合作的经验，通过对美国、日本、欧盟等西方发达国家和地区的官产学协同关系进行分析，指出有效运用"三元螺旋"机制对于构建我国科技产业与其他产业的协同发展体系具有重要的战略意义。

2.1.6　科技金融与高新技术产业协同发展模式及协同效应研究

　　协同主体之间存在资源异质性，这种内生异质性将产生良性的溢出效应。这种合作与资源共享将导致协同体之间产生协同效应，从而获得更高的绩效。金融、政府和产业可以通过某种形式的合作和科学合理的制度安排来实现产出绩效增长和溢出效应。根据赫尔曼·哈肯（Hermann Haken，1990）的理论，协同作用被定义为整个环境中系统之间的相互作用和合作。学者们研究了协同的内涵和条件、科技金融与高技术产业协同的评价以及协同发展模型的优化。赵凌章（2004）从价值链管理的竞争优势角度研究协同，认为协同促进了产业内部功能的耦合，形成了独特的整体功能，远远超出了各个模块功能的总和。孙强和杨义梅（2006）认为，协同效应是远离平衡态的开放复杂系统中各子系统增益联合作用的结果。靳景玉和刘朝明（2006）认为，协同是复杂系统中各子系统之间的合作与互动现象，表现出集成度不断提高的趋势，促进系统集成的关键在于在系统各要素存在差异的前提下协同发展。黎鹏（2005）认为，协同的实现需要系统各要素的结合与协作，系统有统一的发展目标和规划有效的组织管理及运行机制，各子系统之间有高度的协调与整合。谢学梅和刘丝雨（2015）认为，实现协同效应已成为开放环境下中小科技企业可持续发展的战略目标，科技企业间的协同模式对协同效应具有显著的正效益。唐清泉和巫岑（2014）发现，内部和外部因素之间的互动调节将逐渐形成协同效应，从而促进系统内各因素开发能力的共同提高。孙喜民等（2015）认为，产业的多样性和多层次发展路径可以促进产业主体之间的合作，通过优化培育环境和要素资源的合作与整合，实现协同效应的优化。通过对广东省科技创新与金融创新耦合机制的群体动力学研究，刘湘云等（2018）发现，广东省科技创新与金融创新的耦合程度越来越高，金融系统与科技产业的协同效应越来越明显。

科技金融与企业科技创新行为之间的协同作用促进了科技金融与科技产业各子系统之间的创新协同。创新协同是一个复合系统中各子系统之间形成的共享机制，每个子系统作为一个创新主体，具有基于现代信息技术的协同发展目标、内部激励因素、直接沟通渠道和资源共享平台，使子系统实现全方位沟通和多元化合作。同时，创新协同机制可以实现创新资源和要素的有效集聚，降低各子系统的信息不对称，激发创新要素的活力，深化协同程度。我国关于高新技术产业系统内的创新协同、协同绩效和区域科技产业协同绩效的研究较多，而对协同绩效的研究大多集中在国家层面，对广东省科技金融协同效应的研究较少。本书从金融投入结构和科技产出阶段的角度，分析了影响广东省科技与金融综合效益的因素，指出影响广东省科技与金融综合效益的主要因素是阶段错配。鲍丹（2008）基于技术要素建立了金融创新协同机制模型，通过加入创新要素的影响，分析了创新过程中协同机制的具体形式。李连友和罗嘉（2008）基于协同学理论，提出了改革协同监管组织形式、降低协同成本、提高监管人员素质的途径，以完善我国金融监管的协同机制。国内学者对协同模型的研究主要集中在协同效应与协同模型的相互作用机制上，重点研究了协同模型对协同效应的影响，而对于协同效应对协同模式选择的影响研究较少。谢学梅等（2014）认为，企业内部协同创新过程中的主体关系、技术水平、协同网络和机制等因素在很大程度上促进了协同绩效。谢宗晓（2015）认为，协同对象和模式的水平及差异对创新的程度与规模有显著影响。

2.1.7　科技金融对产业结构升级影响的研究现状

新经济增长理论认为科技创新是推动产业发展的根本动力，其递增效应、外溢效应及边干边学效应，都会不断地对产业结构进行优化调整。同时，科技创新需要金融为其提供资金上的支持，而科技的发展又会对金融发展产生明显的推动和反馈作用，因此，产业结构升级将会受到科技金融发展所带来影响的显著冲击，这成为国内外学者近年来深入研究的重点问题。

1. 国外相关文献

国外相关研究主要着眼于金融服务对产业中科技创新的支持性作用效应。熊彼特（Schumpeter，1932）最先指出产业的科技创新必须要有完善的金融化支持才能保证技术进步得以持续，从而提升产业结构的质量。金德尔伯格（Kindleberger，1974）认为金融机构对企业研发投入的资金支持有效地缓解了产业结构升级过程中面临的资金约束问题。摩西·阿布拉莫维茨（Moses Abramovitz，1993）等通过世界各国经济发展历史论述了科技进步对产业结构升级具有重要的促进作用。贝克（Beck，2005）从中小企业科技融资的角度，发现金融体系多层次化发展能弱化融资限制，提升技术创新成果产业化的效率。本弗拉泰洛（Benfratello，2008）实证研究发现地方性银行的金融服务对企业技术创新和发展方向具有明显作用，间接地影响着产业结构。卡班戈（Kabango，2011）认为科技金融的发展有利于提升企业的技术创新意愿，产业结构在企业的发展中得到了调整。西尔梅（Szirmai，2012）以 67 个发展中国家的产业发展情况为依据，实证验证了科技金融在产业化提升中作用效果的增大。

2. 国内相关文献

在国内学者的研究中，科技创新和金融发展最开始先被分成两个视角来研究其对产业结构升级的影响，后来随着时代发展逐渐合二为一，从科技金融的整体角度来分析其对产业结构升级的影响。在理论分析方面，林毅夫和任若恩（2007）通过对东亚经济增长的研究，指出技术进步是产业结构升级的重要因素；郑南源等（2007）基于金融发展理论，对金融发展优化产业结构的汇集资金、流动引导、信息公开、产融互补及风险管控五大效果进行阐述；顾海峰（2010）通过整合观点发现科技金融能有效引导产业高级化发展选择，指出科技金融应进行政策性与市场性发展的相融合，促进融资合理化的传导路径；曾繁华和王飞（2014）基于全球价值链视角，认为产业结构变化的根本动力在于产业利用市场资金以技术变革为导向突破阶段发展束缚，完成从产业低附加环节到高附加环节的变迁；刘佳宁（2015）依据产业发展和技术创新的复杂性和动态性特征，提出未来科技与金融结合推动产业结构全面发展的基本想法与思路；李婷（2018）从科技金融政策的角度，通过灰色关联系统进行关联度分析，发现科技金融政策对山东省产业结构的升级具有较强的关联性。在实证检验方面，马智利（2008）通过非平稳时间序列研究方法，证明了金融服务变革与产业结构升级在长期过程中达到稳定均衡；向长发（2013）利用 RBF 神经网络算法，阐明了金融发展、技术创新进步与产业结构升级三者间所形成的非线性关系；王定祥等（2013）以向量自回归（VAR）模型为实证基础，从合理化与高级化两方面条件出发，分析了科技金融对产业变迁的长期性与时滞性作用；王桂月等（2016）以我国 31 个省（区、市）1987～2013 年产业结构变化数据为依托，实证发现科技金融对其升级发展有显著正向效应；章奇（2016）实证发现产业联动需要科技金融的支持，以科技创新来推动第二产业的产业结构调整；胡映雪（2017）通过数据包络分析（DEA）方法从省际层面实证检验了产业结构升级效率受金融结构与科技创新的影响程度；陈亚男和包慧娜（2017）通过系统广义矩估计（GMM）两步法，明确了科技金融发展对产业结构协调化提升有直接促进影响；金浩等（2017）从高新技术产业发展角度进行分析，并利用省际数据构建向量自回归模型，实证研究认为高新技术产业发展是产业结构升级必不可少的部分，而增加科技金融投入可提升其发展速度；范修礼和蔡正旺（2018）运用面板数据对科技金融投入支持产业结构升级进行实证检验，结果表明产业结构初始化提升时期政策性投入处于主导影响地位，产业结构进阶化提升时期市场性投入与政策性投入同等重要；宁珍珍（2019）应用静态面板回归模型和动态面板向量自回归（PVAR）模型实证检验了科技金融综合发展水平，以及投入与产出对产业结构升级的促进作用。

2.1.8　研究评述

国内外学者对科技金融产业一体化发展与协同演化的研究主要集中于从企业或地区的角度分析金融创新活动对企业科技研发与技术进步的支持作用，这些研究在一定程度上对我国科技金融产业协同创新体系的构建具有指导作用，为本书的研究以及科技、金融和产业协同演化的实现提供了理论基础。

阅读以上文献，大多数研究成果只是间接和定性地分析了我国科技金融结合的现状、存在的问题和制约因素，并简单界定了科技金融的内涵和内部运行机制，进行了简单局部的分析，而从整个金融体系乃至整个国家层面深入分析科技金融产业体系的有效运行机制、子系统有序度、复合系统协同机理等方面的研究却比较少。另外，关于科技金融与高新技术产业协同演化的研究只是解释了科技创新或技术进步的原因和影响因素，较少涉及动态演化本质特征和演化关系，也没有涉及二者之间的协同演化机制。此外，当前研究是基于历史宏观数据的实证分析，缺乏微观经验证明，更重要的是，目前尚未在动态复合系统框架下对科技金融与高技术产业的协同演化关系进行分析和讨论，因此不可能构建完整的科技金融与高技术产业协同演化的理论和实证框架。总之，本书在文献回顾的基础上，从演化经济学和协同学的角度分析了科技金融与高技术产业的协同演化机制，为科技金融的研究提供了新的思路和视角。同时，通过理论分析和经验数据，为加快我国科技金融体系建设提供理论依据。虽然本书的理论基础不够完善，但为研究科技金融与高新技术产业的协同演化提供了新的思路，丰富了科技金融产业发展的理论基础。

此外，从国内外已有的研究成果来看，对科技产业与金融服务模式的结合与协同效应的研究较少，大多数学者的研究主要集中在金融资源对科技企业的支持作用和促进科技产业发展的政策建议上。目前，学术界对科技金融与高新技术产业协同的研究多集中在相关概念的界定上，缺乏定量的评价分析。与此同时，国内外学者对微观层面的科技金融协同效应的研究主要集中在企业层面，对科技金融产业协同效应的研究主要集中在金融工具和金融服务的升级对科技产业的影响和作用上。鲜有学者对科技金融与产业协同状态及协同绩效作出相应研究，对二者的协同发展模式与路径的选择仍集中在传统产业发展理论框架下思考。尽管已有部分学者基于国家层面视角，对科技金融和高新技术产业的协同发展模式与路径提出了部分政策和建议，但目前我国科技金融与高新技术产业区域发展程度差异较为明显，以广东为代表的东部沿海地区经济发展层次较高，不同区域间协同发展模式与路径不相匹配，东部地区作为先行试点不断完善科技金融的产业服务功能意义明显。随着空间因素对经济发展产生越发重要的影响，国外学者最先提出了空间效应的概念，并在传统计量方法的基础上建立了空间计量模型，但主要应用于国际贸易研究。在国内研究中，由于我国区域之间发展的差异较大，对于空间效应影响的研究越发重要，但从实际情况来看，该方面的研究只处于初步探究阶段。

而从科技金融对产业结构升级的影响视角来看，绝大部分研究还是从传统计量经济学的角度出发，忽略了空间效应所带来的影响，这会导致与实际情况有所不符，影响结果的准确性。此外，目前已有的针对该方向的研究多采用全国省际层面数据，进行的是一个全局性的考量。由于我国的空间面积较大并且各省份之间的联系并不算特别密切，省际层面的空间效应并不明显，但从区域各地级市的层面来说，其互相之间联系是较为紧密的，空间效应的影响作用不容忽视，但目前缺乏对于区域各地级市层面的研究。同时，由于我国大部分地区发展不平衡，从区域均衡发展的角度来研究会缺乏普适性。

目前，以相关理论和实证分析为基础，针对区域内科技金融与高新技术产业实施具有较强的理论基础和实际具体可行的协同发展模式与路径，具有重要的理论和实践价值。

2.2   理论基础

2.2.1   复杂性科学相关理论与系统科学理论

复杂性科学是系统科学发展的崭新阶段。复杂性科学的发展在自然科学、哲学、人文社会科学的各个领域都有所体现和发展。复杂性科学首先带来了方法论或思维方式的变革。关于一个能够满足各方面研究兴趣的复杂科学概念很难达成共识。复杂性科学的理论方法将提供一种新的思维方式、新的方法和新的途径，具有广阔的应用前景。复杂性科学的研究对象是自然界、人类社会普遍存在的复杂性系统，它不是用单一线性的思维研究方法来研究事物的，其研究的最终目的是研究复杂巨系统演化发展的客观规律，从而提高人们在现实生活中的认识和实践能力。

1. 自组织体系方法论

自组织理论是一个复杂的相互联系的学科群或称理论群，这一学科群包括熵理论、耗散结构理论、协同学、突变论、超循环论、分形理论和混沌理论等（见表 2 - 1）。自组织体系的建构体现出以上学科共同的思想，即通过自行组织、创生和演化实现系统从无序到有序的演化发展。

表 2 - 1　　　　　　　　　　自组织理论构成

自组织理论	主要研究内容	在理论中的地位	理论创立人及时间
熵理论	负责系统状态变化的规律，能量的退化和锐变、系统混乱度的量化表达	自组织的创造条件方法论	1850 年，德国物理学家克劳修斯
耗散结构理论	研究系统如何开放、系统开放的尺度表达，以及系统如何走向有序	自组织的创造条件方法论	1969 年，比利时物理学家兼化学家普里高津
协同学	研究系统竞争、协同、支配、有序的演进过程及原理，讨论系统的序参量等重要概念，评价系统自组织的演化阶段和自组织程度与发展水平	动力学方法论	1969 年，德国物理学家哈肯
突变论	研究系统演化过程中的路径选择，从临界、渐变和突变等概念模型入手，探索自组织发展过程中的结构化方法，以及对系统无序和冲突时的关注和处理	自组织演化途径方法论	1972 年，法国数学家托姆
超循环论	研究系统在自组织演化过程中的物质、能量和信息流的交换、利用程度及相互作用的关系，使系统在演化过程中能够更加紧密与和谐地结合发展	自组织发展方法论	1973 年，联邦德国生物物理学家艾根
分形理论	描述系统在其自组织演化过程中所展现的复杂性图景，研究系统从简单到复杂的有序演化问题，在这一演化过程中认识、了解并研究表达具有分形特征的物体或事物	自组织结构方法论	1973 年，法国数学家曼德勃罗
混沌理论	研究系统在其自组织演化过程中所面临的时间复杂性问题，寻找系统在走向复杂和无序状态时的特点和依据	自组织演化方法论	1975 年，德国物理学家约克

2. 耗散结构理论

耗散结构理论是现代热力学的奠基人、著名物理学家普里戈金

（Prigogine）提出来的。这一理论先被用来描述化学催化反应，然后用来解决解释生物物理现象的问题。普里戈金将系统分为三类：第一类是孤立系统；第二类是封闭系统；第三类是开放系统。耗散结构是一个由能量流、物质流和负熵流维持的开放系统，开放系统具有相干有序的特征。当一个系统远离平衡状态时，在其序参量到达临界值时，系统会产生复杂变化并突变，最后达到一个结构和功能上宏观有序的状态，并且其会与外界保持稳定的物质交换。这种稳定有序的新宏观耗散结构的自组织和有序性称为自组织现象（见图 2 -1）。

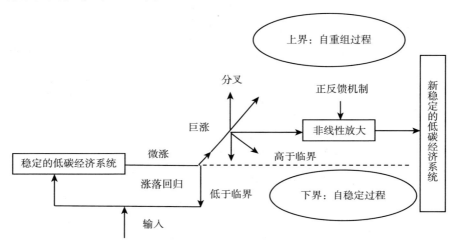

图 2 -1　耗散结构理论

耗散结构理论包含以下主要内容：（1）系统是开放的；（2）系统远离平衡态；（3）系统内部各要素之间的非线性作用关系；（4）随机涨落；（5）演化分叉。

3. 协同学理论

"协同"概念起源于系统科学理论，是指一个系统中的许多子系统或要素相互作用，形成一个有序统一的整体的过程。协同学以自我组织理论为基础，研究了系统中各子系统在没有外界干扰的情况下，从无序到有序的协同演化过程。协同学理论认为，当一个系统的子系统相互作用产生协同效应时，整个系统便会处于宏观有序的状态，这种在功能和结构上有别于其他组织的有序状态便称为自组织状态，这种协同是协同学最核心和最基本的概念。协同学是以信息论、控制论、突变论等现代科学理论为依据，研究在一定条件下，由大量子系统组成的复杂系统受环境因素或内部自我运动影响，产生协同效应并达到协同状态，在宏观上呈有序状态，形成具有一定功能的自组织结构机理的理论。这种自组织状态通过耗散结构与外部环境交换物质能力和熵信息，使混沌系统从稳态系统转化为状态结构系统，具有较强的稳定性和产生新功能的能力。

协同学理论吸收了平衡相变理论中绝热消去原理的概念，重点研究了系统之间由无序到有序的变化规律，论证了构成系统有序状态的关键在于各子系统之间的协同作用，而不在于系统是否处于平衡和偏离状态。即无论开放系统是否处于均衡或非均衡状态，在一定条件下都能转化为宏观有序的状态。也就是说，协同理论的核心是指出一个由大量子系统组成的复合系统，无论子系统之间是否存在联系，通过复合系统内各子系统之间的物质和信息交换，都能使复合系统产生协同效应，从而使复合系统更有效地运行，使内部结构更加合理，形成稳定的结构。协同学理论中所研究的序参量原理可以有效地描述、分析、研究复杂系统变化过程中的宏观状态及结构变化中最为主要、有效的系统状态参量状态，对于研究复合系统变化进程具有重要意义。

系统科学是研究每个学科的"系统性"的理论和科学，是多种自然、人工系统运行规律的数学尝试。根据系统论，系统是一个有机的整体，由一系列相互关联、相互依存的要素组成，具有特定的功能。世界上几乎所有的事物、现象和过程都是有机的和系统的，每个系统都与它的环境交换物质、能量和信息。系统随着发展而变化，随着演变而发展。系统具有集合性、相关性和目的性。

2.2.2 协同演化理论与群体动力学理论

1. 协同演化的含义

协同演化最初作为生物学术语被用于解释生物之间的协同演化关系（Ehrlich & Raven，1964），后来社会经济学家借鉴其思想、理论和方法应用于社会经济的研究领域（Norgaard，1984；Norgaard，1994；Eisenhardt & Galunic，2000；Nelson & Sampat，2001；Hodgson，2002；Bergh & Stagl，2003；Murmann，2003；Jouhtio，2006；Saviotti & Pyka，2012；Saviotti & Pyka，2013）。关于协同演化的定义有多种相似的解释。例如，霍奇逊（Hodgson，2002）认为，协同演化是演化双方在合作和竞争中相互适应最后达到共生状态的过程；乔吉奥（Jouhtio，2006）则认为，协同演化是生物学上的一个重要概念，进化的物种在长期演化的过程中存在多种复杂的相互作用关系，它们之间的演化路径存在复杂的关联和相互影响的关系。

根据许多学者对协同演化的解释，本书认为协同演化是两个或两个以上具有演化特征的主体在给定的时空条件下连续相互作用，并在演化的过程中不断进化的过程。它们的演化行为会相互影响，演化路径会相互交织。系统主体是协同演化的参与者，参与者在协同演化过程中给参与另一方施加的影响会改变其演化路径；而受到影响的另一方的变化也会对施加影响的一方产生反作用，从而使系统或系统内部形成相互反馈或影响机制。系统主体相互作用者的反馈或影响机制是不同层次相互作用者共同进化的动力，使经济系统的演化更加复杂和充满不确定性。

2. 协同演化的特征

协同演化系统具备一般演化系统的诸多特征。

（1）协同演化系统的开放性与自适应性。两个或两个以上具有演化特征的主体形成一个协同演化系统，一方面与外部世界在信息、资源、人才等方面进行交流，受外部环境和政策的影响；另一方面系统的主体也进行能量交换、相互影响、相互作用，使系统呈现出自适应特征。正是系统内部信息和能量的交换，以及外部能量的共同作用，使协同进化系统产生了协同效应。协同效应是系统的"变异机制、遗传机制和选择机制"作用的集合体现。任何一种协同演化系统都会在其参数达到临界点后形成一种宏观有序的结构，促使这一现象产生的效应作用就是协同效应。

（2）协同演化主体间的双向或多向因果关系。主体间的双向或多向因果关系是协同演化系统的一个重要特征。单因素决定论强调一个因素决定另一个因素的进化，而协同演化论强调在相互作用的因素之间存在双向或多向的因果关系，而不是一个因素决定另一个因素的进化，二者存在着根本的不同。在关系比较复杂的协同演化系统中，往往通过三个机制发挥作用：一是突变机制，也就是系统中出现新的因素变化；二是选择机制，也就是协同演化系统会根据其自身发展需要选择适合自己的积极发展因素，并将不良的变异排除掉；三是遗传机制，也就是将对自己有利的"基因"在未来的协同演化发展中保留下来。

（3）系统主体间的正反馈关系。协同演化系统中主体之间的正反馈是其相互作用的结果，也是系统协同演化的驱动力。正反馈机制是指当系统之间的"变异机制、遗传机制和选择机制"发生作用时，一个主体的"变异"或"突变"会诱发另一个主体的"突变"，而另一个主体的"突变"会促使自己进一步"突变"的特定表现形式。这种主体间相互"突变"的正反馈效应将随着系统的共同进化而进一步演化。在正反馈机制下，正反馈机制可以加速系统内外的许多微小变化，这意味着系统本身不仅可以"创造变化"，而且可以"传递变化"和"扩散变化"。

（4）系统主体相互作用的非线性、复杂性与不确定性。共同演化系统之间的相互作用不是简单的线性关系，而是表现出复杂的非线性特征，这种动态的因果相互作用使得系统主体之间的相互作用机制具有潜在的多元性和模糊性，系统主体之间复杂的相互作用不应该也不能简化为一个简单的线性关系，这使得一系列连续的反馈路径在系统主体之间交织，表现出复杂和不确定的特征。

（5）系统协同演化的路径依赖。路径依赖通常是指事物在进化过程中会产生类似于物理学的惯性，一旦它们进入一条特定的路径，它们可能会依赖于那条路径，换句话说，一旦人们作出了某种选择，惯性力就会强化这种选择。系统的协同演化过程也具有相似的路径依赖特性。在正反馈的机制作用下，协同演化系统受到随机因素的干扰后会存在不可逆的物理惯性推动力，而且这种惯性推动力会保持长期的冲击影响，从而使协同演化路径具有多样性、随机性和非均衡性，这意味着我们对协同演化系统的考察要综合考虑其历史背景和时间区间长度。

群体动力学理论是由库尔特·勒温（Kurt Lewin，1936）创立的，他指出，群体的本质是一个由具有共同目标的群体成员组成的合作和依赖的组织。群体作为一个整体，显然不同于简单的集合。群体动力学的基本原理认为，个体行为（p）是个体内在需求（i）与环境因素（e）相互作用的结果，$p = f(i, e)$。作为组织行为学的一个分支，群体动力学理论主要研究各种内外因素对个体的综合作用和影响。卡特赖特和詹德（Cartwright & Zander，1968）从群体基础和群体动力学的角度总结了群体动力学的基本特征。福赛思（Forsyth，1987）进行了种群内部和种群之间动态的客观分析。马奎斯和艾布拉姆斯（Marques & Abrams，1998）提出了主观群体动力学模型（SGD）。艾布拉姆斯、拉特兰和卡梅伦（Abrams，Rutland & Cameron，2007）在 SGD 模型中加入时间变量后，提出了主观群体动力学发展模型（DSGD）。此后，许多学者从群体动力学的角度对行为金融理论进行了拓展。丹尼尔、赫舒拉发和苏布拉马尼亚姆（Daniel，Hirshleife & Suhramanyam，1998）通过处理私人信息时过度的心理倾向，构建了一个类似的 CAPM 静态定价模型。洪和斯坦（Hong & Stein，1999）基于投资者的保守观点和惯性交易者的代表性偏差，提出了 HS 模型。巴伯瑞斯和熊（Barberis & Xiong，2009）讨论了处置效应与展望理论之间的理论关系。路阳（2013）从行为金融理论的角度提出了"群体行为金融学理论"（CBFT），重构了考虑群体行为的资产定价模型（GBAPM）。刘湘云（2014）扩展了群体动力学在行为金融学中的应用，并探讨了金融市场问题中群体行为的因素。此外，宋树岩等（2016）将群体动力学应用于股市波动性的研究。群体动力学理论研究群体的特征以及不同群体之间的关系，强调实证分析与其他社会学科之间的联系，进一步探讨如何提高群体的功能，实现群体结构的正外部性，为制度和其他社会学科的发展作出积极有益的贡献。

2.2.3　创新理论与金融发展理论

经济学家熊彼特首次提出了用创新理论来解释资本主义经济发展和周期。熊彼特指出，创新产生于一项新的生产函数基础上，企业家会对生产要素进行重新分配和组合，生产过程中持续新鲜注入的生产要素与生产条件推动了经济的增长。熊彼特认为创新理论的主要内容有：创新是经济得以发展的源泉；企业家构成了创新体系的主体；金融信用制度是经济社会得以创新的前提条件。其理论由后来的学者加以深入研究并形成了现代创新理论的四大学派之一。索罗（Solow）认为经济增长得益于技术创新，具有很强的正外部性，并构建了旨在评价技术进步对经济发展贡献程度的技术进步索罗模型。诺思（North）等认为制度创新是技术创新的关键，企业有效开展技术创新的关键在于是否存在良好的制度设计进行依托，并分析了环境因素中的制度因素对技术创新活动的贡献与影响。创新理论的一个核心观点是，创新是由生产活动中内生的，经济活动中的创新与发展并非因受到外部环境的干扰而作出适应性的改变与调整，而是内部主动性地作出应付和变化。

金融发展体现为金融制度和机制的不断进步，金融的规模不断扩大，金融的效率不断提高，经济的潜在产出不断增加。其主要具有以下几个方面的特征：有越来越多的金融工具可以自由选择；人们可以利用多种金融工具进行资本增值和风险管理，金融工具的潜在益处逐渐凸显；金融资产价格在资源配置中发挥越来越多的作用；在金融发展的过程中金融效率不断提高，金融结构不断优化升级。金融发展的主要动因是降低交易成本、规避风险和监管，而信息技术、科技金融的发展是信息技术时代金融深化发展的产物。金融发展的研究议题主要包括金融发展和经济增长的相互作用关系、模式和特点，金融的持续发展是会推动还是阻碍经济的发展，金融发展是否存在其发展的临界值？经济发展对金融进步发展的反馈是怎样的？

　　金融发展理论经历了金融结构理论、金融深化理论、金融约束理论和金融内生理论的发展阶段。金融结构理论认为金融结构包括金融的规模、类型、特征等多种要素，是一个国家金融制度是否健全和完善的重要标志，发展中国家的金融结构主要体现为间接融资比较大并且金融约束配给现象比较明显。发展中国家金融市场化程度和透明度比较低，国家财政的干预作用较为明显，而发达国家金融结构的市场化程度则比较高，直接融资的资本市场占据有利地位，并且其交投活跃，流动性较高，国家干预力度没有那么明显。金融约束理论就是在金融结构理论的基础和框架上对发展中国家金融结构和制度特点的具体描述和阐述，其论证的主要议题为发展中国家金融抑制的特性会阻碍其金融结构的优化和升级，进而对经济发展产生较为严重的负面影响，并且这种模式会加剧经济增长和金融发展的负面反馈效应，从而造成恶性的反复循环。金融约束理论并不是对金融发展理论的否定，而是产生于在传统经济学的各种理性化假设和均衡条件无法满足时，发展中国家在金融双轨制变革中如何根据实际国情和发展的需要选择适合自己的金融发展制度，所以金融约束理论是对金融发展理论的有益补充和完善。金融深化理论则是对金融约束理论的进一步补充和完善，提出金融约束抑制下的国家或地区应该如何通过金融深化改变自身金融抑制的负面反馈循环。政府应该根据自身金融市场的稳定程度和经济水平适当放松管制，通过推动利率市场化改革、汇率市场化改革等举措，发挥金融资源在金融市场配置中的基础性作用；但在放松管制时，要注重在金融改革和金融稳定之间取得平衡。金融内生理论则阐述了当储蓄率内生于经济增长的过程中时，金融发展和经济增长是如何良性互动发展的。根据哈罗德 – 多马（Harrod – Domar）的经济增长模型 $y = b \cdot s\ (y, \rho)$，即经济增长率等于产出与资本比和储蓄率的乘积，麦金农（Mckinnon）认为收入增长率影响储蓄率，因此储蓄率是收入增长的递增函数，这意味着在金融自由化之后，除了经济增长率以外，其他金融深化变量也影响储蓄率。内生金融发展理论经历了两个发展阶段：第一个发展阶段是古典内生金融理论发展阶段，主要考虑传统的西方经济学的假设条件，如完全竞争、理性人假设、信息具有完备性等；第二个发展阶段则是现代内生金融发展阶段，其与演化经济学的观点较为类似，即考虑不同国家的历史因素、制度因素、文化因素等对金融深化发展的特有影响。

　　因此，根据金融发展理论，一国金融结构和模式的变化必须经过政府主导的早期干预市场的金融约束阶段，随着金融自由化浪潮的发展，政府逐渐放弃对金融体系的行政干预，允许金融市场在调节金融资源配置方面发挥基础性作用，金融逐渐成为经济增长潜力的重要生产要素，并逐步建立起经济增长、储蓄资本和金融深化的长期动态良性关系。

2.2.4 创新生态系统及其管理理论

创新管理是集企业创新管理、研发管理、生产管理和营销管理于一体的新型综合性企业管理模式。它运用战略逻辑、组织逻辑、资源逻辑和系统文化逻辑，系统地促进创新的产生、发展和应用，有效地控制创新的程度和频率，是一种复杂的企业管理理论和方法体系。随着经济的发展和组织外部环境的迅速变化，创新管理理论的研究也在不断深入。其中，对创新范式的研究，在传统封闭式创新的基础上，发展了开放式创新的概念与创新生态系统的概念。创新生态系统是一个开放的、复杂的系统，通过物质流、能量流和信息流的连接和传导，在一个区间内形成了各类创新共同体和创新环境之间的共生、竞争和动态演化系统。

创新主要分为封闭式创新、开放式创新和共生式创新三类，主要特征对比见表2－2。

表2－2　　封闭式创新、开放式创新与共生式创新主要特征对比

主要特征	封闭式创新	开放式创新	共生式创新
创新来源	企业内部研发	多主体合作研发	多创新主体共生
主体与要素	单个主体	多个主体	多样化主体和环境
创新边界	封闭边界	可渗透边界	开放边界
创新投入产出关系	线性	非线性	非线性
运行模式	企业	产学研合作等	创新生态系统

1. 封闭式创新

封闭式创新是指企业在创新过程中的整合，即从创新观念、研发、试生产、制造到进入市场的整个创新过程。在20世纪的大部分时间里，创新被视为企业非常宝贵的战略资产，因此企业内部严格控制创新活动以获得市场垄断，这种创新形式是封闭式创新。

2. 开放式创新

开放式创新理念与传统的封闭式创新大相径庭，它是一种全新的创新理念和发展模式，其强调的发展理念具有如下特点：创新资源可以来自企业内部或者外部，因此企业之间能够利用比较优势优势互补，达到创新资

源的最优化；企业创新的路径和方式既可以在内部进行，也可以在外部进行，也就是说企业既可以通过建立自己的研发部门进行创新，也可以外包研发部门创新，还可以通过内外合作的方式进行创新。因此，在开放式创新的思想理念下，企业的边界是模糊的，而创新的边界是渗透方，由此可见开放式创新改变了内部研发的封闭式创新模式，提高了用户、供应商、风险资本家和知识产权工作者的地位，充分利用了丰富的外部创新资源，整合了内外部技术，实现了开放式自主创新。开放式创新的运作模式主要有产学研合作、企业技术联盟、联合研发、技术兼并与整合等。

3. 共生式创新

共生式创新的运行模式是创新生态系统的形式。创新生态系统是创新系统与生态系统相结合的新概念。创新生态系统作为整体可扩展性的核心概念，于 2004 年由美国总统科技咨询委员会首次提出。共生创新是环境变化下创新范式的新发展。在共生创新模式下，企业创新行为更注重资源的整合与共生发展，从以往创新要素的构成与资源配置向创新主体与环境机制之间的创新演化转变。企业的创新边界是开放的。许多创新主体从长远角度与环境互动，开展创新活动，实现可持续创新和多主体共生。

2.2.5　空间效应关系理论

空间效应理论最先由克鲁格曼（Krugman，1991）确立，该理论将空间因素引入经济分析中来解释经济现象，其与传统经济学理论的区别在于该理论将经济因素与空间尺度相结合，研究二者的相互作用与影响机制。空间效应理论中主要有两大基本定理。一是收益递增的存在对经济的空间组织具有重要意义，也就是说虽然活动可以在任何地方，但很少有活动在任何地方发生。二是资源要素的转移需要成本，换言之就是世界不是平的，我们附近发生的活动比远处发生的活动更重要。由于市场力量对空间经济的影响，区域发展似乎不可避免地存在不平等现象，在某种程度上区域内地方间发展的不平衡可以看作经济增长在地理上的对应。因此，空间效应理论认为设计地方发展政策时必须考虑地方的历史和社会背景、经济优势和劣势、教育体系、配套设施和政府管理的质量。就像厂商为了避免竞争而进行差异化生产一样，地方必须避免与成熟地区的直接竞争。区域发展战略应利用当地的独特性资源，加强区域内各地方间的比较优势，并优先为区域内各地方间最薄弱的环节找到可持续的解决办法，设计出差异化的发展策略。

对于科技金融对区域产业结构升级的影响来说，由于各地区之间的发展实力不同，并且地区之间的经济地理行为一般都存在着一定程度的空间交互作用，就必须要考虑是否受到空间效应的作用。根据时间、层次和传统三维空间相互转化原理来研究其中发展规律，预测发展趋向，进行空间布局和调整产业空间结构，以取得规模效益和提升效率并实现经济可持续发展的目标。一般来说，空间效应理论通过辨别两种力量的空间向心力和空间离心力来找到导致空间经济发展不均衡背后的关键因素，并通过对空间向心力和空间离心力的比较来解释经济活动集中在不同地区的原因。空间向心力是指某个地区通过自身优势源源不断地对周边地区各类资源产生吸引，从而形成空间聚集效应作用。空间离心力则是由于某个地区的承载力有限或是为了促进周边地区发展提升整体效率而转移资源，从而形成空间溢出效应作用，两种作用的互相影响导致产生了地区间空间效应的影响，空间效应多以增长极模式体现在不平衡的区域发展中。在增长极模式中空间聚集效应与空间溢出效应主要通过分配作用、交流作用和乘数作用，从较早形成增长极的地区结构单元在不同的空间路径上对周边地区逐渐施加单方面或双向影响稳定地区极化。分配作用主要是指在空间上经济占据主导地位的地区将对某些要素在空间上的配置产生可逆或不可逆的安排。交流作用主要是指地区间通过对各种要素的需求信息反映其在空间上的层次地位，极化优势地区通过交流形成规模效益的最大化，周边地区在响应变化的同时配合极化优势地区提升整体效率。乘数作用主要指增长极模式所构成的地区间配合，将会放大极化优势地区经济活动所带来的产出效益，通过经济邻接活动将效益进行多次扩展延伸，从而把地区整体的利益"蛋糕"做大，倍增出经济成果。

随着社会的发展与信息技术水平的提高，在一定的地理格局中，地理区域内资源要素的配置对于区域发展及周边区域的影响作用逐渐变得不可忽略，因此，学者们在传统经济学的基础上增加了对空间效应的研究，并逐步加深对其影响作用的了解。

1. 国外相关文献

哈格斯特朗（Hägerstrand，1953）最先从地区之间信息交流的有效互动与技术进步的成果扩散总结出空间效应的存在，并主要针对地理空间作用所造成的扩散效应影响进行了阐述。克鲁格曼（1991）立足于全球化贸易所存在的空间区位问题，创造性地将"冰山交易成本"加入模型中，系统化地分析了经济活动受空间区位影响的作用。其后，克鲁格曼（1999）在《空间经济学：城市、区域与国际贸易》一书中对空间经济的理论基石进行了总结归纳，空间发展所存在的空间成本不可忽略、经济发展以规模收益递增以及地区竞争的不完全性是前提条件，并引入空间计量分析方法以更加符合实际研究情况。维纳布（Vennable，1999）将空间维度引入国际经济学和产业集聚问题的研究中，发现经济发展有明显的空间效应存在。凯贝贝（Kebebe，2015）等认为空间效应用于分析国际贸易与城镇发展具有独特优势。但目前国外对于空间效应的研究主要集中在国际贸易和产业发展方面，尚未将其用于对科技金融发展影响的研究中。

2. 国内相关文献

目前中国在空间发展上的不平衡性比较明显，对于空间效应的研究也日渐重视起来，在不同的方向上都有所涉及，但仍处于初步阶段。从空间效应对产业结构升级影响因素的研究视角来看，金融集聚是最初较多研究切入的角度，但由于科技创新对产业结构升级的影响越来越大，研究对象逐渐由金融集聚拓展为科技金融。刘文丽等（2014）实证研究了我国东部、中部和西部三大地区金融发展对经济增长影响的差异，发现金融发展能够显著改变产业结构并且经济增长也受到区域差异的影响；刘沛和黎齐（2014）运用空间计量方法研究发现，在金融集聚程度高的地区其空间外溢作用明显，对周边地区的产业结构存在较大影响；张晓燕等（2015）加入城镇化角度，分析其与金融集聚及产业结构升级相互间的内在联系，并对我国 30 个省份的省际面板数据进行了实证研究，发现存在显著空间自相关性。汤超准（2017）以我国 33 个大中城市为样本，发现金融聚集主要通过技术创新的渠道来影响产业结构升级。朱闪（2018）对我国科技金融对战略性新兴产业集聚的影响进行了分析，发现科技金融对战略性新兴产业集聚具有正向影响；邹建国和李明贤（2018）运用全国 31 个省级行政区数据验证了科技金融对于产业结构升级具有促进作用，同时发现空间作用效果主要集中在临近区域且随着距离的增大迅速衰减；张晓燕和虞佳妮（2018）从区域均衡发展的角度来对江苏三大区域进行考量，分析发现科技金融对产业结构升级的促进效果存在"木桶效应"现象。

在研究和探讨科技金融与高技术产业协同研究的现状和理论基础之后，为了进一步从理论上分析广东省科技金融与高新技术产业的协同演化机制和协同效应，有必要对广东省科技金融与高新技术产业协同发展的现状进行更全面的分析和认识。

第 3 章 科技金融与高新技术产业
协同发展现状

在对科技金融与高新技术产业协同的相关研究现状和理论基础进行研究和探讨后，为进一步对广东省科技金融与高新技术产业的协同演化机制以及协同效应进行理论分析，需要对科技金融与高新技术产业的协同发展现状作出较为全面的分析和了解。本章将对国内外和广东省科技金融与高新技术产业协同发展现状以及协同发展中存在的问题及成因进行分析。

3.1 国外科技金融协同发展现状

3.1.1 发达国家科技金融发展现状

科技金融是促进科技开发、成果转化和高新技术产业发展的一系列金融工具、金融制度、金融政策与金融服务的系统性、创新型安排，是由向科学和技术创新活动提供金融资源的政府、企业、市场、社会中介机构等各种主体及其在科技创新融资过程中的行为活动共同组成的一个体系，是国家科技创新体系和金融体系的重要组成部分。目前世界各国的科技金融体系各具特色且发展路径各不相同，尤其是发达经济体在科技金融制度和体系构建中积累了不少经验，本部分选择美国、日本、韩国和新加坡四个典型发达资本主义国家的科技金融体系逐一进行简单介绍。

1. 美国

美国科技金融的发展是目前世界上最为先进的，其良好的发展现状主要依赖于以下几点。

（1）鼓励技术创新的市场环境。创新是综合国力的基础，是美国迅速崛起成为世界强国的关键，而美国能够长期保持科技创新领先地位的主要原因之一是建立了良好的市场激励机制。美国政府为企业创造了公平竞争的市场环境，运用各种反垄断措施抑制企业垄断阻碍创新，同时鼓励企业兼并以增强竞争力。1950 年，美国国会通过了《反垄断法》，将经济和政治权力下放，以防止垄断，保护中小企业的发展。20 世纪 80 年代以来，随着新技术革命的兴起，美国政府不再把企业规模和企业并购作为反垄断的主要对象，而是更加注重消除市场垄断和技术壁垒，避免创新障碍。政府努力创造公平的竞争环境，刺激了企业对信息技术的投资，并刺激了中小企业和个人的创新，这是美国最终抓住新技术革命机遇的关键因素，因此美国实现了十多年的经济增长和繁荣。此外，美国政府保障中小企业创新的主体地位，鼓励发展科技创业。据美国小企业管理局（SBA）统计，美国小企业数量占企业总数的 99% 以上，小型企业的发明和创新数量占该国发明和创新总数的 55%，而科技投资的回收期比大公司短约 25%，因此，美国联邦政府十分重视保护处于创新主体地位的中小型企业。《小企业技术创新进步法》《小企业技术转让法》《技术转让商品化法》等一系列法律法规，促进了政府资助的科研成果转让，保护了技术创业者的权益，进一步激发了人们的创新创业热情。政府通过加大金融支持力度，提供税收优惠，完善科技创新服务，可以全面激发中小企业的创新活力，为国家发展提供不竭动力。

（2）大规模投资科技创新。美国市场一直倡导自由竞争，防止政府过度干预，但美国政府一直重视自身责任，促进科教事业的发展。第二次世界大战之后，美国建立了一个新的政府支持科学研究的体系。

美国政府的创新参与程度不断提高，研发支出占国内生产总值的比重开始逐步增加。据美国国家科学基金会统计，美国研发支出占全球研发支出的比重从 1939 年的 0.9% 增长到 2007 年的 34%，研发支出也迅速增长到 3 775.9 亿美元。自 2005 年以来，研发支出的增长速度一直在放缓，在 2009 年达到 2.82% 的历史高位之后，2010 年回落至 2.74%，2012 年反弹至 2.81%，但总体保持在相对较高的水平。因此，高强度和大规模的科技投入是美国保持总体科技领先地位的关键因素。美国的科研投入结构比较合理，基础研究的投入比例较大。美国国家科学基金会成立于 1950 年，旨在促进科学教育的发展。随着经济的发展，美国基础科学资助研究的方式，逐渐从政府资助、科学家管理、通过同行评议的科研经费分配，发展到服务于国家科研目标和企业应用基础研究的各种形式。大规模的科技投入也体现在对企业研发的支持上，通过联邦政府资金补贴企业研发活动，确保企业无后顾之忧，并通过研究和试验性的减税政策，鼓励企业投资科技创新，使民营企业大规模增加科技投入。

（3）注重知识产权保护。美国宪法是第一部在有效期内明确保护知识产权，尊重和鼓励原创性，同时保障公众知识共享权的国家法律。此后，美国又相继制定了专利法、商标法、版权法、软件专利法等一系列保护知识产权的法律法规。1994 年，美国制定了《乌拉圭回合协议法案》，进一步修订和完善了《知识产权法》。为了巩固科技领先国家的地位，美国政府还引入了世界贸易组织《与贸易有关的知识产权协定》（TRIPS），以加强对其知识产权优势的保护。与此同时，美国政府建立和完善了知识产权保护机构，设立了专利商标局、版权局等专门机构负责知识产权事务，并责成商务部负责技术推广工作，建立了国家技术转让中心，协调知识产权信息，促进技术转让。

（4）建立政策性金融机构。美国的金融体系是典型的市场主导型体系，美国也是最早出现政策性金融机构的国家。主要表现为如下几个方面：一是风险资本市场较为完善，如美国的纳斯达克板就是专门为中小型科技企业提供融资的场外交易市场；二是针对中小企业的法律法规较为完善，如美国出台了专门的中小企业法律促进资本市场的完善和发展，并且出台了中小企业融资的特殊法律政策；三是成立专门的机构鼓励支持中小企业的发展，如成立专门服务中小企业的管理局、专门审核中小企业贷款的贷款委员会；四是注重中小型科技企业的顶层规划和设计，具体表现为对中小型科技企业进行园区规划，从而提高中小企业的集聚效应和辐射效应，提高中小企业群协同合作的水平。美国信贷市场的发展和风险贷款市场的出现，为中小企业的技术创新提供了重要的支持，是对风险资本市场的有力补充。美国证券市场和金融产品的创新也为科技初创企业和小型企业提供了充分的投资渠道以及灵活的融资渠道和方法。同时，促进科技金融紧密融合的平台也在不断发展。

（5）具有多层次的资本市场体系。美国资本市场体系建设是世界上最完善的，主要体现为其多层次资本市场的建立：一级市场，即发行的市场，主要为公司首次公开发行的市场；二级市场，主要为场内有组织的交易市场，主要包括纽约证券交易所、美国证券交易所等；三级市场，即场外交易市场，如纳斯达克市场，该市场主要为中小型科技企业提供融资来源和渠道；债券市场，美国的债券市场也极为发达，为许多中小企业债务融资提供多样化的资金来源和渠道。美国多层次的资本市场环环相扣，体系完整，为美国中小企业融资提供了多样化的选择。美国政府为了进一步解决资金缺口方的问题，还根据中小企业的生命周期及其阶段性风险特征，为其提供专门化的资金来源，而多层次资本市场也通过资产证券化的形式，将这些专项资金分担到其他投资者手中。并且，美国还形成了一种分散和规避风险的信用担保体制，信用担保体系覆盖范围广，具体包括中央机构、地方政府、社区层次的信用担保体系，利用透明的制度、规定担保比例和规范的管理来约束规避风险。

2. 日本

日本科技金融的发展最初是模仿和学习美国与欧洲科技金融发展，在模仿和学习的过程中，日本逐渐摸索出一条适合自身科技金融发展的道路。日本科技金融的发展对于所有技术追赶型国家都有一定的借鉴意义。

（1）中央政府是日本经济现代化的重要推动者，日本政府实行强力干预政策，积极引导国内创新活动，优先扶持创新型企业，这是日本与欧美国家在科技创新发展上的主要差异。政府对技术引进实行有效的宏观调控并制定严格的审批制度，对每个项目进行技术评估，并根据国内需求和技术先进水平进行筛选，保证引进技术的针对性和有效性。1955～1970 年，日本花费不到 60 亿美元，就掌握了世界上几乎所有的发明。通产省是日本制定和实施产业政策的主要部门，在发展先进技术、进行基础性投资和改善企业外部环境方面发挥了重要作用。通产省已采取有效措施刺激个人和企业的创新，以确保市场效率最大化。1952 年颁布的《企业合理化促进法》，为企业安装和使用新设备提供补贴，并迅速改善了交通、电力、工业园区等基础设施建设，为国家大规模发展资本密集型和技术密集型产业提供了法律保障。1995 年颁布的《科学技术基本法》，确立了"建设科学技术国家"的战略。日本政府在不同时期支持了不同的产业，从钢铁工业到汽车和石化工业，再到知识密集型产业。日本通过不断的技术创新和改革，激发了传统企业增长的活力，极大地提高了技术创新的水平。

（2）金融体系提供足够的财政支援。日本银行体系作为全球最专业及最复杂的银行体系之一，拥有长期且稳定的资金供应。此外，日本通过金融体制改革，不断激发金融市场的创新活力和生命力，从而推动了其科技创新水平的不断提高和发展。其机制体制创新改革主要体现在以下三个方面：一是推动金融市场发展从分业经营向混业经营方向过渡和发展，银行、证券和保险业务可以相互重叠和交叉；二是推动金融控股公司的不断完善和发展，金融控股公司自身力量强大，其混业经营的范围更大、程度更深，因此其能根据企业生命周期的特点以及企业实际的资金需求为企业提供适合的融资渠道，主要体现为导入期、成长期采用股权融资的投资方式，在企业发展进入成熟期后采用债券融资和银行融资的方式，从而实现企业生命周期融资链条价值的最大化；三是放松对银行等正规金融机构资产证券化的管制和约束，允许银行通过贷款打包的方式缓解自身的流动性风险，缓解由于道德风险和逆向选择带来的资产不良率上升的问题，从而提高银行的经营效益和水平，增强其经营的稳健性水平。此外，日本在知识产权抵押贷款方面有着相对健全的发展体系。在日本政府、金融机构和企业的共同努力下，日本的知识产权抵押贷款发展迅速，日益成熟。日本政府依照法律规定，建立了政策性金融机构，丰富了科技企业贷款的形式，引导社会性金融机构以专利权质押为科技企业提供财政支持。企业还可以根据自身需要激活资金，加强资金流动，更好地控制贷款风险。

（3）鼓励和支持风险投资公司的发展，不断完善多层次的资本市场体系。20世纪90年代以来，日本颁布了一系列法律法规，如《工业经营投资有限责任结合法》和《促进中小企业创新活动法》，为风险投资提供了良好的法律和制度环境，可以降低高新技术企业的风险投资风险。通过成立风险投资公司，商业银行的贷款担保拥有了更多的保障和安全。日本政府在东京专门为中小企业建立了一个培训组织中心，该中心具有企业联合体的性质，为从事高科技研发的中小企业提供债务担保。此外，日本还设立了一个非营利基金，称为风险投资中心，为风险投资公司提供无担保贷款担保，并传递投资信息。

3. 德国

德国是欧洲发达国家中科技金融发展较为迅速的国家，其科技金融发展的基础环境较好，发展现状有其独特之处。

（1）银行体系在德国的金融体系中扮演了重要的角色，其重要性不言而喻，可以说德国银行对其国民经济发展发挥着重要的作用。德国银行打破了传统银行经营的范围和界限，是能够从事混业经营的集多种金融部门职能于一身的全能式银行，不仅提供传统的商业银行服务，还经营证券、金融衍生品、保险等新兴金融业务。此外，银行在进行股权投资的同时，还可以进行非股权投资。德国全能型商业银行不仅为中小型科技企业提供贷款等传统金融服务，还通过多种方式积极参与到公司的治理和融资决策中，包括采用股权投资的方式，作为股东角色积极参与企业治理，也包括采用债权的方式，以债务人的方式参与到公司的经营管理中。德国全能型银行的金融体系对德国企业的稳步发展产生了深远影响，一方面保证了公司股权结构和治理的稳定，另一方面促进了产业资本和金融资本的相互融合和发展。

（2）信用担保和信用市场占据主导地位。德国银行有向当地中小企业提供资金的传统。平均而言，企业债务总额的 48% 是银行贷款。① 这些银行与企业保持着长期的合作关系和良好顺畅的沟通机制。同时，银行也参与企业最重要的决策。在信用担保政策方面，政府和国家都设立了担保银行，担保额度高达贷款总额的 80%。此外，政府还为欧洲复兴计划设立了一个特别产业基金。新办中小企业，特别是科技型企业，可以通过银行贷款获得资金援助。

（3）在政府政策推动下，德国积极营造有利于科技研发的制度环境，制定了《反限制竞争法》，支持科技型中小企业参与市场竞争。此外，德国政府对科技企业给予了大量的财政补贴。例如，德国政府设立了中小企业研究与技术专项基金，为科技型中小企业的技术创新提供援助，对投资于落后地区的企业的研发给予资金支持和补贴。此外，德国的政策性银行实行国家担保，不上缴利润。它们对企业的支持体现在贷款优惠利率上，用于扩大再生产和技术研发，降低企业成本，管理和发放政府对企业的补贴和资金。德国复兴银行和平衡银行是政府政策性银行，其核心职能是实施金融政策支持中小企业。

3.1.2　新兴经济体的科技金融创新发展模式

世界上新兴经济体的科技金融体系并不相同，这对我国科技金融的建设具有较大的借鉴意义。

1. 韩国

韩国由于其科技金融体系的推动，经济发展水平在 19 世纪七八十年代得到快速的提高。韩国企业创新具有亚洲国家典型的政府驱动模式的特征，主要体现在其政策导向是政府带头推动新材料、精密电子等高新技术产业的发展，韩国中小型科技企业的发展成为韩国经济增长的重要推动力，推动了韩国经济的增长。在 2017 年的全球创新指数排名中，韩国居亚洲第 2 位、全球第 11 位，可知其曾经经历了快速发展的时期。

---

① 德国担保银行。

长期以来，韩国政府一直积极推动中小科技企业的发展，将其作为优化和升级产业结构、提高产品竞争力、促进出口、加快经济发展的重要战略手段。目前，技术金融的发展相对较好。

（1）在政府财政拨款和政策性贷款的支持下，韩国在20世纪80年代提出了"科技兴国"的技术发展战略，并大规模增加了研发投入。随着政府研发投入的增加，其研发投入强度呈现比较快的上升趋势。韩国政府先后发布了高新技术产业发展五年规划、科技创新五年规划和科技基础规划，确保政府科技投入和科技发展目标的实现。在政策性贷款方面，政府设立了各种专项基金，如技术开发基金、研究成果商品化专项基金、产学研合作基金等。各个银行可以根据政府提供的产业政策和指导意见，按照流动性、营利性和安全性三性原则，对申请贷款的企业进行资格审核和筛查，优化自己的风险控制流程，进行贷前、贷中和贷后的全面风险审查。

（2）通过中央银行、商业银行和区域性商业银行为中小企业提供融资的便利和支持，中央银行可以通过间接的宏观调控机制，如窗口指导和道义劝告，为中小企业提供优惠的贷款条件和政策，如对商业银行等分支机构对中小企业的融资比例下限做一个具体的规定，从而极大地支持了中小企业的发展。同时，商业银行对中小企业的贷款额度是计算再融资优惠利率的依据之一。在政府的大力引导下，韩国商业银行的贷款在一定程度上起到了政策性融资的作用。

（3）通过良好的风险投资机制充分发挥市场的作用。韩国政府按照市场规律进行风险投资，一方面，政府资金主要用于引导社会资本投资创业企业；另一方面，政府虽然制定了相关政策，但并不干预具体的经营活动。从投资方向来看，虽然发展阶段不同，但主要用于信息技术（IT）产业和先进制造业。韩国的风险投资机制对风险投资企业的发展发挥了积极作用，不仅促进了科研经费的增加和企业科研实力的提高，而且实现了科技成果的产业化，促进了出口和经济的发展。

2. 新加坡

新加坡在高附加值的高科技产品出口额、科技进步贡献率（全要素增长率）等重要指标及各类国家创新力、综合竞争力的排名等方面位居前列。其在推动科技金融发展的同时，也在推动金融监管体制的完善和发展，在金融监管和金融发展中取得了利益平衡点。在良好的科技金融发展环境下，很多国外的科技公司和金融机构都慕名而来，新加坡创业企业的数量不断地增加，科技实验室、科创空间以及创业孵化项目也不断地增长。新加坡以政府为主导进行科技金融体系建设，特点主要包括以下几个方面。

（1）在政府的大力支持下，根据全球科技金融的发展趋势和新加坡科技金融业的现状，新加坡金融管理局首次提出推动新加坡科技金融发展的五大计划。同时，新加坡金融管理局结合信息技术发展趋势和科技金融五大规划，确定了技术金融的六大关键技术：移动支付、认证与生物识别、区块链、云计算、大数据和机器学习。新加坡金融管理局还准备在新加坡建立一个面向东南亚和亚太地区、连接世界的金融技术生态系统平台。生态系统平台充分发挥了新加坡创业加速器的作用，将来自世界各地的合作伙伴聚集在一起，主要参与者包括全球金融机构、高科技公司、科技金融创新公司、研究机构和风险投资公司。通过这个平台，可以推动国际国内合作机制的形成。并且，这个平台提供了科技金融行业的相关信息，可以整合平台的各种行业资源，参与者可以通过合作和交流获取各种信息，购买平台提供的增值服务，形成良好的就业创业氛围，推动新加坡经济的不断发展。

（2）得益于得天独厚的地理位置，新加坡具有科技金融发展的重要区位优势。这主要体现在以下几个方面：一是经济发达，环境优美，人力资源素质水平高；二是东南亚重要的战略中心，在东南亚经济体中居于重要地位；三是具有庞大的市场群体，科技金融公司可以将新加坡作为据点，将其发展经营战略扩张到东南亚等地；四是新加坡金融体系发达，银行、证券和保险业发达，金融产出效益大，金融业成为其第四大支柱性产业，在这种氛围的影响下，科技金融产业将进一步优化和发展，从而对科技企业产生拉动作用；五是由于人力资本的沉淀和积累、营商环境的不断优化发展、基础设施的不断完善，以及市场发育程度的不断成熟，新加坡2016年全球金融中心指数跃居世界第三位，获得了国内外的一致赞誉和认可。

（3）合理的科技金融监管机制。为了引导和促进科技金融产业的持续健康发展，新加坡推出了其独特的监管机制——"监管沙盒"，开创了创新性的监管机制体制。这种监管机制的运行逻辑在于为科技金融产业提供一个实验的区域，在这个试验区域暂时放松监管和管制，从而鼓励科技金融产业从事新的发明和尝试，如融资模式和方式的创新、金融产品的创新、金融服务的创新等，以此来鼓励科技金融产业的创新和发展。新加坡通过"监管沙盒"这一创新性的监管模式，一方面激发了科技金融新模式新业态的出现，推动科技创新水平的不断提高；另一方面又将金融风险控制在政府的监管范围之内，并且可以将金融创新试验区的创新成果向其他地区进行推广，从而不断提高新加坡的综合国力。

3.2 我国科技创新金融支持体系发展现状

3.2.1 我国科技创新能力现状

自 1985 年进行科技改革以来，我国的科技创新水平和能力得到了大幅提高，科技投入产出体系基本健全和完善。下面将从我国科技创新能力的基本现状、我国科技创新的成果产出现状和我国科技金融体系建设现状三个角度，对我国科技金融支持体系发展现状进行分析。

在资本投资方面，近年来，我国研发投资实现了较快增长，科技创新投资在国内生产总值中所占比重也逐年提高。2007～2016 年，社会研发总支出由 3 710.2 亿元增至 15 676.7 亿元，研发支出增长速率保持一个稳步增长的态势，并且研发支出占 GDP 的比重一直保持一个相对稳定的状态，基本为 1%～2%（见图 3－1）。但是，我国科技支出的占比规模仍然相对较小，我国科技研发强度和能力有待进一步提高。

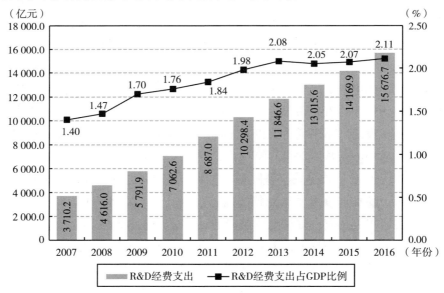

图 3－1　2007～2016 年我国 R&D 经费支出及其占比

资料来源：Wind 经济数据库。

2007～2016 年，在我国 R&D 人员构成及其变化中，基础研究人员全时

当量、应用研究人员全时当量和试验发展人员全时当量平均占比分别稳定在
10%、20% 和 60%（见图 3 - 2），从中也可以看出我国科研人员投入结构存
在的特点和问题，即试验发展的投入比例过大，而基础研究和应用研究的投
入较少，基础研究往往是应用研究和试验发展的基础和根基，这种科研投资
模式会导致中国科研先天根基不足，难以有比较长远的发展。

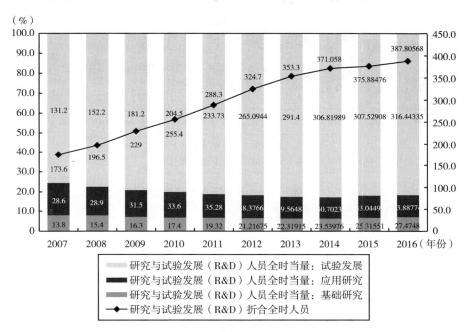

图 3 - 2　2007～2016 年我国 R&D 人员构成及其变化

资料来源：Wind 经济数据库。

3.2.2　科技创新的成果产出现状

中国创新指数是衡量我国综合创新能力和水平的重要指标，由创新环
境指数、创新投入指数、创新成效指数对我国整体的科研创新能力进行一
个总体的评判。从图 3 - 3 可以看出，2007～2016 年我国的科研创新指数
呈现逐年优化的发展水平和态势，并在 2015 年前后增长速率有一个明显
的提高，这反映了经济新常态下我国创新强国战略的重大调整。

2007～2016 年，我国专利申请量、专利授权量和论文数量等不断增
加，各类创新指标不断提高（见图 3 -4）。这不仅表明我国企业参与科技
创新的积极性逐年提高，也反映了我国企业知识产权保护意识的提高。我
国的论文数量，即理论研究和基础研究与开发成果的数量，保持了快速增

长的势头。2007～2016 年，我国 R&D 机构（如科技孵化器及软件产业基地等）和 R&D 机构孵化企业数量都实现了爆炸性的增长（见图 3-5 和图 3-6）。科技成果的长期高产出增长率不仅是中国发展方式转变的结果，还与科教兴国战略和万众创新战略有关。

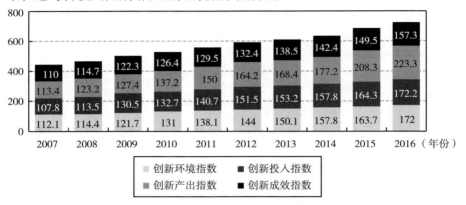

图 3-3 2007～2016 年中国创新绩效指标考核
资料来源：Wind 经济数据库。

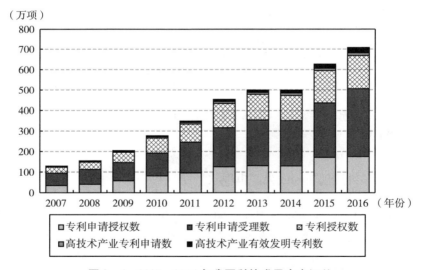

图 3-4 2007～2016 年我国科技成果产出汇总
资料来源：Wind 经济数据库。

科教兴国战略和人才强国发展战略极大地推动了我国科技创新水平和能力的提高，不仅提高了我国科技创新的活跃度，而且推动了我国知识产权配置效率的不断提高，极大地推动了我国科技创新市场的发展。2007～2016 年，中国科技市场技术合同成交总量保持稳定，但技术合同成交额占 GDP 比重快速上升（见图 3 - 7）。在技术合同成交总量保持稳定的前提下，技术交易总量的快速增长反映了我国科技创新的先进程度和总体含金量。中国知识产权市场的不断完善和发展，将进一步促使市场机制在科技资源配置中发挥重要的作用，激发科技要素参与各方的创新活力，不断提高科技产品市场化水平和程度，从而不断发挥科技这一生产力在我国国民经济的支撑作用。

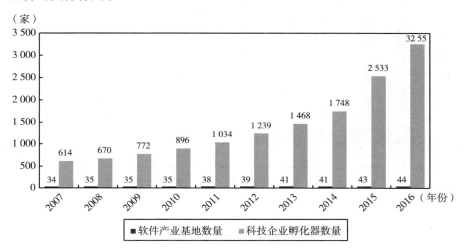

图 3 - 5　2007 ~ 2016 年我国 R&D 机构数量

资料来源：Wind 经济数据库。

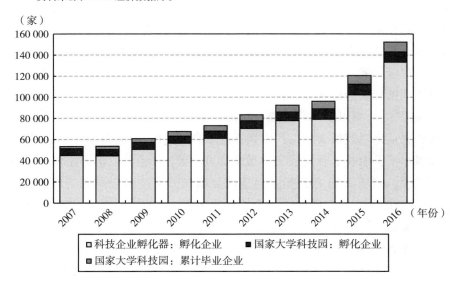

图 3 - 6　2007 ~ 2016 年我国 R&D 机构孵化企业数量

资料来源：Wind 经济数据库。

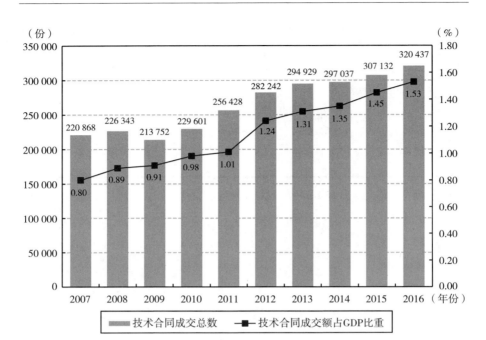

图 3 - 7   2007～2016 年我国技术产权市场交易规模

资料来源：Wind 经济数据库。

高新技术企业属于知识密集型和技术密集型的产业，高度反映一国的科技创新水平，主要经营范围为高新技术产品的研发、推广、应用和出口。高新技术企业数量是衡量我国科技创新能力的重要指标，也是反映我国技术水平独立自主程度的重要依据，因此高新技术产业是我国社会主义现代化建设的战略性产业。下面将从高新技术产业合同成交数和商品出口总额两项指标来分析我国高新技术产业的发展。

从图 3 - 8 可以看出，2007～2016 年我国高新技术产业的总体规模稳步增长，从绝对规模来看，其中高新技术产品进出口额保持一个相对恒定的发展水平，而技术合同成交总数受 2008 年全球经济危机冲击影响增速有所放缓，但从 2011 年开始快速地恢复增长，而技术合同成交额占 GDP 的比重也在 2011 年前后出现一个阶梯式的提高和增长。我国高新技术产品主要面向外贸市场，受宏观经济的冲击和影响较大，因此我国高技术产品出口在 2008 年全球经济危机下增长速率开始下降，但仍然保持了正的增长水平，并且在 2009～2010 年迅速反弹，但是由于全球经济复苏缓慢，2013～2016 年我国高科技产品出口增长再次放缓。

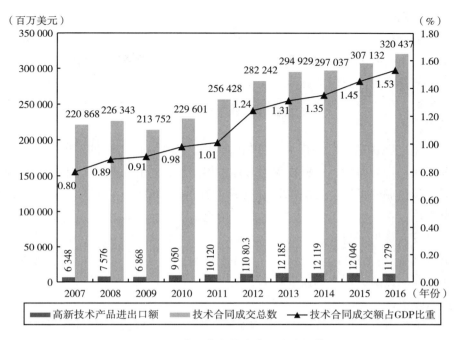

图 3-8　我国高新技术产业产值规模

资料来源：Wind 经济数据库。

3.2.3　我国科技金融体系建设现状

本部分从科技金融信贷体系、科技金融资本市场、科技金融保险体系三个方面对我国科技金融体系建设现状进行分析。

（1）科技信贷是指专门为科技型企业提供资金融通的债务性金融工具，其主要目的在于推动科技型企业的研发和创新。我国科技信贷根据提供资金的机构不同，可以分为商业性银行提供的科技贷款、政策性银行或者部门所提供的贷款和非正规金融机构部门所提供的贷款。

（2）我国科技金融资本市场主要包括股票市场、产权质押市场、创业投资市场、债券市场等。

股票市场。鉴于主板市场上市门槛较高，并且大量科创企业无法满足主板上市要求等原因，我国于 2019 年成立了科创板，与以往创业板和新三板不同，科创板的上市标准更加多元化，并且采取注册制的上市规则，能够更加透明公开地助力我国科创企业的发展。

产权质押市场。鉴于科技中小型企业抵押品和担保品不足等问题，我国逐步发展建立了产权质押市场，如根据中小型科技企业的技术水平和能力开发知识产权质押融资等。

创业投资。创业投资机构是科技企业在发展初期最主要的金融支持提供者，主要有天使投资、风险投资、私募股权投资等金融支持形式。

债券市场。我国债券市场支持科技创新的发展较为滞后，当前我国科技公司大多为中小企业，自身资质较差，因此多采用捆绑发债的方式进行融资。

（3）我国科技保险市场发展较为缓慢。我国保险市场的发展与发达国家存在一定的差距，在科技保险方面发展缓慢，这在一定程度上不利于我国科技企业的发展。为解决这一问题，我国从 2007 年开始科技保险的试点工作，主要险种包括人寿险和财产险两大类。人寿险主要是针对公司主要研发人员由于自身风险的变动而给公司带来损失的保险，如针对研发人员的健康险、意外险和重疾险等。而财产险主要是针对公司本身经营管理所存在的风险，如产品研发中断、失败导致的风险和出口贬值损失所带来的风险等。

下面以 R&D 经费的来源比例对我国科研经费投入结构和特征进行简要分析。如图 3 - 9 所示，从绝对占比的角度来看，企业资金来源是我国企业研发和投入的主要资金来源，并且其发展规模呈现逐年上升的稳步态势，但是占比保持相对稳定。这说明在我国的科技资金市场上，企业自身的市场化融资方式占据主导地位，也说明市场机制确实在资源配置中起到了基础性的作用。政府资金的占比规模也保持相对稳定，在微观经济学中，政府主要是对市场失灵，如公共物品提供不足，进行宏观调控，所以政府资金投向的领域应该是市场机制无法很好发挥作用的领域。综合企业资金和政府资金的占比来看，我国的科研投入结构形成了明显的分工，政府机制和市场机制相互搭配、各司其职，从而推动科研投入结构的不断优化和发展。

根据行为类别的不同，可以将科技创新分为基础研究、应用研究和试验发展三个阶段。基础研究主要指现象认识、规律揭示以及新知识、新原理的获取等，是科技进步的先决条件；应用研究是指在基础研究成果基础上为达到某一特定目标而进行的方法研究或理论研究；试验发展是指在基础研究、应用研究和经验知识的基础上将已有的认识和理论转化为可达到某种目标的特定计划的行为。从图 3 - 10 可以看出，我国试验发展费用占比规模达到绝对水平，而基础研究和应用研究的占比相对较小。参考邹珊珊等（1993）的研究结果，基础应用研究和试验发展研究的最佳比例为 1 : 2，这说明我国的科研研发支出主要偏向后端应用为主，科研基础对基础研究的支持性和激励性不强，因此我国科研研发的结构还有进一步提高和优化的空间。

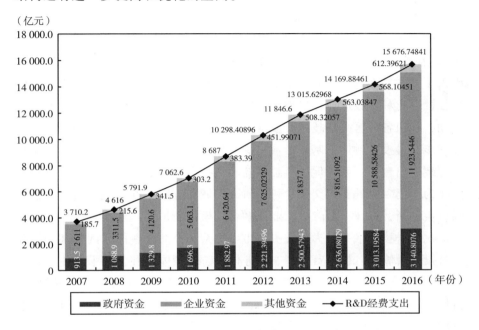

图 3 – 9　R&D 经费来源比例

资料来源：Wind 经济数据库。

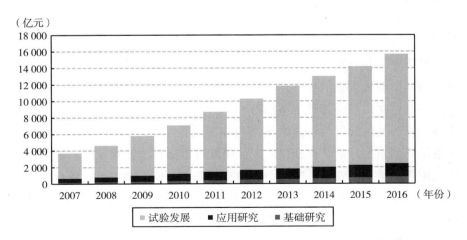

图 3 – 10　创新与研发经费的支出结构

资料来源：Wind 经济数据库。

3.3　我国科技金融与高新技术产业协同发展现状

中国科技金融的发展主要经历了三个阶段：初创阶段（1978～1993年），在这一阶段中，中国首先以风险投资支持高新技术产业的发展，并引入了"科技金融"的概念；初步探索阶段（1993～2009年），为了适应科技社会化和科技产业化的发展，国家将进一步支持现阶段高新技术创新活动，加快各地区高新技术开发区的建设，进一步促进中国经济增长和科技进步，科技金融体系基本形成；深入发展阶段（2009年至今），国家和地方政府出台了一系列促进科技创新和科技金融发展的政策措施，科技金融作为一门独立的新兴交叉学科，研究领域和范围不断拓展，科技金融实践日益创新，科技、金融、产业三融合规模不断扩大。

我国科技金融可分为科技资本市场体系和公共金融体系两大部分，并通过投创新体系、投融资体系、服务体系、政策体系和公共平台使二者相互协调、共同发展。我国科技金融主要由商业银行等科技信贷金融机构、科技金融服务机构、风投创投机构、股权投资基金公司等构成的科技资本市场，科创委、财政部门、税务部门、发展改革委等政府部门构成的公共科技金融以及一系列的科技信贷、风险补偿资金池、财政拨款、税收优惠减免、股权融资、风险投资（VC）和私募股权投资（PE）等支持科技产业发展的协同发展模式共同构成。科技资本市场与公共科技金融部门协同发展，不断拓宽利用资金、政策、平台和服务支持产业发展的渠道，清理阻碍科技金融有效对接科技企业发展的障碍，实现科技进步、经济社会发展和协同效益最大化的目标。

科技资本市场作为资本市场的一个重要组成部分，极大地促进了资本市场的资源有效配置、资金的聚集与快速流动、配套服务的完善与升级、金融活动创新，推动了高新技术产业研发效率提升、技术流动、成果转换周期缩短、企业经营显著改善，进而有效支持当地经济发展。商业银行是科技资本市场的重要组成部分，2015～2016年城市商业银行以同比20%以上的增速持续扩张，而农村商业银行的增速同比有所减缓。① 在降低产能、减少库存和去杠杆化的宏观环境下，商业银行在利率市场化背景下也

---

① 中国银监会。

面临着处置不良资产的艰难任务，一些抵御风险能力较差的中小商业银行的经营问题逐渐暴露出来。目前我国商业银行呈现爆炸式增长，数量激增，但经营业务趋于同质化，业务单一导致银行间竞争日益激烈。采用科技信贷、知识产权质押等新融资形式的商业银行跨业经营有限缓解了经营困境，但商业银行的风险控制能力也面临风险交叉传递性的挑战。科技金融服务机构是企业法人在政府支持下建立的科技金融综合服务中心，以建设"一站式"科技金融服务平台为目标，全力支持中小科技企业在种子期、创业期、发展期、成熟期等不同生命周期阶段的创新发展。尽管科技金融服务机构起步较晚，发展时间较短，但在政府有关部门的支持和指导下，科技金融服务机构迅速发展，并在全国范围内广泛建立。与此同时，在风口风格快速变化的资本市场上，各种风险投资机构和股权基金通过不同规模的投资，有效地填补了科技企业的资金缺口，同时为科技企业的经营管理提供了专业支持，自身也得到了蓬勃发展。此外，包括高新技术企业在内的主板市场和创业板市场，以及新三板市场和本地股票交易市场，为高新技术产业提供了全面的融资渠道，有效提高了企业资金和经营活动的流动性。

在国务院、发展改革委等上级政府管理部门的指导下，地方科技创新委员会担负着贯彻国家相关科技政策、引导高新技术产业化和组织重大科技计划落实的职责，有效推动了区域高新技术产业的发展和地方经济可持续发展。与此同时，政府税务部门根据相关政策，通过提升征收门槛和减少应征比例等方式对中小科技企业进行税收优惠，有效降低了科技企业经营成本、提升了企业收入。2017 年，税务部门通过实施中小企业所得税减半征收政策共为中小企业减少税费 454 亿元，其中征收范围从年应纳税所得额 30 万元扩大到 50 万元，共减税 128 亿元。财政部门通过科技补贴、科技财政拨款等方式支持和改善科技企业经营发展，并通过财政资金牵头建立科技信贷风险补偿资金池等形式，有效降低了金融机构科技信贷运营风险。

随着科技资本市场与公共科技金融的协同发展，在支持高新技术产业发展的过程中，我国科技金融生态得到进一步优化，规模得到进一步发展，具体表现在以下几个方面。

（1）进一步扩大科技产业创新培育规模。企业孵化的整个产业链在全国各地建立，以高新技术企业、"领头羊"企业和"独角兽"企业为代表的创新创业主体不断向专业化、精细化转变，创新培育的溢出效应明显。截至 2017 年底，全国共有创新空间 4 298 个、科技企业孵化器 3 000 多个、企业加速器 400 多个、国家高新区 156 个，形成了多层次、高效率的服务链（见图 3 – 11 和图 3 – 12）。特别是在广东、江苏、北京、浙江等地，国家级众创空间和企业孵化器发展迅速，广东的众创空间规模发展在全国居于前列，创业孵化器占比高达14％，在数量和规模上都处于全国领先地位，为培育和加快科技企业的发展创造了强大的载体空间。

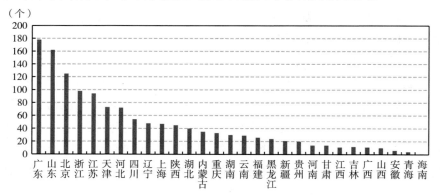

图 3 – 11　2016 年我国国家级众创空间地区分布

资料来源：科技部。

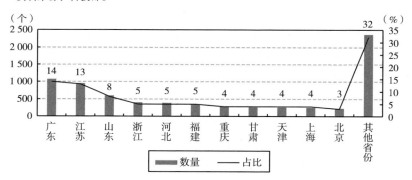

图 3 – 12　2017 年我国创业孵化器载体地区分布

资料来源：科技部。

（2）创业风险投资活力得到进一步释放。从表 3 – 1 可以看出，2014～2016 年，中国创业风险管理资本平均总额高达 6 720.9 亿元，平均增长速度高达27.8％，因此具有较高的发展前景；基金管理资金平均规模 4.39亿元；全国市场母基金规模进一步扩大，最大母基金管理的子基金达到 19个。另外，创业风险投资的资本运作主体——各层次的投资机构在我国进一步完善多层次资本市场的背景下得到充分的发展，形成了以上海、北京、深圳和浙江为主的创投机构聚集区域（见图 3 – 13），极大地促进了区域资源的合理有效配置，有效解决了区域优质科技企业的融资问题，优化了企业的资本结构，促进了当地科技资本市场的健康发展。

表 3 – 1　　　　　2007 ~ 2016 年我国创业风险管理资本总额

项目	2007年	2008年	2009年	2010年	2011年	2012年	2013年	2014年	2015年	2016年
管理资本（亿元）	1 112.9	1 455.7	1 605.1	2 406.6	3 198	3 312.9	3 573.9	5 232.4	6 653.3	8 277.1
较上年增长（%）	67.7	30.8	10.3	49.9	32.9	3.6	7.9	31.7	27.2	24.4
平均规模（亿元）	3.36	3.55	3.24	3.34	3.72	3.52	3.26	4.48	4.66	4.05

资料来源：科技部。

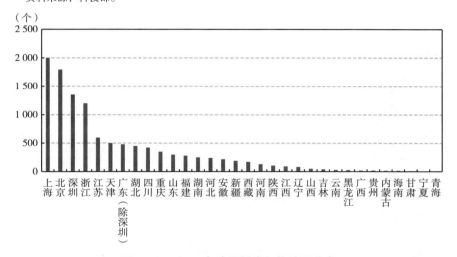

图 3 – 13　2016 年我国投资机构地区分布

资料来源：中国风险投资研究院. 中国风险投资年鉴（2015—2016）［M］. 北京：中国发展出版社，2017.

（3）产业投资基金规模进一步扩大。2015 年以来，国内公共管理部门引导的产业投资基金体量迅速增加，规模不断扩大，并且形成了一定的空间集聚和溢出效应，主要以长三角、珠三角以及环渤海地区的集聚溢出效应较为明显。同时，产业基金的发展也从东部沿海地区向中西部地区扩散。2016 年，新增政府引导基金 442 家，募集资金 36 001 亿元，增长速度不断加快。①

（4）科技资本市场进一步完善。2018 年，A 股市场通过首次公开发行股票，为 105 家公司筹集了 1 386 亿元。其中，高新技术产业和战略性新兴产业企业在中小板和成长型企业板中占绝大多数，在创业板上市公司

---

① 政府引导基金管理如何"拿捏"市场化？［N］. 证券时报，2017 – 06 – 19.

中，高新技术企业的占比高达90%以上，战略性新兴产业企业的占比较高，为70%以上，研发强度投入水平持续保持在5%以上。2018年我国新三板挂牌公司地区分布如图3–14所示。2018年，新三板市场新增上市企业573家，融资604.43亿元。全国中小企业股份转让系统为我国许多尚未达到主板融资条件的优质高新技术企业提供了广阔的融资平台和相对平稳的股票流动性，近年来发展尤为迅速。以广东、北京、江苏、浙江、上海为代表的沿海地区新上市的三板公司在质量和规模方面均居全国前列，同时也为股转系统的优化和升级提供了许多积极有益的经验。

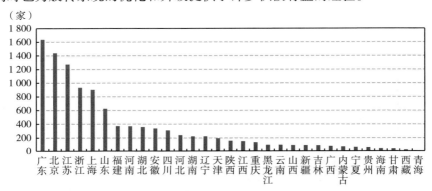

图3–14　2018年我国新三板挂牌公司地区分布

资料来源：全国中小企业股份转让系统。

　　近年来，随着科技金融的发展，我国高新技术产业在规模和质量上都取得了长足的进步。2007～2016年，我国高新技术产业规模、发展规模、产业布局等稳步加快发展。从市场容量上看，我国高新技术产业的技术合同成交额2016年达到320 437亿元，2007年只有220 868亿元，10年累计增长了45.08%；高新技术产品进出口额2016年达到11 279亿元，2007年为6 348亿元，增长幅度达到77.67%（见图3–15）。作为高新技术产业的两项核心评价指标，总产值和出口额与我国高新技术产业的发展程度及国内外整体经济环境等外部因素关联性较强。2008年全球金融危机爆发，全球范围内实体经济萎缩不断加剧，需求规模显著减小。在此条件下，2008～2009年，我国高新技术产业无论是在市场规模还是在产业建设方面增长降速明显，高新技术产品的出口额甚至在2009年出现了停滞和减少。近年来，受全球经济复苏缓慢影响，我国高新技术产品出口规模增长再次放缓。但是，一方面，从高新技术产品出口比例的变动趋势上看，2007～2016年，在国际外部经济较差、出口压力较大的年份，高新技术产品的市场接受程度和对外市场销量反而显著高于普通出口商品，这在一定程度上反映了我国的高新技术产品及其产业得以持续的提升和改进，市场竞争力和需求量不断提升。另一方面，我国高新技术产业产值占 GDP 比重比较稳定，近年来基本保持在 20% 左右，这也反映出我国高新技术产业的时空格局和未来布局规划并未发生根本性变化，保持了发展的连贯性与持续性。此外，高新技术产业园区依托集约型智力资源和产业资本，通过规模效应聚集了生物、能源、信息、新材料等高新技术产业，在国家产业政策的支持下，生机得到进一步释放。截至 2017 年，全国共有 156 个国家级高新区，其中广东、江苏、山东等沿海和工业发达地区分布密集，高新技术企业集聚规模较为明显（见图 3 - 16 和图 3 - 17）。2007 ~ 2016 年，中国高新区 GDP 增长了 3 倍，占全国 GDP 的 12%，极大地推动了我国的创新驱动发展战略和供给侧改革。

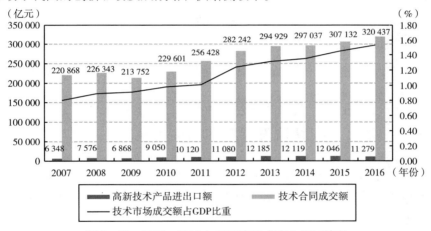

图 3 - 15　2007 ~ 2016 年我国高技术产业发展情况

资料来源：《中国统计年鉴》。

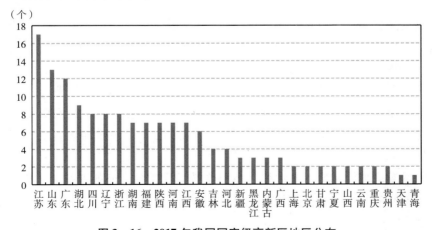

图 3 - 16　2017 年我国国家级高新区地区分布

资料来源：科技部。

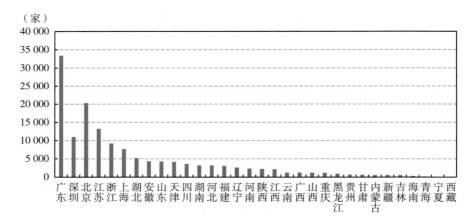

图 3 – 17   2017 年我国高新技术企业地区分布
资料来源：科技部。

3.4   我国科技金融与高新技术产业协同发展存在的主要问题

国家不断出台新的政策支持科技金融的发展，政府希冀提出有效的科技金融政策促进科技金融的发展，但科技金融的发展仍然存在以下不足。

1. 科技金融机构数量少

从图 3 – 18 可以看出，科技金融公司数量在初期稳步增长后，2016年以后急剧下降。2008 ~ 2012 年，新注册的金融科技公司数量每年稳步增长，增幅介乎 17% ~ 45%。2013 ~ 2015 年，互联网的普及使金融科技行业呈现爆炸式的发展态势，科技金融公司数量翻了 1 倍，并在 2015年达到了峰值，这与中国当时资本市场泡沫的形成和发展是密不可分的。但是从 2016 年开始，新公司注册数量开始急剧下降，主要是由于当时对 P2P 等网络借贷的监管趋严，科技金融公司注册的数量受到了较大的限制。

然而，2017 ~ 2018 年，广东省科学技术厅拟批入库的科技型中小企业就有 3 万多家，与金融类公司的数量差距很大。大部分科技型企业依然是通过银行体系融资，市场活性不高。

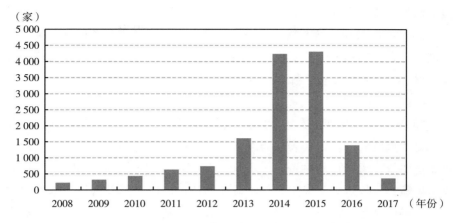

图 3-18　2008～2017 年科技金融公司注册数量变化
资料来源：中国科技金融企业数据库。

2. 金融产品创新不足

（1）传统的以银行等间接融资机构为主的融资模式并不适合中小融资企业的融资需求。银行业是一个高杠杆、高负债的企业，其经营中会考虑营利性、安全性和流动性的协调，短借长贷、期限错配成为其主要经营特征，中小型科技企业由于缺乏抵押担保等硬性贷款条件，往往成为信贷配给和约束的对象，而生产规模较大、固定资产比例高的企业常常成为银行着重把握的贷款对象。另外，我国科技金融的发展模式忽视了银行收益与风险的匹配程度，导致债券融资比例过高。除此之外，中小型民营科技企业受到信贷配给约束的重要原因还包括以下几个：一是由于金融市场普遍存在的信息不对称问题，为了避免逆向选择和道德风险等问题，商业银行往往通过提高贷款利率来缓解信息不对称所带来的问题，过高的贷款利率将本来信贷配给严重不足的中小企业拒之门外，从而严重地压抑了其融资需求；二是除了商业银行之外，我国给中小型科技企业提供的融资渠道较为狭窄、科技金融产品较为单一，并且金融创新程度不足，金融服务水平有待进一步提高，我国的科技金融体系建设还有很大的上升空间。

（2）我国商业银行提供的金融产品不足，对中小型科技企业的支持力度严重不足，并且国有控股商业银行本身提供的科技贷款额度有待进一步提高，因此要大力完善我国的科技信贷市场建设。

（3）我国中小型科技企业风险特征具有其特殊性。由于中小型科技企业的技术研发风险难以估计，针对其特殊风险的信息评价机制并不完善，担保保险机制还未完全建立起来，进一步制约了其发展。

（4）我国科技金融创新水平还有待进一步提高。在各类科技金融产品的创新上，我国商业银行提供的产品主要为科技信贷产品，科技保险、科技担保、科技融资租赁、知识产权质押、知识产权证券化程度还有待进一步提高。

（5）我国中小型科技企业的融资渠道狭窄，并且在直接融资渠道上存在较为严重的问题。主要表现为以下几个方面。一是目前我国中小型科技企业主要依靠银行信贷融资。一方面，我国中小型科技企业具有规模小、技术更新快、投资大、风险高、收益高的特点，这使得以科技为基础的中小企业难以满足中国证监会对企业发行股票的基本要求；另一方面，资本市场的门槛相对较高，许多中小型科技企业无法满足这一条件。二是我国私募风险投资机构发展起步比较晚，规模水平比较小，数量不够多，资金实力仍然比较薄弱。而商业银行由于分业经营等法律政策的规定和要求，不能从事高风险的经营活动，从而使得风险投资主体单一，难以满足高风险、长期的风险投资需求。三是目前我国大多数风险投资机构的投资目的都是短期上市并实现投资的短期快速变现，因此风投机构的资金主要支持了科技企业成长期的发展和扩张，但在其种子期和导入期的资金投入不足，这种"重投入轻发展""重短期效应轻长期战略""重后期轻早期""重规模轻服务"的浮躁理念不利于企业的长期经营和发展，也不利于风投机构本身品牌和经营实力的做大做强，并且在其发展过程中也出现了功能异化、行为投机和发展泡沫等问题，严重阻碍了我国风险资本市场的进一步完善和发展。四是风险投资机构的资本退出渠道比较单一，私募股权场外交易市场、并购市场交投清淡。这主要还是因为风险投资退出机制仍不完善，大多数风险投资机构退出投资的模式还是以企业的 IPO 主板或创业板上市为主，退出渠道的单一加剧了风投创投机构的短视和投机行为。五是从科技创新本身来看，主要存在基础科研投入不足、基础科研资源总投入不足、基础科研与实验发展资源不匹配等问题。高新技术产业增长缓慢，导致创新需求潜力不足，从而使得高新技术产业规模增长放缓、高新技术产业投入增长放缓、高新技术利润增长放缓。

（6）科技资源配置上存在严重错配的问题。我国研发投入总规模长期居世界前列，但是研发投入的分配却不尽合理。我国大部分研发投资行为都是由企业主导进行的，而科研机构的经费投入规模与发达国家相比严重不足。与此相反的是，我国的科研人员数量已经居世界前列，但是很多科研人员在科研机构或者高校工作，企业存在科研人员不足的问题。因此，我国企业的科研投资行为和高校机构的研发行为形成了剧烈的反差。由于资源错配严重，劳动力和资本之间没有达到最佳的生产使用比例，所以研发投入产出水平较低，科研企业和科研机构应该建立产学研一体化的互惠互利机制，解决人力资源投入和资本投入错配严重的问题，从而提高我国的科研投入产出水平，不断优化我国的科研投入产出生产模式。

（7）科技企业存在融资结构不合理的问题。我国科技企业融资结构主要以间接融资为主，直接融资所占比重总体较小，但是科技企业本身所经营的领域和范围是具有高风险性且不确定性较大的研发活动，因此间接融资模式会给科技企业带来比较硬的融资约束，这就导致这些科技企业往往在债务到期时面临较为严重的信用违约风险，从而导致其采用借新还旧的短期融资方式缓解自身面临的较为严重的融资约束问题，但这种治标不治本的方法往往会导致其债务水平"滚雪球"般不停地堆积，最后产生雪上加霜的严重后果。导致我国中小型科技企业融资结构间接融资占比过高的主要原因是我国的直接融资渠道发展还未真正健全完善，多层次资本市场的市场定价功能并没有在真正意义上建立起来，并且我国长期债券市场的体量和规模较小，不能推动储蓄向投资转化，这从根本上导致了我国中小型科技企业融资结构的畸形。

（8）我国的资产抵押方式不符合科技企业的客观情况。科技企业资产分布结构主要以商标权、专利技术、非专利技术、软件著作权等无形资产为主，该类资产存在的资产价值折旧大、价值评估复杂、没有专门的资产评估机构等问题导致其在传统间接融资模式中缺乏合适的担保和抵押品，其融资受到较为严重的信贷配给约束，而对于这类以技术研发和科技成果市场化为主要目的的企业而言，无形资产质押贷款和知识产权质押贷款是比较适合的贷款模式。但是，由于这类贷款模式中银行等间接融资机构会承担较大的风险，并且关于无形资产和知识产权的价值评估具有特殊性和主观性，进一步加大了科技企业融资的困难。科技研发人员和知识产权是科技企业最具有核心竞争力的资产，只有大力加强知识产权的第三方评估机构等中介服务机构的发展，才能真正从根本上解决中小型科技企业融资难和融资贵的瓶颈。

（9）我国的信息披露制度建设仍然不够完善。规模庞大的上市公司和企业往往具有信息披露的法定责任和义务，并且需要在资产负债表日提供财务报表和第三方审计机构的审计意见，由于信息披露的健全和完善，其可以在资本市场和债券市场根据其风险特征的不同满足其融资需求。由于资产结构的复杂性，科技企业在信息披露上经常会存在不透明不完善的问题，标准统一的财务报表并不能充分反映科技企业无形资产、知识产权和人力资源的价值。对于科技企业财务报表的局限性，应加强多方信息披露制度的完善，通过强化财务报表附注的作用，加强关联方、供应商以及第三方独立评估机构的作用，充分发挥信息披露对于解决科技企业融资过程中存在的信息不对称问题的作用。同时，对于本身缺乏财务信息、信息披露不完善的科技企业，也需要通过进一步建立健全完善科技企业的融资评价机制来解决这个问题。科技企业的融资评价体系更多涉及对其本身的核心竞争力——科技研发能力的评估，需要对其无形知识产权的价值和科研人员的技术水平进行合理评估，这就对第三方评估机构的专业性和技术性提出了很高的要求。

（10）我国企业的征信制度体系仍然没有建立起来。人无信而不立，信用体系是当代社会发展的基石。信用体系的建立不仅对于金融体系建设至关重要，对于科技企业来说也是如此。但是，由于我国市场化的征信体系还未建立完善，行业内缺乏蜚声内外的行业标杆性企业，并且官方的征信系统处于信息较为闭塞的状态，提供的大量征信信息都是比较滞后静态的信息，这对于建立起整个全面系统完善的社会信用生态体系来说是十分不利的，这就需要加大对全社会信用征信体系的支持和发展，通过社会征信体系的建立缓解科技企业本身存在的信息不对称问题，通过社会信用体系的健全完善解决银行等传统金融机构所面临的道德风险和逆向选择的问题，从而增强银行对科技型企业的贷款意愿。同时，通过征信体系的建设完善科技企业信息披露存在的不足，进而为资本市场的长期融资提供更多的融资机会，实现多方互利共赢的局面。

我国高新技术企业在发展过程中也面临较大的问题。一方面，我国高新技术企业的技术水平和科研能力还有待进一步提高。我国传统的经济增长模式过于注重传统基建建设和低端的外贸需求，这种传统的发展模式虽然在一定程度上增强了国家对宏观经济的控制和干预能力，但却是以牺牲中国国内新兴消费需求和技术供给为代价的，导致我国内部出现的对新产品新技术的需求得不到满足，进而会过度依赖国外的技术进口和引进。我国初期实行的通过市场引投资的方式确实在短期内提高了技术发展水平，但是这种缺乏积累的拿来主义也培养了企业依赖外部技术支持的思想，这种恶性循环导致西方技术在国外广袤的市场需求下进一步加强和强化，而我国对国外关键技术的依赖水平逐渐加深，国内的技术供给由于缺乏国内有效市场的支持、长期的技术水平的积累和沉淀，会因为过高的技术壁垒而退出市场，在长期会阻碍中国创新驱动发展战略的实施和产业结构的优化升级。另一方面，我国的文化制度因素对高新技术的潜在发展空间造成了较大的不利影响。中国过去几十年的高速发展依赖于国家宏观发展战略规划的引导和落实，中国独特的人事任命机制导致过于片面追求经济的体量和规模，而技术性企业更加强调生产方式的优化和效率的提高，这种发展理念和对市场需求的过度干预使得原本的产业结构模式更为僵化和失衡，从而对高新技术企业的发展环境造成了不良影响。同时，在人才培养和教育方面，中国的人才培养过于强调"通才"的教育，并且由于教育资源紧张、人口负担较大，形式教育、学分教育盛行，这种文化教育的土壤很难孕育出创新型人才。而人力资源恰恰是高新技术产业重要的财产资源，对科技企业长期长远发展来说至关重要。人力资源的素质和水平不仅是生产要素的重要组成部分，也是经济优化发展的内生驱动因素，因此科教兴国和人才强国战略依然任重而道远。

综合科技金融和高新技术产业协同发展的命题讨论，除了本身发展存在一些潜在的不利因素以外，二者之间的良性互动对经济结构优化、产业升级改造来说至关重要。科技金融和高新技术企业的协同发展在于把握好它们本身的角色和定位问题，科技金融从诞生起就决定了其产业金融的角色和定位，科技信贷准备金风险池、政府先导引导资金、担保费率补贴等政策的推出都充分说明了科技金融本身是为科技企业技术创新服务的重要金融工具。科技金融的发展目标和定位决定了其不能完全像传统金融机构一样以利润最大化为主要目的，因为技术研发作为特殊的具有正外部性的公共物品，其高风险和巨大的不确定性决定了其市场供给必然是经常不足的，因此即使推崇自由市场化的西方国家的公共财政也对科技研发投入了大量的人力、物力和财力，但这不意味着科技金融本身就不能存在盈利，就应该把社会效益最大化作为自己的目标。只是在科技金融和高新技术协同发展的演变路径中，通过金融支持科技、金融先让利于科技，或者说以一个长期投资、共同成长的经营理念去陪伴企业的长期增长，在科技技术产业发展粗具规模、具备市场化和盈利能力的时候，再回馈金融产业的发展，从而达到良性互动的内生增长循环。此时科技金融和高新技术产业的互动融合不再是低层次的资金融通和借贷的关系，科技金融企业会在生产经营决策评估等各方面广泛参与企业的长期发展战略，而高新技术产业也不只是对科技金融产业给予简单的投资回报，而是通过自身技术的外溢性去优化金融企业的经营流程和技术发展，激发金融产品和金融服务的创新需求，从而在协同互动中形成长期的互惠共生生态系统。

3.5   区域科技金融与高新技术产业协同发展概况
——以广东省为例

3.5.1   广东省科技金融发展现状

近年来，广东省不断加大科技金融投入。2016 年，广东省科技投入保持全国第一位，区域创新能力连续 9 年排名第二位。全省科研投入占国内生产总值的 2.5%，接近发达国家水平。本节具体分析了广东省财政科技投入产出，广东省科研投入结构，广东省在信贷市场、保险市场和资本市场的产出，以及广东省各类科研企业的经济效益产出。

从图 3 – 19 可以看出，广东省地方财政科技投入逐年增加，2016 年达到历史新高。在我国经济发展进入新常态之前，广东省地方财政科技投入呈现周期性波动的特征，地方财政科技投入占地方财政支出总额的比例保

图 3 – 19   2007 ~ 2016 年广东省地方财政科技拨款及其占比
资料来源：广东省科学技术厅。

持在 3% ~ 4% , 但随着我国经济发展进入新常态, 科技投入比例稳步上升, 2016 年达到 5.53% 的历史最高水平。地方财政科技投入的增加直接反映了广东省科技财政投入的增加, 也反映了财政支持科技的重要性日益提高。

图 3 - 20 展示了广东省公共财政支出中各科学技术的支出占比变化, 从中可以看出, 在经济发展进入新常态前, 基础研究占比、应用研究占比和科技条件与服务占比处于一个相对稳定的状态, 而社会科学占比、科学技术普及占比以及科技交流与合作占比则呈现波动较为剧烈的状态; 在经济发展进入新常态后, 基础研究占比呈现明显的下滑态势, 而应用研究则占据绝对主导地位, 对科技条件与服务的支出得到明显的重视, 而科技交流与合作则由于外部宏观经济条件的恶化降至了冰点。总体来说, 广东省地方科技财政支持体系结构还有待进一步改善, 尤其是对基础研究以及技术条件与服务的支持还有待进一步提高。

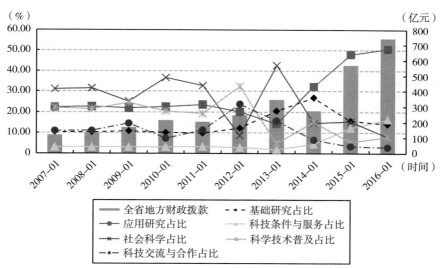

图 3 - 20 2007 ~ 2016 年广东省公共财政支出科学技术结构
资料来源: 广东省科学技术厅。

科技资本市场是科技金融系统中最为活跃、占主导力量的部分。广东省科技资本市场具有多层次、多形式的特征, 包含以风投创投、产业投资基金为主要形式的股权投资基金; 主板、创业板、新三板、区域股权交易中心, 以及即将试行注册制及科创板等不同层次的证券市场; 以商业银行贷款为主要形式的传统贷款融资和科技信贷等金融创新服务领域; 信贷风险补偿资金池、科技保险、知识产权质押融资等新兴科技资本市场投融资及风险管理模式。不同形式的科技资本市场主体很大程度上影响了区域内高新技术企业创新活动的开展以及研究成果产品化产业化的有效转化进程。近年来，在国家及广东省科技产业支持政策以及资本市场蓬勃发展的背景下，各个层次的科技资本市场主体有力地推动了广东省高新技术产业的快速发展。

图 3 – 21 至图 3 – 23 分别从科技金融的三个主要的子市场——科技保险市场、科技信贷市场和创业投资市场的角度，分析了 2007～2016 年广东省科技金融的产出效益。从中可以看出，在经济发展进入新常态前，广东省的科技保险市场、科技信贷市场和创业投资市场处于发展稳定但是相对稳定的阶段；而在经济发展进入新常态后，地方财政、政府都逐渐加大了对科技金融的鼓励和支持，出台了许多优惠政策推动科技金融子市场的不断完善和发展，由此推动了其规模的进一步扩大和发展。

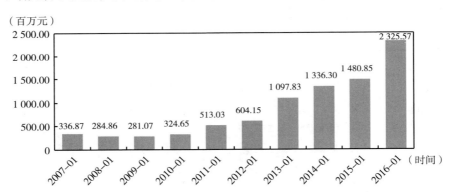

图 3 – 21　2007～2016 年广东省科技财产保险金额

资料来源：广东省科学技术厅。

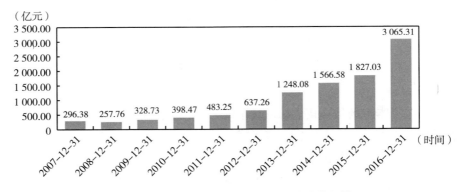

图 3 – 22　2007～2016 年广东省科技信贷规模

资料来源：广东省科学技术厅。

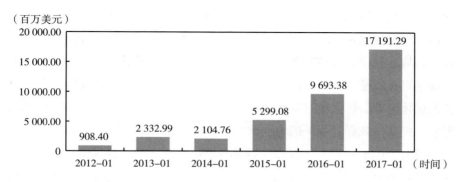

图 3 – 23　2012～2017 年广东省私募股权和创业投资金额
资料来源：广东省科学技术厅。

下面分别从科技保险、科技信贷、创业风险投资市场、新三板市场和区域股权交易市场五个方面，对广东省科技金融体系建设的现状进行阐述分析。

1. 科技保险

科技保险作为科技金融的重要组成部分，对中小型科技企业投融资担保体系的构建具有重大的推动作用，有利于调动更多的金融资本投入到科技企业中，为其科技创新和发展提供重要的推动力。

从科技保险的发展看，2008 年广东省始提出要大力发展科技保险。《广东省建设创新型广东行动纲要》《广东省国民经济和社会发展第十二个五年规划纲要》等都呼吁发展科技保险或科技保险试点。之后，广东省出台了一些科技保险政策，对科技保险进行了较为具体的描述。根据《广东省企业研发机构"十五"发展规划》，开展科技保险创新，对促进广东省科技金融创新具有重要意义。研发机构是科技产品的来源，为促进企业研发机构的建设，广东省提出深化深圳、广州、东莞、佛山等城市科技保险试点项目，支持研发机构建设，推动保险业务在全省范围内的不断推开和发展。以上政策支持极大地分散了科技企业的研发风险，进一步激发了企业的研发潜力，有力地保障了企业的经营研发活动。

广东省鼓励有能力的地区发展科技保险，并确定了科技保险的 15 种基础险种，支持保险公司在基础险种的基础上开发新的险种。主要激励政策表现为：一是降低科技保险企业的门槛和标准，扩大科技保险企业的服务范围，如将科技型中小企业纳入科技保险的服务范围中；二是提高科技保险服务的专业性，如设立专门的科技保险服务机构；三是在"大众创业、万众创新"的政府号召下，在"金融服务创新驱动发展""科技金融一体化"的时代洪流下，不断提高政策的精准性和针对性，加大对重点行业和领域的扶持和补贴力度，引导社会资金的优化配置，服务于宏观产业发展格局；四是在科技保险政策的引领和指导下，推动科技保险产品和服务的优化升级，扩大科技保险的普及面和试点，通过科技保险模式的不断创新，提高科技保险服务的专业化水平。

目前，广东省着力培育和发展具有较强专业性的科技保险公司。一是为了管理和分散科技企业的风险；二是为了完善广东科技保险组织体系，促进科技保险经营主体多元化；三是为了增加广东科技保险市场有效供给，促进科技保险产品创新的需要。但目前广东省科技保险经营机构大部分为综合性的商业保险公司，没有科技保险专营机构，广东省需要大力发展如以粤科金融集团有限公司为代表的以服务科技创新及战略性新兴产业为主要方向的风投创投机构和综合性科技金融集团，进一步加强广东省科技保险补贴政策的导向作用，通过专业化经营充分发挥科技保险公司对科技企业强大的支持作用。

这里从科技保险发展的政策、规模和效果，以及科技保险补贴的标准三个方面，以省会城市广州科技保险试点情况为例，对科技保险相关政策、科技保险发展规模与成效、科技保险补贴标准三部分进行说明。目前，广州设有经济技术开发区和高新技术产业开发区，科技型企业比较集中，其中，广州经济技术开发区作为试点地区，有利于科技保险试点工作的有效开展。从表3-2可以看出，2013~2014年广州科技保险业务发展迅速，参保企业从42家增加到78家，增长约1倍。广州市科技保险保费补贴的经费来源于广州市科技与金融结合专项资金（补助补贴类），广州市科技保险保费补贴具体细则如表3-3所示。

表3-2　　　　　　　　2013~2014年广州科技保险试点情况

年份	投保企业（家）	投保保费（万元）	保险金额（万元）	收益企业（家）	赔付金额（万元）
2013	42	83.6	192 461.8	5	38.2
2014	78	562.4	1 490 932	16	102.5

资料来源：广州市科学技术局。

表 3 - 3　　　　　　　　广州市科技保险保费补贴细则

项目	具体细则
经费来源	广州市科技与金融结合专项资金（补助补贴类）
支持对象	科技型企业
保费补贴率	广州科技保险保费补贴比率分为三个等级：第一级为 60%，补贴的险种为科技企业高管人员和关键研发人员团体健康险（意外险）、关键研发设备险、专利险、营业中断险；第二级为 30%，补贴的险种为科技企业产品质量保证险、董事会监事会高级管理人员职业责任险、产品研发责任险、产品质量责任险、项目投资损失险、雇主责任险、特殊人员团体意外伤害险和重大疾病险；第三级为 50%，补贴险种为经过中国保监会（后与中国银监会合并为中国银保监会）广东监管局备案的其他险
保费补贴限额	每个企业每年补贴额度一般不超过 30 万元

资料来源：广州市科学技术局。

2. 科技信贷

为营造科技企业良好的经营发展环境，进一步发挥科技创新在经济发展中的驱动引领作用，发挥财政资金对经济发展驱动力的引导作用，从而改善科技型中小企业的生态环境，推动科研项目和成果的落地和转化，推动科技、金融、产业的融合，广东省联合多部门共同开展省市联合科技信贷风险补偿资金池和科技信贷项目合作，多角度地满足广州市科技型中小企业的融资需求。截至 2018 年 5 月 31 日，科技信贷风险补偿资金池首期投入 4 亿元，共有 9 086 家科技企业注册进资金池数据库，已申请金额共135.22 亿元，已获得授信金额 123.16 亿元，包括中国银行、中国建设银行在内的 8 家银行累计科技信贷放款共 75.43 亿元。[1] 资金池为轻资产、自身抗风险能力偏弱的科技企业背书，在政府的支持下化解商业银行控制金融风险、对中小企业放贷的后顾之忧。在此条件下，科技信贷有效解决了科技企业技术创新与经营发展的资金需求，很大程度上改善了科技企业的融资环境，促进了科技成果产品化和高新计划产业的发展。

除此之外，广东省近年来通过知识产权质押融资的制度构建，建立起比较完善的知识产权质押融资平台，并通过引入政府财政资金的引导支持和风险分担政策，缓解了科技型中小企业融资过程中存在的重大瓶颈和难题，形成了广东模式与经验。在此过程中，广州市的实践成效尤为突出。从 2016 年广州市获批开展国家知识产权质押融资示范工作以来，广州市知识产权局积极布置知识产权质押融资的相关任务，推动知识产权评价体系

---

[1]　广东省科学技术厅。

的公开化、透明化和专业化，不断提高金融服务于知识产权质押融资的专业水平和能力，进而不断提高中小型企业专利的市场认可度水平。2017年1~10月，广州市专利权质押融资金额达4.69亿元，较上一年增长近2倍。① 首先，通过设立知识产权质押融资风险补偿基金，通过财政的信用担保提高科技型中小企业贷款的信用级别，通过缓解信息不对称所带来的道德风险和逆向选择的问题引导银行等金融机构参与到科技信贷中来，在缓解中小企业融资缺口的同时提高银行风险控制的能力，最终实现双赢的良性发展格局。知识产权质押融资风险补偿基金在中央财政1 000万元和市财政3 000万元的基础上，交由广州市知识产权局承担政府出资人角色。如果风险补偿基金存续期间产生专利质押贷款本金损失，按规定给予放款银行50%的补偿，并且单笔不超500万元，每家每年累计不超过1 000万元的风险补偿额。在此条件下，合作银行承诺按照知识产权贷款相关政策，提供不低于10倍风险补偿基金合作额度的贷款额，并实行优惠利率。其次，构建知识产权质押融资新合作模式，建立风险补偿资金项目"5311"模式，即科技型中小微企业发放贷款所产生的贷款本金损失，由风险补偿基金承担50%，保险公司承担30%，合作银行承担10%，处置基金公司承担10%。最后，通过运营网上平台申报系统，为申报企业提供便捷的服务。目前，由广州市科技金融综合服务中心运营管理的知识产权质押融资风险补偿基金备案企业库入库企业已超过8 000家。②

下面以广州市科技信贷发展为例，对科技信贷发展的总体情况进行基本分析。技术和资金是推动科技型中小企业发展的原动力。高科技企业强烈的技术创新动力必须要有一定的资金作保证支撑，当科技企业自有资金不能满足科技创新需求时，则须借助外部融资手段。然而长期以来，由于轻资产、自身抗风险能力偏弱等因素的制约，"融资难、融资贵"一直都是阻碍高新技术企业发展的关键原因。如何打破高新技术企业信贷融资难的壁垒，改善并有效解决企业"贫血"的现状，促使高科技企业转型发展，成为亟须政府机构、学者研究的重大课题。金融体制改革之后，银行业逐渐成为促进中国经济创新发展的驱动力量。科技信贷作为一种新型金融工具，在国民经济生活中发挥着重要的作用。今天，科技信贷在拓展信贷对象、确定贷款规模、风险控制和服务对接等方面都颇有成效。三十多年来，我国科技信贷从无到有，在管理运营等方面积累了大量的经验。

---

① ② 广东省科学技术厅。

广州市科技信贷近年来呈现出平稳健康发展的良好势头，尤其是自资金池设立并严格妥善管理以来，广州市的科技信贷无论是在规模上还是在质量上都有显著的提升。广州市科技信贷风险补偿资金池的整体运行呈现出"补偿大""效率高""范围广"的特点。

（1）风险补偿资金池风险补偿程度大。针对池内发放贷款而产生的信贷违约损失，合作银行和风险补偿资金池各承担一半的风险损失，这对风险损失所能承受的规模起到了一个很好的扩大作用。截至 2016 年底，池内 418 家科技企业获得 42.2 亿元信贷支持，位居"北上广深"之首，政府出资规模全国最大，授信规模全国最大。①

（2）信贷审批环节少，信贷资金发放高效。广州市科技信贷风险补偿资金池由广州市科技创新委员会和广州市财政局共同建立，广州市科技金融综合服务中心（以下简称"科技金融中心"）负责具体的运营和管理。对于符合条件的借款企业，由科技金融中心向合作银行出具推荐函，审批通过后，由科技金融中心向合作银行出具风险池确认书并由合作银行发放贷款；在贷款发放环节，由科技金融中心和合作银行负责审核管理，审批流程和环节少，省去了许多不必要的程序，效率大大提高。而在东莞市风险补偿资金的运营中，由东莞市财政局负责统计信贷项目的相关数据和拨付补偿金，受理贷款贴息，参与银行资格考核，东莞市科技局、商务局、发展改革局、工商局负责推荐企业信贷项目。在运营中有较多的政府职能部门参与，容易造成职能分工不明确、混乱以及职责范围内的重叠，导致实际管理效果降低，而且政府职能部门过多的参与也不利于科技信贷运行效率的进一步提升，不利于为该区域内的科技型企业提供更好的金融环境。

（3）风险补偿资金池覆盖企业范围广，涉及企业领域多。广州市科技信贷风险补偿资金池为广州市高新技术企业提供服务，对于资金池备案库内、3 年内无银行不良记录的中小企业均可以提供贷款。广州市已经建立首批 4 423 家资金池备案库企业备案信息，截至 2016 年 12 月 31 日，已经有 410 家企业入池，包含高新技术企业、高新技术企业培育入库企业、小巨人、科技创新小巨人、软件企业、省市创新基金入库企业、企业研发机构、省工程中心等企业，涵盖了广州市较大范围的中小规模企业，涉及相当多领域的企业，企业规模范围跨度也比较大，基本覆盖到并服务了广州市相当部分的企业。②

_____

①② 广东省科学技术厅。

3. 创业风险投资市场

风险投资是经济发展的助推器，也是经济转型升级的加速器。近年来，在"科技兴粤"战略方针的指引下，广东省科技的整体水平有了显著的提高，同时也推动了风险投资业的快速发展。风险投资能为科技企业提供多元化的资本支持和增值服务，促进企业的进一步发展。

按照契约形式的不同，广州市创投企业的组织形式大体可以分为公司制、有限合伙制、信托制和中外合作非法人制。

（1）公司制。公司制包括股份有限责任公司和有限责任公司两种。公司制创投企业以其自有资本金开展投资活动，与此同时，它还能根据自身未来发展方向的需要，控制投资金额的额度，并且做到科学地防范信用风险，促使企业长期高效发展。

从图 3 - 24 可以看出，2008 ~ 2017 年，广州市公司制创投企业的绝对数量保持快速增长，从 2008 年的 4 家增加至 2017 年的 75 家。在中国的创投行业中，公司制创投企业的数量占绝对优势，这种类型的创投企业在治理结构上与一般公司相似，投资者的知情权和参与权相对较大，因此更容易被投资者所接受，但是也存在双重课税的弊端。此外，因为投资者都有参与权，所以重大事项的决策效率往往不高。

图 3 - 24　2008 ~ 2017 年广州市公司制创投企业的数量

资料来源：私募通数据库。

（2）有限合伙制。有限合伙企业包括普通合伙人（GP）和有限合伙人（LP）两类。普通合伙人通常只有较少部分的出资占比，主要负责基金的筹资和经营管理；有限合伙人提供企业的绝大部分资本，通常不参与特定的管理工作。

从图 3 - 25 可以看出，2010 ~ 2017 年，广州市有限合伙制创投企业的数量较少，2010 年为 1 家，2017 年为 2 家，期间累计增长 9 家。虽然有限合伙制的创投企业可以规避双重课税问题，但投资者有一定的参与权，这样可以缓解委托代理问题；有限合伙制创投企业在创投企业的组织形式方面所占的比例不断上升，但目前在广州市的创投行业中，公司制创投企业的数量仍占据绝对优势。

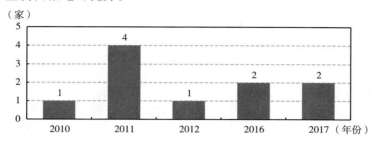

图 3 - 25　2010 ~ 2017 年广州市有限合伙制创投企业数量
资料来源：私募通数据库。

（3）信托制。信托制是一种"利益共享、风险共担"的集合投资方式。信托制创投机构一般以合同的方式发放基金份额，将闲散资金聚集在一起，形成一定规模的资金池，并委托专门的投资机构集中管理。机构遵循"集合理财、分散投资"的操作原则，将获取的资本增值部分以一定的出资比例进行分配，投资者在获取收益的同时，相应地承担一定的风险。目前，广州市信托制创投企业的数量很少，几乎可以忽略不计。

广州市创投市场的发展十分活跃。虽然广州市创投机构出现的时间较晚，但其增长速度却是惊人的。截至 2017 年底，广州市创投机构的投资项目占全部项目的 24.5%，投资金额占全部投资金额的 21.2%。2012 ~ 2017 年广州市股权投资公司在短短的 6 年时间里，从 100 多家激增到 1 700 家，资金的管理总规模高达 3 600 亿元。

从图 3 - 26 可以看出，2008 ~ 2017 年，广州市创业投资企业（已备案和未备案）的数量由最初的 5 家增加至 81 家，创投企业数量的年均增速为 32.11%。

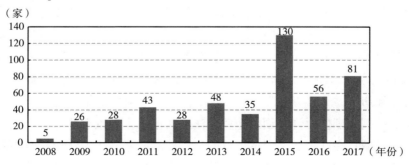

图 3 - 26　2008 ~ 2017 年广州市创业投资企业数量
资料来源：私募通数据库。

从图 3 - 27 可以看出，2008～2017 年，广州市创业投资企业（已备案和未备案）投资科技项目的数量从 5 个增加至 123 个，年均增速为 37.75%，科技项目的增长呈现出一定的阶段性。

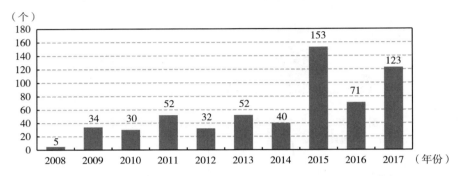

图 3 - 27 2008～2017 年广州市创业投资企业投资科技项目数量
资料来源：私募通数据库。

在 2008～2017 年数据统计期间，广州市创业投资企业（已备案和未备案）的数量和投资项目呈现阶段性上升的趋势。从创投企业的数量和投资项目数量角度出发，大致分为以下三个阶段。2008～2011 年为第一个阶段。在这一阶段中，2009 年创投企业的数量和投资项目数量相比 2008 年快速增长，此后两年保持稳定的增长速度，这主要受益于 2008 年全球经济危机发生后我国推出的 4 万亿经济刺激计划以及国家对战略新兴产业的扶持，国家激励政策的落实催生了一大批风投创投企业，使风投企业的年均投资项目数量保持了高速增长态势。2012～2015 年为第二个阶段。在这一阶段内广州市的创投企业和投资项目数量经历了 2012 年的短暂下跌后，在 2015 年实现了快速大幅上涨。这主要是由于 2012 年以来，受国内外宏观经济环境影响，资本市场低迷不振，业内出现深度盘整，行业发展开始放缓。2014 年，中国经济增速放缓，经济发展更加注重科技进步和改革创新。与此同时，A 股 IPO 重新启动，多层次资本退出机制不断发展完善，2015 年广州创投企业数量和投资项目数量达到顶峰。第三个阶段为2016 年至今。2016 年，随着许多 P2P 平台的倒闭以及金融监管趋严，创投行业经历了"资本寒冬"，不仅创投企业的资金来源渠道受限，同时融资企业的倒闭潮使得许多创投企业无法成功退出，创投企业数量和投资项目数量锐减；在此之后，资本市场的环境逐渐向好，相关法律法规不断完善，广州市的创投企业已经从早期的盲目急速扩张转向更加理性成熟的匀速扩张阶段，创投企业更加注重投资项目的质量和效益，整个广州市的创投行业呈现出规范发展的趋势。

4. 新三板市场

包括在深圳证券交易所运行的创业板以及全国中小企业股份转让系统即新三板等在内的资本市场共同构成了高新技术产业重要的融资渠道，是科技资本市场的重要组成部分。新三板作为高科技企业全国性的非上市股份有限公司股权交易平台，以其门槛较低、国家大力支持、交易活跃度较高、资金规模增速大等特点，成为诸多科技型中小企业筹措资金的重要平台，作为科技资本市场的主体部分承担起高新技术产业加速发展的载体。其中，广东省的收益作用更为明显。根据全国中小企业股权转让系统统计数据，2017 年，全国股转系统挂牌企业数 11 630 家，同比增加 1 467 家，同比增长 14.43%；总市值 49 404.56 亿元，同比增加 8 846.45 亿元，同比增长 21.82%；融资金额 1 336.25 亿元，市盈率为 30.18；创新层同比增加 401 家，同比增长 42.12%；制造业挂牌企业数 5 804 家，同比增加 651 家，同比增长 12.63%；信息传输、软件和信息技术服务业挂牌企业数 2 284 家，同比增加 281 家，同比增长 14.03%；科学研究和技术服务业挂牌企业数同比增加 50 家，同比增长 10.89%。其中，广东省挂牌企业占比从 2016 年的 15.61% 提升至 2017 年的 16.15%，2017 年新增挂牌企业 237 家，共融资 215.80 亿元（见图 3 – 28）。

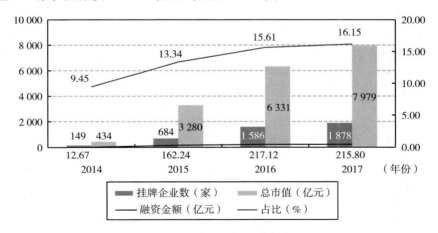

图 3 – 28　2014 ~ 2017 年广东省新三板市场挂牌企业情况
资料来源：全国中小企业股份转让系统。

从资本市场的发展现状来看，广东省新三板已经成为科技型中小企业融资的重要来源之一，同时也推动了广东省多层次资本市场的不断健全和完善，主要表现为其融资企业数量和范围的增长和扩大、广东省新建三板企业的投资偏好分布与产业布局。下面主要从广东省新三板企业的总体概况、区域分布特征、技术分布特征、投资偏好分布以及行业分布特征五方面对资本市场上科技金融的发展现状进行评述。

（1）从总体概况来看，广东省新三板挂牌企业呈现一个快速增长的发展态势，2015年的增长率达到3.59%，增长量逐年呈现"井喷式"增长态势，位列全国第一，高于国内主要创新地区。近年来广东省新三板挂牌企业增长迅速，2016年的挂牌企业增长数量是2014年的两倍，营业收入和营业利润也得到大幅改善，因此其上市公司增长的效益和水平不断地得到提高和改善。

（2）从区域分布特征来看，2016年广东省主要上市企业集中在珠三角地区，广州地区上市企业数量增长较为快速，广州和深圳地区上市企业数量所占比重最大，其次是珠三角周边地区，发展较为缓慢的是粤西和粤东地区（见图3-29）。从整体上看，广东省新三板上市公司分布与广东省自身经济结构发展的格局比较类似，存在区域发展不平衡的问题，因此优化区域空间发展格局，增强区域的空间地理溢出和协同带动效应显得十分必要。

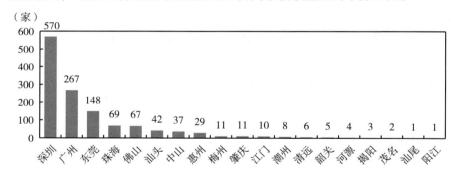

图3-29　2016年广东省新三板挂牌企业区域分布
资料来源：全国中小企业股份转让系统。

（3）从技术布局的特点来看，科技型企业成为广东省新三板挂牌企业的最大组成部分。截至2016年底，广东省新三板挂牌企业达到1 586家，其中科技型企业有1 017家，高新技术企业有251家，在孵企业有100家（见图3-30）。科技型企业和高新技术企业的科研研发水平比较高，所以广东省的科研创新氛围浓厚，并且取得了一定的成效。

（4）从图3-31可以看出，2016年广东省新三板挂牌企业PE和VC的分布较为均匀，但是VC所占比重更大。其中，VC的融资轮次分布主要集中在A轮融资，融资比例高达66%（见图3-32），而PE融资结构中主要以成长性的股权融资为主，占比高达94%（见图3-33）。所以从整体上看，广州新三板的风投创投氛围较好，在VC融资上有较高的风险偏好。

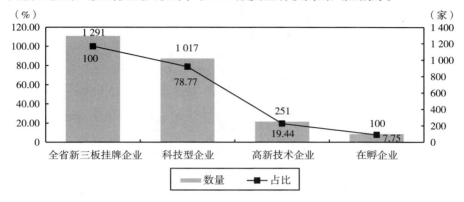

图3-30　2016年广东省新三板挂牌企业分布

资料来源：全国中小企业股份转让系统。

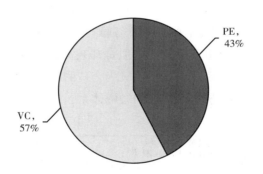

图3-31　2016年广东省新三板挂牌企业PE和VC占比

资料来源：全国中小企业股份转让系统。

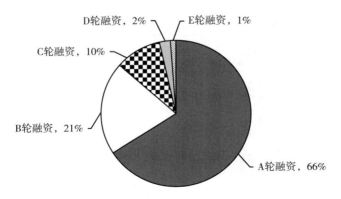

图3-32　2016年广东省VC融资轮次结构对比

资料来源：广东省科学技术厅。

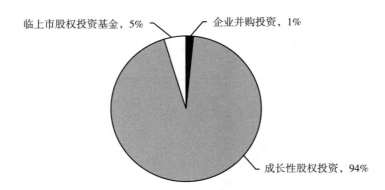

图 3 – 33　2016 年广东省 PE 融资结构对比

资料来源：广东省科学技术厅。

（5）从图 3 – 34 可以看出，2016 年广东省新三板挂牌企业行业分布广泛，以制造业为主，制造业领域的挂牌企业数量最多；其次为信息传输、软件及信息技术服务业，互联网，电信及增值行业。从图 3 – 35 和图 3 – 36 也可以看出，虽然文化传媒、建筑建材的融资金额最高但是却出现价值低估的现象，制造业融资适中但是却被高估，IT、互联网、电信及增值行业都处于融资额度适中且估值较为合理的状态，所以有必要进一步为高新科技产业提供多层次多渠道的融资体系，进一步发挥其在经济社会领域的巨大作用。

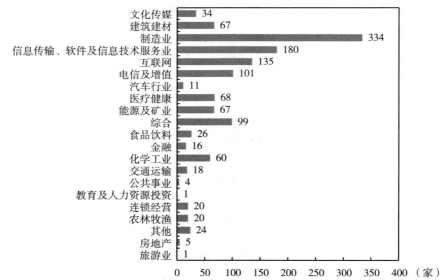

图 3 – 34　2016 年广东省新三板挂牌企业行业分布

资料来源：全国中小企业股份转让系统。

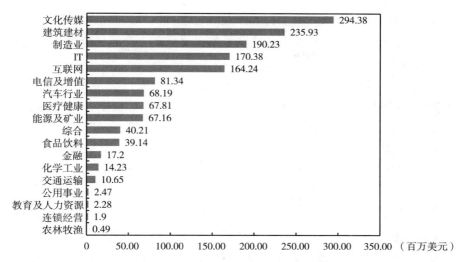

图 3 – 35　2016 年广东省融资企业融资金额行业分布

资料来源：广东省科学技术厅。

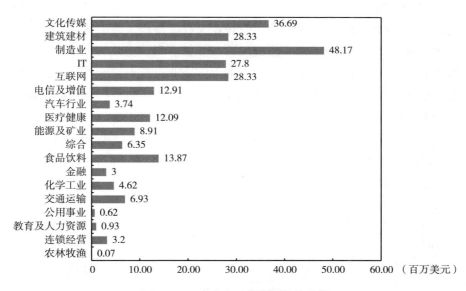

图 3 – 36　广东省融资企业估值分布

资料来源：广东省科学技术厅。

5. 区域股权交易市场

区域股权交易市场通常被称作"四板"市场，它是一个私募股权市场。在广东省人民政府以及证监会的监管和指导下，为区域内的所有科技企业提供股权、债权转让和融资等金融服务。区域性股权交易中心是我国多层次资本市场建设中重要的一极，对于促进高新技术中小微企业的股权交易和融资、科技创新以及支持实体经济的薄弱环节具有重要的作用，是大多数高新技术企业与投资者建立联系的重要桥梁，是高科技中小微企业转板至高层次交易市场的孵化器。

目前，广州区域性股权交易市场主要以广州股权交易中心为代表，其功能主要包括以下几个方面。（1）企业展示。充分展示公司的基本信息、业务亮点、竞争优势和发展计划等，扩宽企业的展示范围，以获得相关政府部门和各类市场更多的关注，从而使得企业的品牌价值得以提升。（2）挂牌转让。为挂牌企业提供股权和私募债券转让服务，形成有力的定价权，实现公司股权和债权的交易和转让。（3）企业融资。通过汇合银行、券商、信托、担保、基金和风险投资基金等金融机构，为挂牌的企业提供私募股权融资渠道，如天使投资基金的引入、风险投资基金以及定增等、股权质押融资以及中小企业私募债权融资等一系列低门槛、高效率、全方位的融资贷款服务，竭力寻求科技型中小企业的融资手段。（4）登记托管。为企业及非上市科技企业的股权、债权以及私募产品提供登记、托管和结算业务服务，规范管理相关权益资产，保护各方利益者的合法利益。（5）培育孵化。这是地方政府实施各种优惠政策和资金管理运营的平台。政府可以选择和支持优质的上市企业，重点培育，促使其有机会通过绿色转板机制，为更高层次交易市场打造优质的科技企业以及挂牌后备企业资源库。

广州股权交易中心致力于打造在服务覆盖面、服务效率等方面最具竞争力的区域性股权交易市场。2012～2017 年在广州股权交易中心挂牌的科技企业数量如图 3－37 所示。

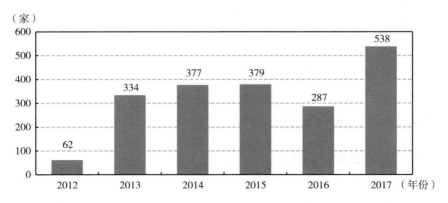

图 3－37　2012～2017 年在广州股权交易中心挂牌科技企业数量
资料来源：Choice 金融客户端。

3.5.2　广东省高新技术产业发展现状

高新技术产业是兼具知识密集型与技术密集型的产业，产业所制造的产品均为特定领域的高新技术前沿应用，并且实现重大的技术或工艺突破，具有一般行业所不具备的更高层次的经济效益和社会效益。自 1988 年 8 月我国开始实施国家高新技术产业化发展计划以来，在产业化和经济社会效益的驱动下，在高精尖技术领域取得了诸多突破。不单科学技术发展、国内生产总值和经济总量提升，还形成了我国部分技术领域的优势，实现了出口体量的跨越式增长。根据国家统计局统计数据，我国 2016 年高新技术产品出口金额达到 6 035. 73 亿美元。广东省高新技术产业也形成了自己独特的区位竞争优势和发展特色。广东省高新技术产业充分利用区位优势和政策支持，以高新技术开发区、民营科技园、创新型产业集群、科技企业孵化器、产业基地和国家大学科技园作为载体，实现了长足的跨越式发展，为经济社会发展作出了突出的贡献。广东省高新区不局限于经济发达的珠三角地区，在政府政策及资金的支持配合和引导下，产业聚集正加速往粤西、粤北和粤东地区延伸，一些新的高新区正在蓬勃地发展，推动了区域经济的增长。

高新技术产品产值是衡量高新技术产业发展规模和发展水平的一个重要指标。从图 3 - 38 可以看出，2016 年广东省高新技术产业产品产值达到 61 455. 98 亿元，同比增长 13. 00%，同时，2016 年实现销售收入 59 850. 76 亿元，同比增长 14. 19%，实现了高新技术产品价值的体现与提升，稳定且丰富的现金流增长为高新技术产业的再生产与研发提供了可靠的保障。

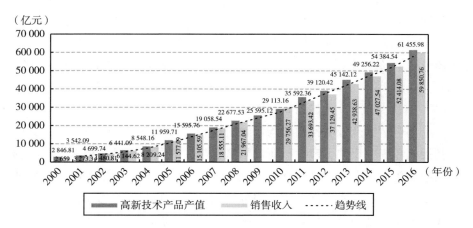

图 3 - 38　2000～2016 年广东省高新技术产品产值及销售情况

资料来源：广东省科学技术厅。

　　高新技术企业数是衡量区域高新技术产业活跃度和高新技术产业开发区影响力的一个重要方面，高新技术产品数则是体现区域高新技术产业竞争力的一个重要指标。图3-39展示了2000~2016年广东省高新技术企业数及产品数，从中可以看出，自2010年以来，广东省高新技术企业数一直保持稳定的增长，而高新技术产品数更是呈现高速增长势头，有效丰富了国内高新技术产品市场的种类，提升了广东省高新技术产业在国际市场的品牌影响力。

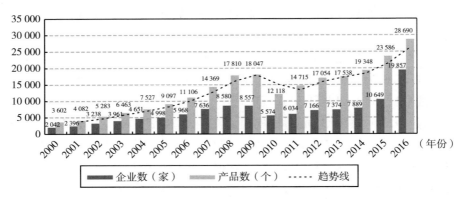

图3-39　2000~2016年广东省高新技术企业数及产品数
资料来源：广东省科学技术厅。

　　R&D经费指统计年度内全社会实际用于基础研究、应用研究和试验发展的经费支出，包括实际用于研究与试验发展活动的人员劳务费、原材料费、固定资产购建费、管理费及其他费用支出。R&D经费的多少反映了高新技术产业研究与实验发展的投入强度，也显示了高新技术产业的可持续发展能力和对技术研发的重视程度。从图3-40可以看出，2000~2016年，广东省R&D经费呈现快速增长趋势，2016年总投入超过2 000亿元，达到2 035.14亿元；R&D占GDP比重自2005年以来不断上升，2012年首次突破2%，达到2.17%。

　　专利申请数及专利授权数均反映了高新技术产业的科研投入度，其中专利授权数集中反映了产业科研成果状况与技术发展情况。技术合同市场成交额是指在广东省技术市场管理办公室认定登记的技术合同（技术开发、技术转让、技术咨询、技术服务）的合同标的金额的总和，反映了技术成果的流动性与资本化程度。从图3-41可以看出，2000~2016年，广东省专利申请数量大幅上升，2016年专利申请数量达到了505 567个，其中共有259 032个专利获得授权。自2014年以来，广东省科技合同市场活跃度显著上升，2016 年成交额达到了 789.68 亿元，中国技术交易所等各层次技术交易市场为企业技术转让及流动提供了专业的服务平台，促进了高新技术产业的技术交流与效率提升。

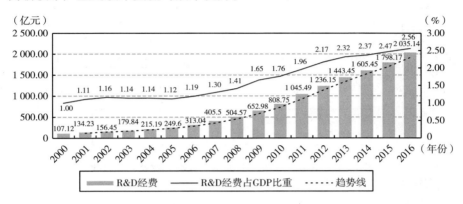

图 3 - 40　2000 ~ 2016 年广东省高新技术产业 R&D 经费及其占 GDP 比重
资料来源：广东省科学技术厅。

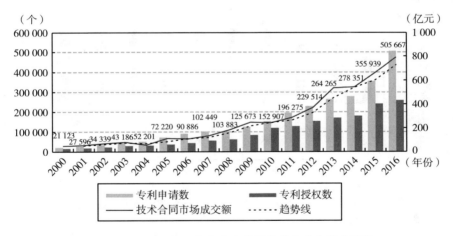

图 3 - 41　2000 ~ 2016 年广东省高新技术产业专利申请数、
授权数及技术合同市场成交额
资料来源：广东省科学技术厅。

从图 3 - 42 至图 3 - 45 可以看出，广东省大力推进科技金融市场发展后，除火炬项目发展较为缓慢并且呈现下降趋势外，高新技术企业的主营业务收入以及净利润都在稳步增长，而高新技术创业发展态势最为良好，尤其是 2013 年以后，其总收入和工业生产总值呈现阶梯式的增长，反映了当地政府对高新技术产业发展的鼓励和支持。

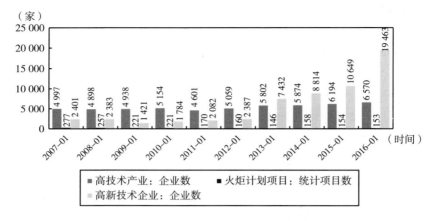

图 3 – 42　2007 ~ 2016 年广东省科技型企业及其项目数
资料来源：广东省科学技术厅。

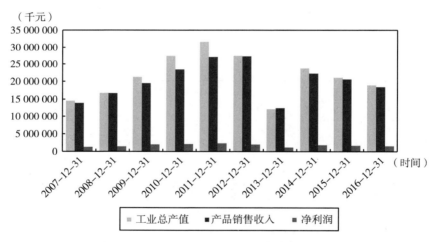

图 3 – 43　2007 ~ 2016 年广东省火炬计划项目经济效益情况
资料来源：广东省科学技术厅。

3.5.3　广东省科技金融与高新技术产业协同发展现状

在深化创新驱动发展战略和供给侧改革的背景下，广东省进一步强调和完善科技金融在资本市场资源配置中的作用，加大对高技术产业的支持力度，强化高新技术产业在国民经济发展和创新中的主导作用。近年来，在协同创新的环境下，广东省科技金融和高新技术产业取得了长足的发展。

一方面，科技金融有效地解决了以中小科技企业为主体的高新技术产业的融资问题，加快了高新技术产业科技成果的转化，通过不断提升支持力度和创新支持方式，促进了高新技术企业的健康发展和资本结构的优化。中国银行、中国建设银行等大型商业银行，通过与省、市、区等各级政府政策性基金合作，形成了知识产权质押、政府风险补偿、补贴基金等多种形式的合作，为中小微企业提供了融资平台，政府、银行、企业、担保等各方共担风险，实现共赢发展，科技信用、科技保险等多层次科技金融产品不断丰富，精准配套各类科技企业，在很大程度上解决了高新技术企业特别是中小高新技术企业的资金流动问题。广东省以广州市为中心，不断扩大科技金融规模，丰富科技金融形式，支持高新技术产业发展，通过辐射效应，有力带动区域各级科技金融部门支持广东省科技企业发展。

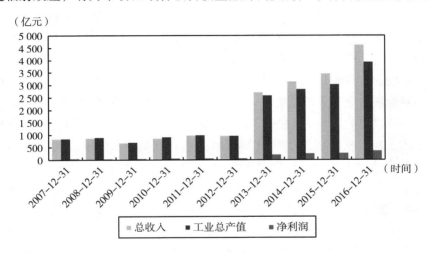

图 3 – 44　广东省高新技术企业经济效益

资料来源：广东省科学技术厅。

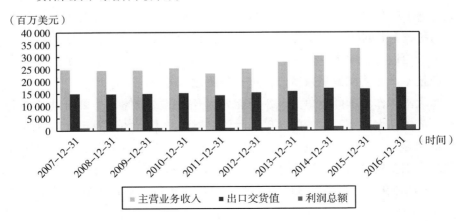

图 3 – 45　广东省高技术产业经济效益

资料来源：广东省科学技术厅。

　　在科技金融的支持下，广东省高新技术产业发展迅速，竞争优势明显。在科技资本市场和科技金融支持政策的推动下，广东省的大众创业和创新活力得到了充分释放。随着科技政策和财政资金的推动，2017 年广东省高新技术企业数量达到 3.3 万家，居全国首位。根据企业孵化器的统计数据，截至 2017 年底，广东省拥有 780 多家科技孵化器，其中包括 110 家国家孵化器，顺利孵化企业超 2 600 家。众创空间有 730 多个，其中位于国家级孵化器管理体系的众创空间超过 230 家，居全国首位。广东省在高新技术产业规模和质量不断提高的同时，自主创新能力和产业结构规模在国内发展中形成了优势。

　　另一方面，广东省高新技术产业与时俱进，核心竞争力不断提升，逐步形成具有全球竞争力的新型产业体系。2017 年，广东省有 51 家企业入围中国企业 500 强榜单，有 11 家企业跻身世界 500 强企业之列。① 智能装备产业增加值年增长 20% 以上，贡献产值 3 000 亿元，形成产值 100 多亿元的智能制造业四大产业集群，约占全国的 20%，生产服务机器人 200 多万台，占世界的 1/4。根据中华人民共和国科学技术部统计资料，高科技企业已成为广东经济发展的重要贡献力量。在高新技术企业中，2015 ~ 2017 年营业收入年均增长超过 30% 的企业占比为 60.6%；A 股上市企业 80 家，占 2017 年广东省 A 股上市企业总数的 81.6%。② 在广东省高新技术产业不断发展壮大的背景下，广东省资本市场实体经济的投资环境得到进一步优化，风险投资等投资机构的投资积极性不断提高，技术资本市场参与率显著提高，项目的资本回报率和成功率显著提高。高新技术产业税收优惠政策减轻了高新技术企业经营压力，释放了高新技术企业的活力，同时也大大提高了广东省高新技术产业的税收质量和规模，促进了广东省财政税收部门为科技企业的能力提升服务，推动了税收制度的优化和功能的完善。

　　下面以粤港澳大湾区中心城市——广州市为例，对广东省科技金融和高新技术产业协同发展效益进行进一步阐述和分析。

　　大湾区作为国际竞争力和创新能力提升的重要载体，是目前世界各主要经济体和大都市群发展的基础。我国将粤港澳大湾区作为建设世界级城市群和参与全球竞争的重要空间载体，大湾区建设是写入党的十九大报告和政府工作报告的重大国家战略。作为一个拥有 10 万亿人民币市场体量、270 个产业集群以及覆盖 330 个专业市场的大湾区，如何激发粤港澳大湾

---

① 2017《财富》世界 500 强榜单：广东 11 家企业上榜［EB/OL］. 搜狐网，2017 – 07 – 21.
② 广东省科学技术厅。

区内各发展要素的潜力与活力，成为目前社会各界的重大研究课题与热门研究方向。随着《深化粤港澳合作 推进粤港澳大湾区建设框架协议》于2017年签署与实施以及《粤港澳大湾区发展规划纲要》于2019年2月印发实施，有利于明确广州、深圳、香港、澳门四大中心城市的定位，进一步推动广东省乃至内地与港澳地区的深度合作，实现资源与产业优势更深层次的互补，创新区域合作机制，建设国际科技创新中心，不断深化广东省与港澳地区的协同作用，有利于充分调动区域内巨大的经济体量和科技实力，进一步完善内部产业体系建设和提升具有强大制造产业链的国际竞争优势。

拥有厚重岭南文化底蕴的华南地区中心——广州，是改革开放后迅速崛起的我国华南区域龙头城市。广州在粤港澳大湾区的定位着力于建设国际大都市，依托强大的文化、教育、医疗、交通底蕴，有利于充分发挥国家中心城市和综合性门户城市引领作用，为经济的进一步发展加装一个高速引擎，更好地推动大湾区的协同发展。通过围绕"湾区所向、港澳所需、广州所能"，进一步将港澳的发展需求与广州的优势和资源紧密结合在一起，在大湾区各城市的深层次协作与合作互补下，更高质量地推进粤港澳大湾区建设。广州应发挥科技资源密集、人才资源丰富的优势，为大湾区经济发展与科技创新提供智力和平台支撑。

依据《粤港澳大湾区发展规划纲要》对广州创新发展的定位和布局，结合广州的资源禀赋特点，广州形成了具有自身特色且较为完备的科技创新体系。在科学发现和产业发展的协同推进下，广州进一步重视基础研究和关键核心技术攻关的引领和关键作用，成果转化效率不断得到提升。同时，市场导向作用和企业主体地位愈发显现，在新动能的推动下，广州科技创新的跑道从产业主导模式转换到"以科学引领产业"的发展新阶段，基础研究持续开拓，不断深耕布局，资源配置进一步得到完善，科技创新竞争力和创新发展动力显著提升。根据《自然》杂志在全球创新集群百强中的排名显示，广州由2017年的第63位、2018年的第32位跃升至2019年的第21位。

广州综合实力雄厚，作为我国改革开放后依然保持高速成长的华南区域重点和龙头城市，其国际经济影响力显著并持续得到提升。在这个背景下，广州充分利用科技资源积聚、人才资源充沛的优势，为大湾区的经济社会发展和综合创新提供智力供给和平台支持。根据广州市科技局统计数据，截至2019年12月31日，广州市共有国家重点实验室20家（占全省的69%）、省重点实验室237家（占全省的66%），建成3 145个省级以上创新平台。全市共有科技企业孵化器 368 家、众创空间 252 家。其中，32 家孵化器、29 家众创空间获得 A 类评价，均居全省第 1 位，推动孵化育成载体提质、保量、增效。

R&D 经费的多少反映了创新研究与实验发展的投入强度，也显示了产业的可持续发展能力和技术研发重视程度。近年来，广州市 R&D 经费呈现快速增长趋势。《2019 年全国科技经费投入统计公报》数据显示，2019 年广州市 R&D 经费总投入达到 600 亿元，居全国第 4 位，R&D 经费占 GDP 比重多年来不断上升，研发强度由 2017 年的 2.3% 提升至 2019 年的 2.53%。

专利申请数量及专利授权数量均反映了创新的科研投入度，其中专利授权数集中反映了产业科研成果状况与技术发展情况，技术合同市场成交额反映了技术成果的流动性与资本化程度。近年来，广州市专利申请数量大幅上升。2019 年广州市共受理专利申请 177 223 件，其中发明专利 46 643 件，占申请量的 26.3%；专利授权 104 813 件；发明专利授权 12 222 件，同比增长 13.2%（见图 3 - 46）。广州市科技创新基础进一步得到巩固和夯实。2019 年广州市共登记技术合同 21 074 项，同比增长 73.33%，成交额 1 273.36 亿元，同比增长 77.01%；其中技术交易额 975.07 亿元，同比增长 41.26%。技术合同登记项数、成交额、技术交易额均连续两年稳居广东省首位。此外，中国技术交易所等各层次技术交易市场为企业技术转让及流动提供了专业的服务平台，促进了新兴产业的技术交流与转换效率的提升。

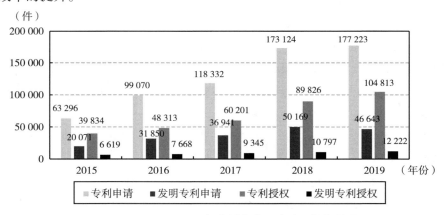

图 3 - 46　2015～2019 年广州市专利申请及授权数量
资料来源：广州市统计局。

为进一步提升城市创新发展动力和竞争力，广州非常重视原始创新的基础性作用。对此，在《粤港澳大湾区发展规划纲要》的指导下协同推进大湾区国际科技创新中心的建设，广深港澳科技创新走廊规模初显。冷泉生态系统研究装置、智能化动态宽域高超声速风洞、极端海洋动态过程多尺度自主观测科考设施、人类细胞谱系大科学研究设施等一批取得重要突破的重大科技基础设施和高水平创新平台正在逐步落地和建设完备。与此同时，原始创新成果不断涌现。根据广州市科学技术局统计数据，广州有 26 个项目荣获 2019 年度国家科学技术奖，占全省的 52%，牵头完成 9 项，占全省的 90%；有 136 个项目荣获 2019 年广东省科学技术奖，占总奖项数的 76%，包揽了 2 名突出贡献奖和 4 项科技合作奖。此外，根据广州市科学技术局统计数据，2019 年广州实施重点领域研发计划，重点对关键核心技术实施攻关，首批启动 8 个重大科技专项；承接省重点研发计划 180 项，占全省的 53%；获得国家自然科学基金委立项 3 043 项，占全省 73.8%；引进 11 家高水平创新研究院，新增 18 家省级新型研发机构，均居全省第 1 位。

无论是科技创新还是产业发展，都需要人才的支持和保障。人才是创新发展的关键，有效的人才供给是广州现代产业体系、全球顶尖"智力高地"建设的重要保障。根据广州市科学技术局资料，"广聚英才计划"持续深入实施，截至 2019 年底，在穗工作的"两院"院士有 44 人，国家级人才工程入选者 598 人，颁发人才绿卡 6 000 多张；5 位专家入选 2019 年度中国政府友谊奖，创历史新高，占全省入选人数的 71%。此外，广州市教育规模与质量不断提升，为地区经济和产业发展源源不断地输送人才。2015～2019 年广州市在穗院士数及各层次重点实验室情况如图 3-47 所示。

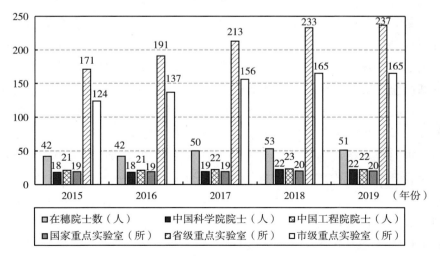

图 3-47　2015～2019 年广州市在穗院士数及各层次重点实验室情况
资料来源：广州市统计局。

与此同时，广州也在从其他多个方面强化对创新发展的支持力度。一是在科技项目评选创新方面，通过"以赛代评"的市场化项目遴选机制、复合化资金支持机制、多元化服务机制等三大内涵机制，将中国创新创业大赛（广州赛区）打造成为科技型中小企业的"赋能"平台，进一步促进科技型中小企业的创新动能培育。2019年，广州市国家科技型中小企业入库9283家，占全国入库企业总数的6.43%，同比增长10.81%，连续两年居全国第1位。二是在科技型中小企业技术创新专题补助方面，为突出财政资金的引导作用以及加快自主创新的有效融合和集聚效率，广州市科学技术局等公共管理部门对一批经营状况较好、自主创新能力较强的科技型中小企业进行技术创新专题补助发放。对电子信息、先进制造、生物医药、互联网与移动互联网、新材料、新能源及节能环保等方面的初创企业每家予以10万~100万元不等的补助，对已经粗具规模的成长企业予以10万~200万元不等的补助，有力地支持了科技型中小企业的经营发展和自主创新能力的提升。三是广州创投周方面。广州创投周作为以风投创投为特色开展的创新创业创投活动，通过举办创新创业大赛等相关活动，极大地推动了科技企业产业化及产品成果的推广，有效地促进了科技企业、高新技术产业与社会资本的资源对接以及投融资对接。同时，在政府的科学指导下，广州创新创业投融资进一步引导金融机构及社会资本加大对科技企业发展的支持力度，助力其创新发展。第二届广州创投周于2018年8月在广州顺利举办，生物医药、先进制造、新能源与节能环保、互联网及移动互联网和新材料等行业共计4172家科技企业参与当中，通过超过1亿元的政府奖励资金的引导实现了超过1000家科技企业和金融机构的对接。四是对科技创新的金融支持方面。广州市在广东省商业银行科技信贷发展方面尤为突出。在多方协同努力下，广州实体经济投资环境得到显著优化，风投创投等投资机构的投资热情升温，资本市场参与度显著提升，资本回报率与项目成功率明显改善，为产业和企业的创新发展赋予强大的动能。同时，产业税收优惠政策降低了科技企业运营压力，释放了企业活力，也明显提升了区域高新技术产业的税收质量和规模，促进了财政税收部门服务于科技企业的能力提升，推动了税收体制的优化与功能完善，更好地反哺于企业和产业的创新发展。

此外，广州围绕创新过程充分运用金融资源与政策优势促进构建众创空间、科技企业孵化器到产业园的高新技术产业孵化全链条，为高新技术企业这类创新主体从扩大规模向专业化、精细化转变提供持续的支持以及形成外溢效应。在科技主管部门的大力协同推进下，进一步加快粤港澳大湾区内国家级、省级以及市级各层次众创空间和科技企业孵化器的蓬勃发展，为高新技术产业的培育注入强大的活力。同时，广州也在持续创新产业发展模式，推广广州创投小镇和广州国际生物岛等产业创新发展模式，强化科技金融在产业资本运作过程中的导向与引领作用，为城市创新继续赋能。广州创投小镇成功地从传统批发市场转型升级，成为产融结合的创投集聚区、双创优选区。通过政府出资引导社会资本快速培育各类产业基金，加快区域间技术合作交流和高精尖产业领域的成长。广州市政府出资引导的规模为6.06亿元的中以生物产业投资基金，有效促进了以色列生物技术项目的引进，通过不断深化合作促进了广州生物医药产业竞争优势的提升。

现代产业体系的建设与完善作为国际产业体系发展的普遍规律，是目前我国实现经济更高质量发展、进一步加快经济发展方式转变的重要路径和迫切任务。当前，广州的现代产业体系不断得到丰富、夯实与发展，在强有力地推动区域经济发展、综合实力明显增强的同时，也为广州建设粤港澳大湾区中心城市奉献了重要力量、作出了突出贡献。

近年来，广州秉承按照主导产业引领原则，提升龙头企业的带动作用，坚持产业生态支撑的发展思路，提升实体经济的培育力度，并不断推动科技创新、现代金融支持和人才资源的聚集。在先进制造业、战略性新兴产业、现代服务业、传统优势产业和现代农业主体框架下，注重均衡发展与优势产业重点突破，在现代产业体系日趋完善和健全的同时，产业发展成效与社会经济贡献显著。根据广州市统计局数据，2019年广州市GDP达23 628.60亿元，同比增长6.8%，大约占广东省的1/4，人均GDP达到156 427元，经济继续保持中高速增长。在此背景下，广州现代产业体系发展具有以下几个特点。

（1）在产业结构向第二、第三产业转移，第三产业比重不断提升的同时，实现了现代产业体系中三次产业结构的合理配置与整体优化。2019年广州市第一、第二、第三产业增加值分别为251.37亿元、6 454.00亿元、16 923.23亿元，增加值的比例由2018年的0.98∶27.27∶71.75变化为2019年的1.06∶27.32∶71.62，第二、第三产业对经济增长的贡献率分别达到了25.7%、73.7%，产业结构持续合理发展（见图3-48）。这其中，先进制造业和高技术制造业增加值占规模以上工业增加值的比重近六成，达到了 58.4%，规模以上高新技术产品产值占广州市规模以上工业的比重近一半，达到了 49%，战略新兴产业对推动广州实体经济发展的贡献显著，广州现代产业体系的建设成效显著。

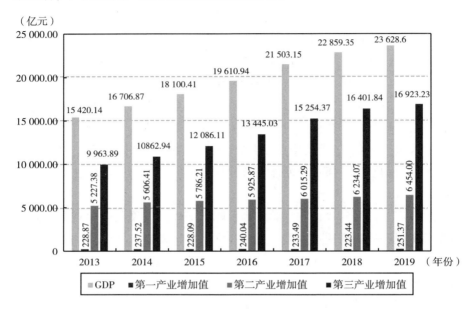

图 3 – 48　2013 ~ 2019 年广州市 GDP 及各产业增加值

资料来源：广州市统计局。

（2）支柱产业平稳增长，推动了以先进制造业为代表的现代产业体系的不断完备和持续升级。2019 年，广州实现工业增加值 5 722.94 亿元，同比增长 4.8%，工业经济总量稳步处于我国各大城市中领先位置（见图 3 – 49）。2019 年，以汽车制造业、电子产品制造业和石油化工制造业为代表的三大支柱产业工业总产值同比增长 1.5%，占全市规模以上工业总产值的比重超过一半，达到了 51.4%，其中，电子产品制造业和石油化工制造业增长明显，分别同比增长了 5.20% 和 2.20%（见图 3 – 50）。汽车、电子、石化、电力热力生产和供应等 4 个超千亿元规模的工业行业对经济增长的贡献显著。其中，2019 年广州市汽车产量高达 292.26 万辆，超越北京和上海，处于全国各城市之首，龙头企业广汽集团销售量达 206.22 万辆。此外，小鹏汽车、睿驰电动汽车、小马智行、景驰科技等新引进和培育的新能源汽车和无人驾驶创新企业也正在迅速成长壮大。

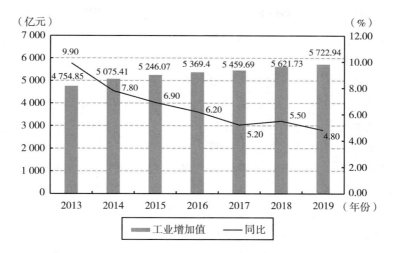

图 3 - 49　2013 ～ 2019 年广州市工业增加值及其增速

资料来源：广州市统计局。

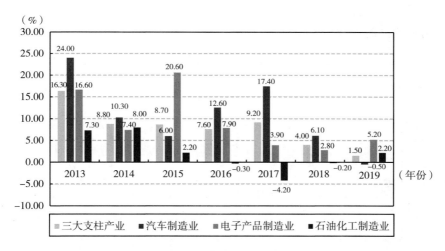

图 3 - 50　2013 ～ 2019 年广州市三大支柱产业总产值增速

资料来源：广州市统计局。

（3）广州高新技术产业和战略新兴产业也正行驶在高质量发展的快车道上。根据国家统计局统计数据，2018 年我国高新技术产品出口额达7 468.66 亿美元。与此同时，根据广州市统计局数据，2019 年广州市战略性新兴产业增加值同比增长达 7.5%，占 GDP 比重达 24.25%。规模以上高技术制造业增加值基础不断夯实、发展迅猛，同比增长 21.0%。其中，医药制造业同比增长 16.8%，航空航天器制造业同比增长 10.4%，电子及通信设备制造业同比增长 24.1%，而医疗设备及仪器仪表制造业同比增长达 33.0%（见图 3 – 51）。此外，新一代信息技术、生物与健康、新材料与高端制造、时尚创意、新能源与节能环保、新能源汽车等六大战略性新兴产业均保持了较快速度的增长态势，行业内领先企业不断涌现，产业龙头项目集聚集群集约发展和带动作用不断显现。广州市高新技术产业也形成了自己独特的区位竞争优势和发展特色。目前，广州高新技术产业充分利用区位优势和政策支持，以高新技术开发区、民营科技园、创新型产业集群、科技企业孵化器、产业基地和国家大学科技园作为载体，实现长足的跨越式发展，为经济社会发展作出了突出贡献。在政府政策及资金的支持配合和引导下，广州高新技术产业聚集正加速往粤西、粤北和粤东地区延伸，一些新的高新区正在蓬勃发展，推动了区域经济的协同增长。广州市高新技术企业规模多年一直保持稳定的增长。根据广州市科技局统计数据，2018 年广州市高新技术企业数量超过 1.1 万家。高新技术产品种类与数量同样呈现高速增长势头，有效丰富了国内高新技术产品市场的种类，提升了广州高新技术产业在国际市场上的品牌影响力。

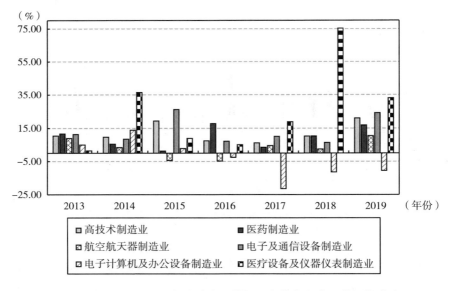

图 3 – 51　2013～2019 年广州市规模以上高技术制造业增加值增速
资料来源：广州市统计局。

粤港澳大湾区建设作为国家战略的重要组成部分，进一步明确了广深港澳四个中心城市的战略定位，并着重发展广东省湾区内 9 个城市，对此，要充分发挥广州作为国家中心城市和综合性门户城市的引领作用。粤港澳大湾区中心城市协同效应显著，然而广东省内其他地区协同发展进程相对滞后。这需要进一步推进区域间协同发展，实现粤港澳大湾区的整体有效协同。一方面，要积极推动区域跨产业合作，实现科技创新要素与科技金融要素相结合。目前，广州市高新技术产业主要集中于生物技术、信息技术、新材料技术、先进制造业技术、先进能源技术等八大前沿技术领域，不同区域产业结构状况和发展优势不尽相同。区域间跨产业交流与合作通过资源信息的精准对接以及产业链端的联系，有利于促进科技创新的有效共享以及资源配置效率的提升，从而进一步推动高精尖技术研发的突破和产业化进程。与此同时，金融产业需要做好资金支持、项目监管和风险保障等相关工作，实现科技创新要素与科技金融要素的有效融合。另一方面，充分发挥粤港澳大湾区内地城市的经济辐射作用，通过产业转移和资金、人才、技术交流等形式协助区域内经济条件较为落后的地区实现产业发展和经济增长。同时，把握好粤港澳大湾区建设的国家发展战略，运用粤港澳大湾区金融与高技术产业的发展经验和发展优势，发挥粤港澳大湾区以外地区广阔的经济腹地作用，带动粤港澳地区的产业升级。紧跟人工智能、大数据以及互联网金融等热点风口，打造粤港澳大湾区品牌与经济发展风向标，建设世界级经济大湾区，推动我国新常态下供给侧改革以及改革开放的不断深入。

（4）现代服务业服务品质和业务能力也在持续升级，发展水平不断提升。根据广州市统计局统计数据，2019 年广州市服务业增加值达到16 923.23 亿元，同比增长 7.5%，高于地区 GDP 增速。批发零售、金融、房地产、租赁和商务服务、交通运输、信息服务业等逾千亿元规模产值的服务业规模效应显著、带动作用明显。服务业中的新模式、新业态也在不断探索出新和培育壮大，2019 年广州市限额以上批发和零售业实物商品网上零售额实现同比增长 12.9%。金融业作为现代服务业的重要组成部分，对实体经济的支持作用持续得到加强。广州作为大湾区中心城市，结合自身的金融实践经验与成果，进一步完善了科技金融产业协同创新体系，充分汇集了金融要素资源，显著推动了科技、产业和金融的有效结合，其以产业园区内为代表的多元化、多层次、多渠道的科技金融体系粗具规模。

此外，广州进一步整合了南方联合产权交易中心、广东省中小企业服务中心、生产力促进中心、金融交易博览会、高新技术成果交易会、对接平台、服务平台等粤港澳大湾区金融资源，金融支持实体经济的平台和功能不断完善。在此基础上，进一步建立科技金融相关指数、科技企业竞争情报服务系统、征信管理信息服务系统（信用网）的科技金融数据库，以及多种融资渠道的科技投融资体系：种子基金、科技孵化基金、引导基金、创业投资广场、新型科技金融机构、合成基金、科技保险、科技担保、知识产权融资等科技投融资体系，并结合 IPO、场外交易（OTC）市场、中小企业集合票据、技术产权交易市场等，金融业的服务能力和水平显著提升。利用多层次资本市场与金融产业体系的不断协同和完善，在政府管理部门科学有效的引导下，广州金融产业服务实体经济的能力得到显著增强。

（5）广州数字经济发展迅猛，发展规模与质量齐头并进，新动能与生产要素持续优化和聚集，发展活力不断释放。我国已进入数字经济红利大规模释放的新时代。在 2018 年 G20 布宜诺斯艾利斯峰会上，习近平主席强调要大力推进结构性改革，通过发展数字经济等实现高质量发展，并以创新为重要支点促进数字经济和实体经济的深度融合。根据中国信息通信研究院《中国数字经济发展与就业白皮书（2019 年）》和研究分析数据，2018 年我国数字经济规模达到 31.3 万亿元，从 2017 年以来一直稳居世界第 1 位。在数字产业化结构持续优化、产业数字化不断深入推进的背景下，数字经济已经成为我国经济社会发展和产业结构转型升级的重要推动力。党的十九届四中全会上，我国首次提出将数据作为生产要素参与到分配中，实现了从投入阶段到产出和分配阶段的重要转型，这也意味着数据资源将打破传统要素领域中的有限资源和供给制约，成为数字经济发展的重要引领。

数字经济产业的一个重要导向是信息消费领域，信息消费主要由信息产品消费与信息服务消费组成。近几年，信息产品与信息服务的应用随着国家政策的引导与红利并行而日益广泛，成为拓宽消费空间的又一个经济增长点。从信息产品来看，其质量提升的速度与频率逐渐加快，智能设备的更迭出新扩宽了联网设备边界，传统的手机、个人电脑和电视等产品智能化的趋势更加明显，信息服务应用不断升级。不难发现，我国数字经济需求和投资潜力带来的相关产业的长足发展将会成为我国经济又一重要增长极。广州凭借其金融、科创和制造领域的坚实基础，在大数据、人工智能、云计算等高新研发应用的助推下，把握难得的机遇，在数字经济发展中大有可为，为粤港澳大湾区建设成为世界经济增长重要引擎和国际科技产业创新中心贡献重要力量。当前，广州数字经济产业发展不断加快，数字产业供给持续优化，主要集中体现在以下几个方面。一是电信行业基础支撑效果持续提升。国家大力推动网络强国建设发展，着力提升通信业的基础设施能力，释放信息消费活力，通信业发展稳中求进，对国民经济与社会发展的支撑效果持续提升。广州电信业务总量急速增长，根据 Wind 数据库数据，2018 年广州电子通信业务收入累计完成 340 亿元，环比增加 3.6%。网络提速效果显著，截至 2017 年 12 月底，移动电话用户（包括 3G 与 4G）的总数达到 3 282.94 万户，其中 4G 用户达到 2 135.67 万户，全年增加 254.85 万户。互联网宽带接入端口总数达到 1 098.45 万，环比提高 26.78%。国际互联网用户总数达到 604.91 万户，其中宽带用户共 521.52 万户，占全体用户总户的 86.21%，较上年提高 5.4%。网络基础设施能力不断提升，主要电子通信能力向互联网转移的趋势愈见明显。截至 2017 年底，互联网宽带接入端口达到 1 098.45 万个，比上年增加 232.08 万个，占总体通信设施的比重由上年末的 58.5% 飙升至 88.3%。二是软件与信息技术服务业稳中求进。2018 年，广州软件与信息技术服务业的发展稳步向前，行业结构不断调整与优化，不断迸发出新的增长点，为"两个强国"建设提供服务与支撑的能力显著加强，正逐渐成为广州数字经济发展的重要引擎。2019 年，广州仅天河区规模以上软件企业就达 1 350 家，占全市总数的 58.4%；营业收入 2 083 亿元，是广州市首个软件业营收超过 2 000 亿元的城区，比排名第 2 位的黄埔区高出 1 倍以上。从全国、全省范围来看，天河软件企业数量、营收规模均位居前五。三是互联网和相关服务业激发新能量。在物联网、大数据和云计算等资本力量以及数字技术的共同驱动下，互联网行业的业务不断创新，共享经济、数字支付和跨境电子商务等新兴业务经营形式也不断发展壮大，居民的消费需求不断地被激发，为经济发展提供了更加强大的支撑力。

3.5.4　广东省科技金融及高新技术产业发展的区域分布特征

由于地理空间条件与历史发展因素，广东省科技金融区域发展分布从实际情况来看，珠三角区块与粤东、粤西和粤北区块显得较为极端，在科技金融的投入、发展环境以及产出上具有明显差距。

1. 各地资金投入支持程度不同

广东省各地级市的经济发展情况和对科技创新的重视程度存在差异。如图 3 - 52 所示，从各地对科技金融发展最为重要的两大指标——财政科技拨款和R&D经费投入的资金支持程度来看，广州和深圳两地的资金投入程度要远远高于广东省其余地级市的资金投入程度，并且深圳的资金投入程度也要远超广州，其财政科技拨款额大约是广州的2倍，达到351.83亿元，R&D经费投入大约是广州的3倍，达到841.10亿元，深圳对于科技金融的资金投入支持程度可谓独占鳌头，因此也促进了如今深圳科技金融的快速发展。

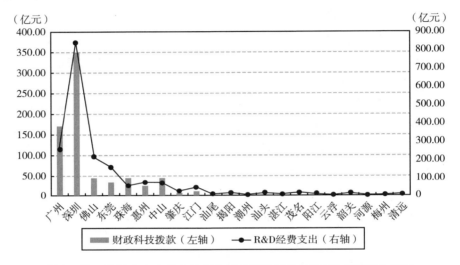

图3-52　2017年广东省各地级市财政科技拨款与R&D经费投入情况
资料来源：《广东统计年鉴（2018）》。

从区块层面来说，珠三角区块的资金投入支持程度要明显高于粤东、粤西及粤北区块，但珠三角区块内部各城市的资金投入支持力度也各有不同，基本分为四大梯队：广深为第一梯队、佛莞为第二梯队、珠中惠为第三梯队、江肇为第四梯队，可以发现经济发展越好的地级市相对会更加重视科技金融方面的投入。粤东、粤西及粤北区块的各地级市的资金投入支持力度相差不大，基本都处于较低的水平，其经济发展基础较好的地区会稍大些，如汕头和韶关，其余相差不大，说明如今粤东、粤西和粤北区块对于科技金融发展的重视程度仍然不高。

2. 高新技术企业发展不均

由于珠三角地区具有良好的工业基础与人才基础，并且率先在政策上给予高新技术产业大力支持，因此从高新技术企业目前的分布来看（见图3-53），2017年广东省高新技术企业主要分布在珠三角地区，共有高新技术企业31 179家、工业总产值44 151.47亿元、营业收入55 535.5亿

元，分别占全省的 95.3%、92.4% 和 93.8%。粤东、粤西和粤北地区的
高新技术企业分别为 724 家、270 家和 545 家，分别占比 2.2%、0.8% 和
1.7%；工业总产值分别为 1 314.18 亿元、917.19 亿元和 1 419.74 亿元，
分别占全省的 2.7%、1.9% 和 3.0%；营业收入分别为 1 369.86 亿元、
848.89 亿元和 1 446.64 亿元，分别占全省的 2.3%、1.4% 和 2.4%。

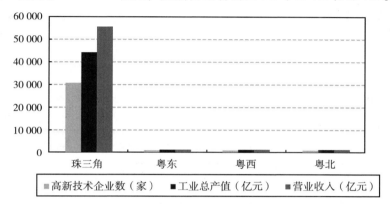

图 3 - 53　2017 年广东省分地区高新技术企业发展情况
资料来源：广东省科学技术厅。

从 21 个地级市分布情况来看，地级市中拥有超过上千家高新技术
企业的有深圳（10 973 家）、广州（8 678 家）、东莞（4 026 家）、佛山
（2 531 家）、中山（1 704 家）和珠海（1 463 家）等六市，合计 31 179
家，占全省的九成，其中深圳突破万家，从同比增长来看，东莞、江门两
市均翻倍增长。

3. 科技成果转化存在差异

科技成果转化能力反映了科技金融发展的效率，一般来说，科技金融
发展较好的地区，因其各方渠道资源通畅，科技成果能很快转换为生产
力，提高经济发展的质量。从 2017 年广东省的发展情况来看（见图 3 - 54），
深圳的专利授权量和技术合同成交额都是最高的，说明深圳的科技成果
转化能力要远远领先于其他地级市，其资金投入所带来的科技效能比较
明显。广州虽然也有较高的专利授权量，但是其技术合同成交额不高，
说明其科技成果转化渠道需要进一步提高。分区块来看，珠三角地区的
科技成果转化能力都较为良好，除广州和深圳外表现最为出众的地级市
是东莞，2017 年专利授权量达到 45 204 件，技术成交额达到 171.58 亿
元，其余地级市或多或少都存在着一定的问题。粤东、粤西及粤北地区
的情况相差不大，除了汕头的表现较为良好以外，其余地级市的科技成

果转化能力较差，这与其科技发展基础与政策法规相关，说明还需要逐步改善。

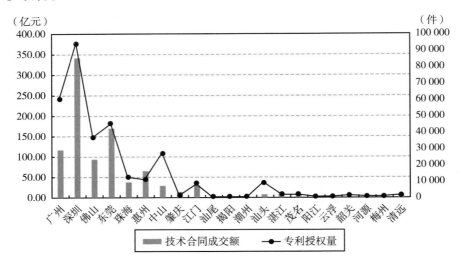

图3-54   2017年广东省各地级市技术合同成交额与专利授权量情况
资料来源:《广东统计年鉴（2018）》。

3.5.5 广东省科技金融与高新技术产业协同发展存在问题及成因

1. 存在的问题

广东省科技金融与高新技术产业在协调发展过程中协同效应不断增强，有效提高了科技金融服务实体经济的能力，促进了高新技术产业的蓬勃发展，但在科技金融支持高新技术产业的过程中仍存在投融资渠道错位、金融投入与科技产出不匹配、区域发展不均衡、高新技术产业对科技金融体系的反馈机制不完善等问题。重点包括以下几个方面。

（1）科技金融供给规模小，股份制商业银行对科技金融供给不足，对高科技产业支持力度不足。从间接融资渠道来看，由于资金安全的限制，截至2018年，广东省股份制商业银行只有100.36亿笔科技贷款。根据中国人民银行广州分行的数据，2018年，广东省新增贷款2万亿元，创下全国最高纪录。其中，民营企业新增贷款占企业新增贷款的近60%，直接融资超过5000亿元，占社会融资总额的22%，比上年同期增长11个百分点。有限的科技信贷供给无法满足庞大的社会资本需求量，难以弥补股份制商业银行对科技支撑不足的现实问题。

（2）R&D投入占增加值比重较低，产业技术密集度有待进一步提高，科技金融系统投入产出绩效不够显著。产业研发强度是衡量高新技术产业技术强度和技术进步的重要指标。高新技术产业以研发经费占增加值的比重反映技术密集程度。2003～2006 年，广东省研发支出占高新技术产业增加值的比重被低估，之后其一直在上升，2011 年达到 20% 以上，2016 年上升到 24.01%（见图 3 - 55）。目前，广东省研发投入占增加值的比重所反映的技术强度指标在全国处于中上位置，但与北京和上海等高新技术产业发展较快地区仍有一定差距。广东省需要更加重视从公共科技金融部门等渠道进一步拓宽 R&D 经费覆盖领域和投入力度，从而增强区域高新技术产业的竞争力。

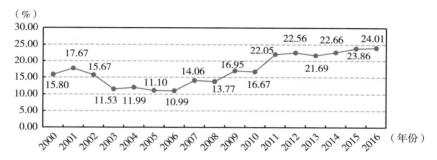

图 3 - 55　2000～2016 年广东省高新技术产业 R&D 投入占增加值比重情况
资料来源：广东省科学技术厅。

（3）高新技术产业产值利税率偏低，对科技金融系统的反馈作用不明显，经济效益仍需进一步提升。产值利税率是工业企业报告期利润和税金与工业总产值对比关系的指标，也是核算国家财政收入的重要参考数据，是从动态上分析企业增产与增收对比关系变动情况的关键指标之一。高新技术产业的产值利税率高低很大程度上反映着高新技术产业系统对科技金融系统以资金形式的协同效应所产生的反馈效果的高低，是科技金融对高新技术产业支持与服务的绩效评价的其中一个方面。如图 3 - 56 所示，2004～2008 年，广东省高新技术产业发展处于低速时期，对财政税收等公共科技金融部门的贡献较低，产值利税率处于低位；2008 年以后，随着实体经济回暖，产值利税率也出现一个较大幅度的增长，并在 2010 年以后处在 8% 左右的水平。但是，广东省高新技术产业的利税总体上处于中间地位，与高新技术产业的发展水平不相适应，与北京、上海仍有一定的差距。另外，高新技术产业的增加值率也反映了广东省高新技术产业的经济效益。2010 年以后，广东省高新技术产业增加值率低于全国平均水平（见图 3 - 57），与天津、山东、江苏

等地仍有差距，表明广东省高新技术产业的经济效益还有待进一步
提高。

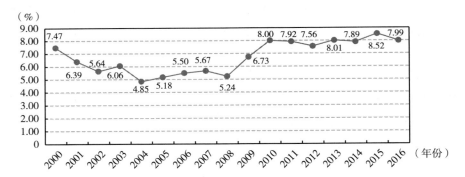

图3-56　2000~2016年广东省高新技术产业产值利税率情况
资料来源：广东省科学技术厅。

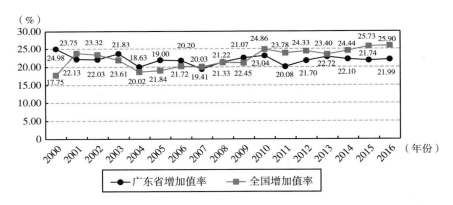

图3-57　2000~2016年广东省高新技术产业增加值率情况
资料来源：国家统计局。

（4）广东省高技术产业产值在区域分布上具有不平衡性的特点，从
而阻碍了高新技术产业结构的优化升级和发展完善。在广东省高新技术
产业中，珠江三角洲的高新技术产业占广东省总产值的90%以上，区域
发展存在明显的差距（见图3-58）。在投资领域范围也存在结构失衡
的问题，其中，电子信息产业和生物医药产业占高新技术产业产值的
80%以上，其他高新技术产业相对滞后。高新技术产业发展不平衡，区
域布局高度集中，不利于广东省高新技术产业的协调发展。广东省科技
金融体系和高新技术产业需要进一步优化合作发展模式，不断完善产业
发展路径。

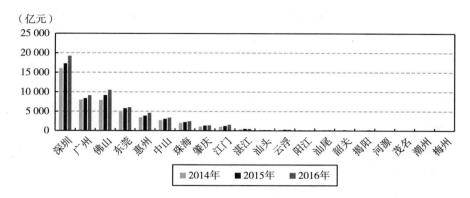

图 3-58　2014~2016 年广东省高新技术产业产值按地区分布情况
资料来源：广东省科学技术厅。

2. 问题成因

广东省科技金融与高新技术产业协同发展过程中存在的以上问题，主要与以下几方面因素有关。

（1）科技金融发展仍受到一定程度的限制。目前，广东省大部分企业资产负债率高，负债率不平衡。银行的信贷投向和领域存在结构失衡的问题，重规模、重国企、重抵押，导致其资金风险过多地集中于传统行业，从而无法支持中小型企业的发展。另外，科技型企业投资周期长，资本投入量大，风险不确定性大，因此高新技术产业特殊的产业风险导致商业银行投资积极性不高，从而进一步制约了科技创新氛围的形成和进一步培育。

（2）科技金融与科技企业协同的相关配套制度和政策不完善，法律法规存在缺失且监管不到位的情况时有发生。广东省部分经济欠发达地区，尤其是粤西、粤北和粤东地区科技金融服务尚未普及，当地监管部门仍以传统金融监管方式加以管理，存在监管方式不当和监管错位等问题。

（3）创新能力不足与创新绩效不显著，导致科技金融与高新技术产业协同创新机制不完善，没有达到有效协同状态。如何进一步提升科技研发到产业化生产的转化效率，成为制约我国科技产业进一步发展的关键环节之一。

（4）科技金融专门人才供给严重不足。广东省专业性科技金融机构正在快速建立与发展，科技保险公司、科技信贷公司和综合财险公司的科技金融支公司的机构数量与规模增长迅猛，因而针对科技金融业务的专门性人才存在很大的敞口，对此类人才的培养与供给具有较强的紧迫性。

下面从阻碍科技信贷市场发展的原因、阻碍创业风险投资市场发展的原因和阻碍广州市多层次资本市场发展的原因三个角度进行具体分析。

（1）阻碍科技信贷市场发展的原因包括以下几个方面。一是纯信用贷款占比高。截至2016年12月31日，对比分析企业过去的贷款情况与进入资金池后的贷款情况，大部分企业在进入信贷资金池后，所获得的贷款额度比过去都有明显增加，部分企业通过资金池获得的贷款金额比过去翻了一番，其中，有279家企业贷款额度增加到500万~2 000万元，占贷款总数的68%，有效地解决了企业贷款数额不足的问题，解决了中小企业大部分资金需求，促使企业更加专注于技术创新和市场拓展。通过资金池的杠杆作用，有效降低了企业的贷款门槛，减少企业实物资产质押，有效地解决了贷款额度不均的问题。截至2016年底，共有305家科技企业获得的信用贷款，占贷款总额的74.39%，其中，纯信用贷款26.935亿元，占贷款总额的65.44%。风险补偿资金池的设立对这些科技型中小企业融资过程中遇到的重重壁垒起到了一个很好的疏通和有效渠道作用。

二是贷款在企业间分布不均。贷款信用比例不足100%、比例相对较低的科技型企业一般贷款获批额度较少，不足500万元，这类企业主要集中在网络通信及计算机科技领域。而获批2 000万元全额贷款的企业主要为中型以上的企业，行业也主要集中在材料制造、大型工程、光电设施制造等领域。小型企业融资额度及渠道相对于早已步入正轨的中型企业来说会小得多和困难得多。相比未来发展前景有诸多不确定因素的小企业，商业银行更倾向于贷款给资质良好、违约风险低的中型企业，小型企业未来发展的空间会被进一步压缩，从而可能陷入恶性循环。所以，无论是广州市科技金融综合服务中心还是合作银行，既要发展好与中型企业的贷款合作项目，也要协调处理好小型企业的贷款业务，重视并扶持小型企业的健康发展，使科技型小企业成为广州市科技金融创新和长远发展的一个重要环节。这也对服务中心提出以下要求：其一，要严格挑选准入企业，精准营销；其二，要认真审核，确保合规，对企业和合作银行提交的资料进行认真审核，严格把关，对符合条件的企业向银行出具贷款推荐函和贷款确认书；其三，加强管理，降低风险，协助银行对贷款企业进行尽职调查和贷后管理工作；其四，继续加强对中小型科技企业的业务推进，明确贷款任务，加强业务指导，同时加强信息通报，做好政策宣传，搭建好服务平台。

三是科技企业知识产权抵押操作困难。知识产权质押操作成本较高，缺乏专业的服务体系，无法对科技型企业知识产权的价值提供科学可靠的评估，科技银行的放贷利率难以降低，这也增大了科技型企业的融资难度。通过调研发现，从政府政策的角度来看，市场严重缺乏第三方中介机构，并且在信用体系和资产资产评估体系建设方面也存在严重的缺失。在科技金融体系中，第三方中介机构在为高新技术企业提供贷款，为风险投资和银行投资以及贷款业务创造环境方面都起着不可或缺的作用。但是，由于广州市科技金融的发展起步较晚，出台的信贷支持政策都是参考国内外典型地区的政策，缺乏创新性。而此类政策一般都具有普遍适用性，很难满足本土企业的融资需求，如高新技术企业利用知识产权进行信贷融资缺乏相关政策的支持，民间金融机构难以和银行开展合作等。

（2）阻碍创业风险投资市场发展的原因包括以下几个方面。一是行业分布差异较大，过度集中。广州市创业风险投资的投资行业分布具有较大的差异。调研结果显示，截至 2016 年底，广州市创业风险投资机构所投资的行业涉及 26 个，与 2015 年和 2014 年持平；消费品与服务、高效节能技术仍然是广州市风险投资的重点领域，资金主要集中投资于金融保险业和医药保健业，广州市风险投资机构在 2015 年全年的投资重点与 2014年基本保持一致；金融保险业仍旧是广州市创业风险投资机构投资最多的行业，比 2015 年高出近 3 个百分点，达 14.7%。

二是创投资金主要集中投资于科技型企业的成熟期和扩张期。广州市创业风险资金主要集中于科技型企业的成长期。从创投项目的增长趋势来看，2017 年处于种子期的科技企业增速约为 21%，比上年增长了约3.5%，表明广州市的创业风险投资正在逐步加大对种子期科技型企业的重视。在投资金额方面，资金主要用于初创期、成熟期和扩张期，投资金额累计 126.5 亿元，占总投资金额的比重为 96.5%（见图 3 - 59）。

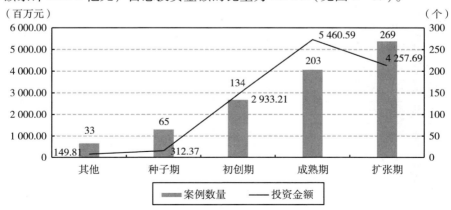

图 3 - 59　2017 年广州市创投企业投资科技项目的投资分布情况

资料来源：私募通数据库。

三是创业风投机构资金来源单一。目前就创业投资资本筹集情况而言，广州市的创业投资资本主要来源于政府及国有企业、金融机构以及外商投资机构等。此外，地方政府机构创立的国有独资创投机构也作出了重要的贡献。目前，广州市风险投资的主要资金仍然来源于政府的财政拨款；而大中型上市企业和优质的民间企业资金流向风投机构。此外，一些上市企业和大型民营科技公司通过自筹资本也在进行创投活动和企业兼并的尝试，这部分资金也逐渐成为广州市风险资本的重要来源，2017 年大约占比 27.6%。

四是退出机制不够完善。广州市的创投机构一般通过兼并收购等手段退出，以实现收益，其退出渠道较少，并且在法律保障机制和操作可行性方面均存在问题。此外，由于缺乏统一的监管机制和系统的政策体系，政府等监管机构在市场上的角色定位不明晰，也使得广州市的风险投资退出渠道单一，极大地制约了创业资本的循环投资能力。

（3）阻碍多层次资本市场发展的原因包括以下几个方面。一是科技企业挂牌资本市场具有很强的政策导向性。根据全国中小企业股份转让系统、深圳证券交易所公开披露的新三板挂牌公司的信息，剔除已经转板退市的企业和部分数据缺失的企业，截至 2017 年底，在广州市新三板挂牌的企业共有 429 家（见表 3 – 4）。

表 3 – 4　2014～2017 年广州市新三板市场挂牌科技企业各区分布情况　单位：家

地区	2014 年	2015 年	2016 年	2017 年
天河区	9	24	62	114
广州开发区	18	29	37	77
番禺区	2	16	22	58
越秀区	4	10	15	43
白云区	2	8	12	30
海珠区	0	9	15	34
南沙区	0	1	7	9
荔湾区	0	2	6	13
花都区	0	6	7	18
从化区	0	3	4	7
增城区	0	1	2	5
总计	35	109	189	429

资料来源：根据调研资料整理。

从表 3 - 4 可以看出，2017 年广州市各区新增新三板挂牌科技企业数量大幅增加，与 2016 年相比，广州市各区新增新三板挂牌科技企业的平均增速为 1.19 倍，增幅至少是 2016 年的 1 倍以上。广州市新三板市场挂牌科技公司数量的增长，离不开各区政府的大力支持，各区出台的相关扶持补贴政策都极大地促进了广州各区高新技术企业的挂牌上市。虽然新三板市场具有上市门槛低、时间快等优势，但是 PE 融资退出方式较少，投资者应当更加谨慎。目前，国内 IPO 上市融资渠道受阻，许多优秀企业将优先考虑借助新三板进入资本市场。

二是新三板上市等配套制度存在挑战。由于分层制度的不完善，许多新三板科技企业依旧坚持 IPO，主要原因有以下三点：其一，在新三板融资难问题仍然突出；其二，新三板市场的流动性不足并且日交易量低迷；其三，与在主板上市相比，在新三板市场挂牌的高新技术企业在企业知名度和影响力等方面都会大打折扣。此外，对于上市制度，首先是差异化难以界定，如果标准太多，会限制科技企业的挂牌和发展，如果标准太少，又不能满足差异化的需求；标准的严格程度也不太好把握，标准过于严格，会导致很多有潜力的企业难以挂牌，会影响市场的流动性，标准过宽，可能会导致质量参差不齐。

此外，市场之间并未形成有效的转板机制。多层次资本市场设立的宗旨是满足不同发展阶段以及不同质量企业的融资需求。然而，市场上存在不少优质企业因缺乏融资渠道而融不到资金，从而科技创新能力停滞不前的情况。久而久之，市场很可能会出现"劣币驱逐良币"的现象。因此，有必要建立完善的转板机制，有效发挥市场的资源配置功能，优化企业的融资效率。

三是股权交易市场盈利模式不完善。股权交易市场虽实现了部分企业的挂牌融资，但绝大部分挂牌企业的资金对接方是银行机构，不排除企业本身已经满足了银行的授信条件，只能借助股权交易市场来获取政府激励措施的可能。此外，区域性股权交易市场的信贷产品、收费模式和商业模式不清晰。目前，广州市区域性股权交易市场存在挂牌的企业数量较少、中介服务机构的参与度不高、投资者参与热情低等问题。在这一阶段，区域股权交易市场的收入主要来自政府补贴，因此亟须建立明确的、可持续性的商业盈利模式。

3.6　我国及区域科技金融与高新技术产业协同发展政策概述

3.6.1　我国科技金融与高新技术产业协同发展政策概述

本部分对 2000 年以来我国高新技术产业化和科技金融优惠政策的历史沿革进行了分析梳理。通过对高新技术产业化政策的梳理可以看到，我国高新技术政策 2000 年初起步，2006~2017 年为加速发展阶段，政策主要针对一般化的高新技术产业给予扶持和支持，且政策倾向逐渐转向了对科技型中小企业的扶持，但是从整体支持力度来看，对高新技术企业的支持力度还有待进一步提高。

从对科技金融优惠政策的梳理来看，科技金融政策体系保持了前后的一致性、连贯性和系统性，分别从风投创投、科技保险、科技信贷、科技担保体系、风险引导基金、财税补贴优惠等方面进行搭建，在中国经济发展进入新常态后，科技金融主体政策也转变为减税降费、"放管服"为主的供给侧改革模式，从投入产出效率的角度来看，确实起到了明显的提质增效的作用。由于我国各地高新技术产业和科技金融发展的差异性较大，鉴于篇幅有限，本部分以北京、上海、浙江、江苏、广东这些经济总量和开放程度较大的代表性省份为例。

3.6.2　北京科技金融与高新技术产业协同发展政策概述

2011 年 10 月发布的《关于确定首批开展促进科技和金融结合试点地区的通知》，确定中关村国家自主创新示范区等 16 个地区为首批促进科技和金融结合试点地区。北京市依托中关村国家自主创新示范区尖端高新技术和科技金融的深度融合及发展优势，开辟了别具一格的中关村科技金融发展模式，通过科技创新和金融创新的多方联动，不断提高高新技术和科技金融深度融合的效率。本部分通过介绍中关村科技金融发展政策对北京科技金融整体发展概况做一个总体描述。

随着我国科技创新水平的不断提高，北京 R&D 经费支出占全国的比重也在不断提高。其中，中关村在科技金融区域股权市场中的探索取得了一定的经验和成果。例如，其推出的科技创新板吸引了不少科创企业来进行投资，并且推出了多种创新融资模式，如股权质押融资模式、可转换债券、私募债券、私募股权等新型融资模式。近年来，北京中关村整体科技创新综合实力水平有较大水平的提高，其科技金融发展模式具有借鉴和学习意义。

1. 中关村科技金融模式的概述

经过多年的摸索，中关村如今已经探索出具有当地发展特色的科技金融模式，并取得了很大的成效。其中，风险补偿机制、信用激励机制、以股权投资为核心的投保贷联动机制、银政企多方合作机制、分阶段连续支持机制以及市场选择聚焦重点机制起到了一定的示范作用。风险补偿机制是指地方财政要对科技金融机构承担的对科技型企业的投资和贷款风险进行补偿；信用激励机制是指科技金融机构要建立起对科技型企业的信用监督和考核机制，通过信用激励相容机制推动企业和银行之间建立起良性互动的长期合作关系；以股权投资为核心的投保贷联动机制则是指通过股权联结充分调动银行、证券和保险多方共同参与到科技企业的融资需求中来，通过多元协同和创新解决中小型科技企业融资难的问题；"十条渠道"是指针对企业生命周期的不同阶段为企业提供适合的融资服务，通过拓宽多元融资渠道减少企业融资失败的风险。

2. 中关村科技金融成效

（1）中关村形成了具有地方特色的信用体系，其目标是建设"信用首善区"，通过强化自我约束、加强行业自律、政府发挥监管引导作用三管齐下充分发挥多方监督机制的作用，推动科技型企业信用体系的不断建设和完善。其中，政府发挥的引导监管作用意义重大，借助信用评级机构的专业作用，凸显了信用体系的真实性和可靠性。

（2）形成了"一个平台、八大产品"的科技金融服务体系。中关村通过不断创新发展科技金融产品和服务，不断完善科技金融机构的体制机制，为高新技术产业的发展奠定了基础。

（3）建设多元融资协同的合作模式。中关村通过调动多方科技资源和科技力量充分发挥当地的信贷融资资源，为高新技术企业开辟快速、便捷和高效的融资通道。尤其是，当地政府发挥搭桥引线作用，通过与国家开发银行的合作，积极探索基础设施的融资贷款模式，为引入多方融资资源发挥了示范引领作用，从而加强了政府、企业、融资机构和中介机构的密切深度合作。

2019 年，北京市人民政府为深入贯彻习近平新时代中国特色社会主义思想和党的十九大精神，为进一步把我国建设成世界科技强国并将北京打造为具有世界影响力的科技金融创新中心，通过制度创新从根本上推动创新驱动发展战略的贯彻和实施，制定了《关于新时代深化科技体制改革加快推进全国科技创新中心建设的若干政策措施》（以下简称"科创30条"），政策措施梗概如表3-5所示。

表3-5   "科创30条"政策措施梗概

战略举措	具体措施
一、加强科技创新统筹	1. 主动承接国家重大科技任务 2. 完善科技创新中心建设统筹制度 3. 创新"三城一区"管理体制机制 4. 加大科技创新投入力度 5. 完善科技创新决策咨询机制
二、深化人才体制机制改革	6. 优化人才培养与评价机制 7. 创新编制使用和薪酬管理机制 8. 提高科研人员因公出国（境）和来访便利性 9. 优化外籍人才引进及服务保障
三、构建高精尖经济结构	10. 促进重点产业发展 11. 提升重点产业市场准入便利化水平 12. 加强科技成果转化制度保障 13. 改革科技成果转化管理机制
四、深化科研管理改革	14. 统筹优化科技计划（专项、基金等）布局 15. 完善科研项目管理机制 16. 扩大科研项目经费使用自主权 17. 加大科研项目经费激励力度 18. 开展科研项目经费包干制试点 19. 完善科技创新监督检查机制 20. 放宽科研仪器设备采购标准 21. 鼓励科研机构机制创新
五、优化创新创业生态	22. 完善科技型国有企业创新激励机制 23. 完善创新创业服务机制 24. 强化知识产权创造、保护和运用 25. 统筹推进应用场景建设 26. 完善创新创业金融服务 27. 提升科研条件通关便利化水平 28. 深化京津冀协同创新 29. 深化京港澳科技合作 30. 进一步提升开放合作水平

3.6.3　上海科技金融与高新技术产业协同发展政策概述

上海作为中国改革开放的前沿阵地，在完善科技与金融的融合机制、打造科技金融生态上有很多先进的尝试和大胆的探索（见表 3-6）。

表 3-6　　上海科技金融与高新技术产业协同发展政策概述

政策举措	取得成效
上海证券交易所科创板上市融资	2019 年 6 月 13 日，上海证券交易所科创板正式开板。 2019 年 7 月 22 日，科创板首批 25 家企业集中上市，上海当地企业有 5 家。 2019 年 7 月 31 日，《关于着力发挥资本市场作用 促进本市科创企业高质量发展的实施意见》发布，从加大孵化培育力度、推动改制挂牌上市、吸引集聚要素资源、持续优化基础环境等方面提出 18 条工作举措
普惠性税收政策减轻企业负担	2019 年度落实上年企业减免税收总额 477.59 亿元，同比增长 42.97%，覆盖企业 20 326 家。研发费用加计扣除，享受企业 16 818 家，减免税额 303.75 亿元，同比增长 80.85%。高新技术企业税收优惠，享受企业 3 339 家，减免税额 167.24 亿元，同比增长 3.89%。技术先进型服务企业税收优惠享受企业 169 家，减免税额 6.60 亿元，同比增长 2.89%
持续加大科技企业银行信贷服务力度	2019 年 8 月 22 日，《上海银行业保险业进一步支持科创中心建设的指导意见》发布，推动银行加大信贷投放，提高不良贷款容忍度。全市已设立科技支行 7 家，科技特色支行 91 家，科技金融从业人员逾千人。截至 2019 年 9 月底，上海辖内科技型企业贷款存量户数 7 229 户，较年初增加 1 265 户，增长率为 21.21%；贷款余额 2 639.42 亿元，较年初增长 226.23 亿元
"3+X"科技信贷产品体系及服务体系赋能双创升级	利用"3+X"科技信贷产品体系为切入点，通过特色、专营孵化器的渠道准入，降低信贷门槛。截至 2019 年 11 月底，完成科技企业贷款 56.55 亿元，895 家企业获贷款。科技金融服务站将科技信贷服务铺设至众创空间、孵化器、街道、园区；上海市科技金融信息服务平台已受理履约贷申请 1 200 笔，同比增长 6%，数量、增幅为历年之最。其中，科技履约贷 705 家企业获贷款 30.90 亿元，小巨人信用贷 166 家企业获贷款 25.31 亿元，科技微贷通 24 家企业获贷款 0.34 亿元
"高企贷"授信服务方案助力高新技术企业发展	"高企贷"授信服务方案助力高新技术企业发展。2019 年 9 月 20 日，"高新技术企业贷款授信服务方案"发布，引导银行通过优先运用知识产权质押、应收账款质押、订单融资等方式支持企业融资。合作银行应针对传统的担保方式（如房地产抵押、担保公司担保）的贷款适当降低贷款的利率水平，在同等条件下优先采用市场报价利率，并减免传统企业贷款中的相关费用。截至 2019 年 11 月底，"高企贷"授信服务方案服务企业 824 家，授信规模 237.59 亿元，其中小微企业 766 家，占比 92.96%

续表

政策举措	取得成效
政策性融资担保基金增信功能不断强化	主要对成长期的科技创新型企业进行重点支持，也包括对双创企业、能够吸收劳动力人口企业、现代服务业、战略性新兴产业以及"三农""四新"中小企业的鼓励和支持。截至 2019 年 11 月底，担保基金在保余额 151.24 亿元，在保户数 6 999 户。其中，小微企业在保余额 126.99 亿元，在保户数 6 014 户
上海股权托管交易中心鼓励"硬科技"企业上市，"科技创新板"作用显现	通过设置符合科创企业需求的挂牌条件、审核机制、交易方式、融资工具等制度安排，发挥资本市场对科创企业的直接融资服务功能。172 家挂牌企业实现股权融资 24.41 亿元，381 家次企业通过银行信用贷、股权质押贷及科技履约贷模式实现债权融资 19.52 亿元
科技创新券服务不断优化	积极推动科技创新券跨区域互联互通，扩大政策受惠面，促进创新服务与研发需求的跨区域对接，着力打造上海科技服务品牌效应。仪器共享服务累计向 1.01 万家次企业发放 11.56 亿元科技券（仪器券），企业购买创新服务 4.2 万次，研发总支出约 6.18 亿元，对 4 500 家次符合补贴要求的单位进行补贴，投入经费 13 396.5 万元。技术转移服务累计向 820 家次企业发放 9 792.68 万元创新券，带动企业创新投入超过 2 亿元，节约企业研发成本 7.1 亿元，带动服务机构收入增加超过 2.7 亿元，促成技术交易超过 30 亿元，带动产业化投入资金 18 亿元

资料来源：根据上海市人民政府官网公开资料整理。

3.6.4 浙江科技金融与高新技术产业协同发展政策概述

杭州市经过多年探索，根据当地的发展资源和条件，逐步形成了独具特色的科技金融模式。主要包括以下几个方面：一是通过风险投资模式优化和调整政府投资模式。截至 2015 年，创业投资引导基金共投资项目 169 个，其中创业项目 86 个。通过政府的正确引导和不断激励，进一步提高了科技企业创新能力，推动了科技与金融融合发展，打造了浙江"硅谷天堂"。二是不断创新融资方式和融资理念。在运行过程中坚持"政府主导、市场化运作"的理念，尤其是要着眼于中小企业的客观融资需求，根据企业生命周期需求的特点进行融资的合理化安排，进一步优化科技财政资金的使用模式，探索科技银行新模式，完善科技型中小企业担保模式，重点扶持科技型中小企业融资，从而推动科技创新体系的不断完善和科技创新水平的不断提高。浙江科技金融与高新技术产业协同发展政策概述如表 3 - 7 所示。

表 3 - 7　　　　　　浙江科技金融与高新技术产业协同发展政策概述

政策举措	取得成效
成立创业投资引导基金，专门成立风险补偿资金，通过颁布《创业投资引导基金管理办法》对资金进行合理的引导	政府的资金引导发挥了有效的杠杆撬动作用，有效缓解了科技企业的资金压力，提高了商业银行对科技型中小企业贷款的动力和积极性
引进了多个创投管理机构和高质量人才	推动科技型中小企业做大做强，促进我国科技与金融的无缝结合
通过专门成立的科技银行对中小型企业进行扶持，通过成立专家咨询委员会对科技银行进行中小型企业贷款资质的审核	逐渐形成了"政府支持 + 授信担保 + 风险补偿"的互惠合作发展模式，并积极推动风投创投机构、科技银行和担保融资公司的协同合作机制，从而建立"贷投保"联动的共赢机制
完善科技型担保公司的服务方式，政府对科技担保公司进行一定的优惠费率政策倾斜，通过构建政府、银行、保险的互利互惠机制，积极探索"风险池基金"建设	推动财政科技投入与金融资本有机结合起来，起到了"四两拨千斤"的作用
引进多个金融中介，建设创业投资服务中心	为处于各阶段的企业提供独特的金融服务，为发展科技金融提供绿色通道，促进科技与金融有效结合
加快科技金融服务平台建设	充分发挥"银行融资、创业投资、上市服务"四项核心功能

资料来源：根据浙江省人民政府官网公开资料整理。

3.6.5　江苏科技金融与高新技术产业协同发展政策概述

为贯彻创新驱动发展战略，我国正在推动创新生产要素的创新发展。在全国创新驱动氛围的影响下，江苏省作为较早发展科技金融的省份之一，在推动科技与金融的协同发展上积累了不少经验和方法，取得了一定的成果，形成了自己的科技金融模式。下面以苏州市为例，对江苏省促进科技金融发展的措施和取得的成效进行分析和总结。

面对经济转型，苏州推动产业结构优化升级、加快经济结构调整，同时进行科技金融的机制体制改革，不断地提高科技金融的发展水平。总体而言，苏州在研发经费投入以及研发孵化器建设方面取得了不少的成效：省级孵化器和国家孵化器的数量快速增长，苏州科技创新发展水平和能力在全省处于领先地位和水平；苏州的科技研发投入强度远高于我国的平均发展水平，工业企业科研经费投入量占全省科研经费投入比重超过 80%，推动了苏州整体科研水平和能力的不断提高；充分发挥"政产学研"深度融合优势，增强苏州整体科研创新水平和能力，推动科技创新成果的转化和落地，提高科技金融的整体效率和水平，为加快建设创新驱动发展强省奠定了重要的基础。

1. 苏州科技金融模式

苏州根据自身实际情况，形成了具备地方特色的科技金融发展模式。苏州通过打造一个多方共担风险的协同合作金融模式，建立了比较完善的科技金融发展体系。这一模式主要依靠政府、银行、担保机构、保险机构和风险投资机构的充分参与，通过多方共担风险的方式，充分发挥资金各方的优势，形成了"政银保企投"多方协同合作的新模式。同时，通过金融体制和制度的创新，为企业各个生命周期的融资需求提供支撑。近年来，随着数字经济的不断发展，数字金融成为一种新的发展业态，苏州的互联网产业在这个时候也开始发展，对科技金融的发展起到了巨大的推动作用。

2. 苏州科技金融政策体系

政策支持是科技金融生态的重要组成部分。研发活动具有的高风险和不确定的投资收益，给企业的生产经营带来较大的负担，并且研发活动最终所形成的科研成果是典型的公共物品，具有非竞用性和非排他性的特征，由于研发活动具有明显的正外部性，科研企业从研发活动中所获取的私人利益会小于其带来的社会效益，因此政府有必要出台相应的优惠政策对科技型中小企业进行利益补偿。具体地，可以对专利期进行延长，授予相应的特许经营权等，并且要积极引导银行、担保公司、风投创投企业参与到这个过程中来。

近年来，苏州市政府积极推进科技资源与金融资本的有机结合。截至2018年底，苏州市政府发布了近30份与科技金融直接相关的政策文件。这些政策涵盖风险投资发展、科技贷款利息贴现、科技信用补偿、科技保险、股权融资平台等各个领域，并引导商业银行、风险投资公司、科技担保公司和科技保险公司为科技型企业发展提供融资支持，进一步推动了科技生态金融圈的健康发展。具体政策如表3-8所示。

表3-8　　　江苏科技金融与高新技术产业协同发展政策概述

政策举措	取得成效
强化风险投资引导基金	截至2015年底，共受理的业务达到了1万项，成为扶持中小企业的主要渠道，推动了高新成果转化和科技创新

续表

政策举措	取得成效
成立了人保科技支公司和科技保险共保体，推进科技保险结合	截至 2015 年底，苏州市科技保险企业的数量在整个江苏省排名第 1 位，积极推动科技与保险的紧密结合
通过"科贷通"搭建绿色通道，搭建"新三板"拓宽融资渠道	"科贷通"合作银行同年贷款额远超其他银行；截至 2015 年底，苏州市在新三板挂牌的企业数量居全国城市排名第 3 位；对科技企业实行规划型支持，形成金融产业链
建设科技金融服务平台，建立苏州市科技金融超市平台	通过实体平台和网上平台相结合的方式，汇集了政府、企业、金融机构和中介四方力量，提高了创新能力，缓解了科技型企业融资难的问题

资料来源：根据江苏省人民政府官网公开资料整理。

3.6.6　广东科技金融与高新技术产业协同发展政策概述

广东省地域跨度大，地区发展差异也相对较大，现就广东、佛山和东莞（以下简称"广佛莞地区"），深圳以及粤东、粤西和粤北地区科技金融的基本现状进行简述。

1. 广佛莞地区科技金融发展现状

（1）广佛莞地区科技金融政策。自 2011 年以来，广佛莞地区科技和金融政策文件逐年增加。2011～2016 年，这三个地区共发布了 100 多份与科技金融政策相关的文件，涉及风险投资、资本市场、科技信贷等方面，涉及的领域和范围不断扩大，推动了广佛莞地区科技和金融政策体系的健全和完善，也推动了当地金融发展水平和技术创新水平的提高。

（2）广佛莞地区发展特色与成效。就整体综合发展概况而言，广州、佛山和东莞都取得了可圈可点的成就。自科技金融试点项目建立以来，广州市初步形成了"一个中心、两个示范区、三个平台"的科技金融体系，并且建立了番禺区科技金融服务创新示范区和广州开发区股权投资交易示范区，重点研究了创业投资、高新技术企业上市和科技信贷融资三大服务平台的建设。佛山依托广东金融高新技术开发区，积极推进科技金融一体化；东莞依托松山湖高新技术开发区，金融创新服务体系不断完善。创新示范区的建立给广州市的科技金融建设提供了一个指导范本，起到了带动其他地区模仿和学习的效应，进而激发了当地创业发展投资以及科技信贷发展的热情，推动广佛莞地区科技金融体系的不断完善和发展。

广佛莞地区科技金融经过多年的发展，取得了一定的成效，主要体现在以下几个方面：一是不断完善风险投资引导基金制度，推动多元化孵化器建设的不断健全发展。建立风险投资基金，逐步形成省市级风险投资引导基金，大力发展孵化器，将资源集中到孵化器领域。二是不断改变信贷模式，分担融资风险。政府和金融机构共同承担贷款风险，风险池和风险准备金是我国第一种风险分担模式。科技型中小企业除有形资产的贷款投资外，还可以利用无形资产如知识产权质押贷款投资。不断推进科技银行建设和发展，为科技型企业提供更多融资渠道。三是深化科技保险机制体制建设，加大科技保险发展力度，不断扩大科技保险的服务群体和受众。四是完善多层次资本市场体系，拓宽融资发展渠道。通过帮助高新技术企业上市，推动新三板资本市场的发展，推动股权产权交易市场的建设和完善。五是推动数字金融体系的建设和发展，加强科技产业园区的建设和管理。六是对互联网借贷平台进行合理的定位，建立多样化的融资平台。

2. 深圳科技金融发展现状

深圳积极开拓发展科技金融领域，不断优化科技财政投入方式，注重有效引导政府和社会资源投资科技金融领域，实现银行信贷、证券市场、风险投资和政府引导型基金等创新多元科技投融资体系的不断建设和完善。

作为四大经济开放特区之一的深圳在发展科技金融领域方面锐意进取，开拓创新，在广东省树立了先锋模范的行业标杆。一方面，深圳不断优化科技财政投入方式，充分发挥科技财政对其他社会风险投资的引导和拉动作用，不断拓宽科技型中小企业的融资渠道和范围，推动多方协同创新融资模式的构建和完善；另一方面，深圳市政府从技术信用、风险投资、网络金融等方面出台了一系列配套政策，发挥顶层基础设计的规范和指导作用，并通过优化科技金融投资结构、发展风险投资、创新科技贷款模式、拓展多层次资本市场等措施，进一步促进了科技金融制度建设。

（1）政府通过财政资金拨付建立风险投资引导基金。该风险投资引导基金充分考虑企业生命周期的差异化融资需求，主要以成长初创企业和科研机构为支持对象，重点鼓励支持新能源新技术、生物医药以及互联网等新兴产业的发展，通过产业结构的优化布局提高科技成果转化的效率和概率。

（2）风投创投气氛活跃。深圳拥有广东最多的本土风险投资机构和最大的风险投资总额。2014 年深圳创业风险投资项目总共 222 个，其中，萌芽期、种子期、成长扩张期和成熟期项目占比分别为 46.39%、11.71%、

33.33% 和 8.56%。① 风险投资对初创企业支持力度最大，对于处于成长扩张期的企业具有加速发展的推动作用，同时风险投资有效地推动了生物、新材料、新能源等六大战略性新兴产业的快速发展。

（3）创新信贷模式，提供多元化资金。为了解决科技金融发展面临的问题，深圳发展了金融业，创新了金融产品和服务，为科技型企业提供差异化的金融服务。深圳信贷模式创新发展情况如表 3 - 9 所示。

表 3 - 9　　　　　　　　　深圳信贷模式创新发展情况

创新方式	信贷模式
创新贷款方式	根据中小科技企业资产结构分布的特点开展知识产权质押贷款和无形资产抵押贷款，对供应链体系较为完整的企业提供应收账款质押贷款，针对高管人员以及科技人员提供股权质押贷款等
实行投贷联动的协同合作机制	通过开展投贷联动业务，以股权质押、PE 保证等方式，向有关企业提供授信，创新投融资模式，为企业提供差异性和专业化的融资服务
成立科技银行联盟	由科技创新委员会和中国建设银行联合发起成立科技银行联盟；充分利用商业银行、投资银行、基金公司等多方金融机构群策群力、共集智慧，在高新技术企业的整个生命周期中为企业提供高附加值的综合化金融融资服务
推行科技保险	2015 年 1 月，科技金融服务中心将科技保险纳入发展战略规划，并提出《关于促进科技和金融结合的若干措施》，鼓励高新技术企业购买科技保险。具体包括提供优惠的保险费率，开发新型的保险险种如知识产权保险、产品研发责任险，满足多样化的保险需求

资料来源：根据深圳市人民政府官网公开资料整理。

（4）通过优化科技信贷模式，为中小企业融资提供多样化的资金来源。针对中小型科创企业现实中遇到的融资困境和瓶颈问题，深圳通过创新金融产品、提供专业的金融服务来满足企业的融资需求。

3. 粤东、粤西、粤北地区科技金融发展现状

广东科技金融区域发展较不平衡。其中，珠三角地区发展水平比较高，而粤东、粤西、粤北地区发展则相对比较缓慢。

（1）粤东地区科技金融发展状况。粤东地区的科技金融发展主要以汕头和揭阳作为代表。2015 年，汕头第一家科技分行——中国银行汕头分行正式挂牌对外营业。作为为科技企业服务的金融机构，该科技支行不断创新

---

① 深圳市人民政府官网公开资料。

科技金融的支持模式，加大科技资源的投入，并通过不断创新金融产品、增加科技担保等方式，为企业提供适合其自身发展需求和条件的科技金融产品，并不断优化审批流程，为科技型中小企业提供全方位、多样化的金融服务。

2014 年，揭阳市商务局及电子商务办公室参观阿里巴巴集团总部和素有"全国民营快递之乡"之称的桐庐县，并从中借鉴先进的发展经验，提出建设"21 世纪海上丝绸之路"电子商务港口的战略构想和目标。该战略举措将进一步发挥粤东沿海开放地区的地理区位优势，并将促进粤东地区电子商务行业的现代化发展，推动当地产业结构的优化升级。与此同时，粤东地区第一个互联网金融平台——广东小额贷款科技有限公司成立，该平台将为初创的新兴企业提供小额的贷款咨询服务，这一举措将有力地支持当地小微企业的发展。

（2）粤西地区科技金融。阳江市于 2015 年主办"金融科技产业融合对接会"，为阳江市推行多项金融及信贷政策，并对当地的产业提供更多倾向性的金融政策支持。同时，加快当地的科技创新进步和发展，加强政府、银行、企业的交流与合作，对推动当地金融、科技、产业一体化进程具有巨大的支持作用，这对进一步缩小广东省区域经济发展差距，优化产业结构空间布局，提高区域整体溢出效应和互助效应具有重要的推动作用。

湛江市 2015 年成立了广东省科技金融综合服务中心分中心，与此同时还成立了科技支行、建立了股权投资基金风险准备金，并充分发挥特殊的海洋区位发展优势，积极探索政府主导与企业经营相结合的运作模式，发展特色的海洋经济产业，充分挖掘当地的特色优势，进一步推动当地科创事业的发展。

2015 年，茂名市科技局与中国建设银行茂名市分行联合举办"Fit 粤"科技融资推广会议，该会议通过多层次资本市场构建框架的设想和构建，积极探索政府资源与社会资源的有效对接和合作，为企业提供财务咨询、人才培养、供应链管理、技术支撑等全方位多样化的"一条龙"服务，陪伴企业生命周期发展的全过程，为其不断建言献策，陪伴企业的成长壮大。

2015 年，云浮建立了四个金融服务平台，并设立了 4 只总规模为 2.4 亿元的专项基金，其中新三板发展专项基金是广东省首只专项基金。该政策举措的思想理念旨在通过金融扶贫改善当地金融发展先天不足的问题，缓解当地金融配给约束带来的经济发展缓慢的问题，通过这一举措避免政策资源分配不均所带来的经济陷入长期停滞的恶性循环。

（3）粤北地区科技金融。2014 年，韶关市建立了科技金融综合服务中心，为银行、证券和保险等金融机构搭建了一个广泛合作的战略平台。通过该战略平台的构建，主要通过科技信贷风险资金池为科技型中小企业提供资金援助和帮扶，这对缩小区域发展差距、做大做强当地特色企业具有重要的意义。

河源市于 2013 年分别与中国银行和中国农业银行签署合作框架协议，以促进河源科技型企业的发展。河源市通过国家倾向性的优惠贷款支持政策，为当地企业提供系统的金融配套支持措施，并在 2015 年成立了粤东西北地区第一个国家级高新区——河源高新区，通过自身不懈的努力，发展改善了当地科技创新水平低下、金融体系发展缓慢等问题，为加快自身的创新驱动发展转型注入了新的生机和活力。

2015 年，清远高新区颁布了《清远高新区关于促进科技和金融相结合的暂行办法》，通过成立科技金融发展指导基金引导社会资金投入高新技术企业，与此同时，清远市还在绿色金融等方面借鉴广州花都地区的发展经验，通过充分利用当地的绿化资源，解决当地工业发展落后、金融资源发展匮乏等问题，为当地产业结构转型开辟了新的道路。

第4章 科技金融与高新技术产业协同演化机理分析

第3章分析了我国科技创新金融支持体系、科技金融与高新技术产业协同发展现状、国外发达国家及新兴经济体的科技金融发展经验，以及区域科技金融与高新技术产业的协同发展现状，从不同维度展现了现阶段二者的协同演化作用关系及特点。但对于科技金融与高新技术产业在协同演化过程中基于一定时空维度、不同技术环境，以及不同的演化模式下二者之间的相互作用、相互影响、联系规则、联系方式，仍处在一个相对不完整和不系统的认知阶段。本章将从科技金融与高新技术产业的协同演化机制、共生演化关系以及群体视角下二者的动力学机制等方面，对其协同演化机理进行较为全面的分析。

4.1 科技金融与高新技术产业协同演化机制分析

4.1.1 协同演化理论模型

科技金融和高新技术产业演化系统由科技金融个体之间的协同演化系统、高新技术产业之间的协同演化系统和外部环境演化系统构成，其中环境演化系统包括政治制度、经济发展、社会环境、科技环境和人才支持五个子系统（见图4-1）。

通过对科技金融和高新技术产业协同演化系统的分析，我们可以总结不同产业子系统之间、产业和环境复合系统之间的作用机制。如图4-2所示，科技金融子系统和高新技术产业子系统之间通过合作竞争与风险共担机制、交互式学习与信息共享机制、市场导向与政府协调机制相互作用，这三个机制的主要作用是为了解决高新技术产业子系统和科技金融子

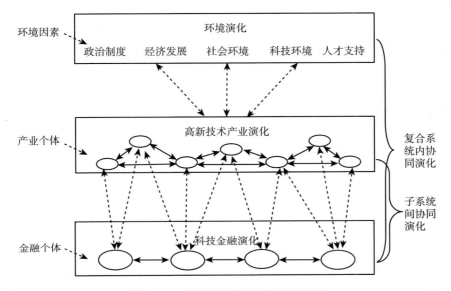

图 4 – 1 系统协同演化层级结构模型

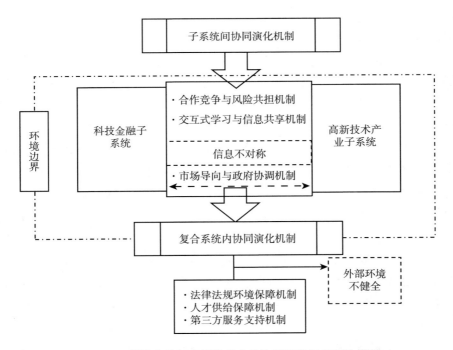

图 4 – 2 科技金融与高新技术产业协同演化机制理论模型

系统之间信息不对称的问题。而产业和环境复合系统则是通过法律法规环境保障机制、人才供给保障机制和第三方服务支持机制进行相互作用，主要解决科技金融及高新技术产业外部环境不健全的问题。这几个方面为科技金融与高新技术产业协同演化的有效运行提供了保障，有利于推动科技链创新、金融资本和金融创新三者的有效结合，从而实现科技、金融、产业及政策四者的良性互动。

4.1.2　科技金融与高新技术产业协同演化机制

1. 子系统间协同演化机制分析

（1）合作竞争与风险共担机制。合作竞争机制主要包括两个层次：一是外部层次的竞争机制。在外部层面，行业、大学和科研机构之间存在竞争，但是市场竞争也将促使它们继续进行技术和管理创新，而业务目标和政策制定目标则促使所有金融创新机构在抵押品、金融产品、服务和融资方式的市场上参与竞争。二是内部合作机制。科技金融子系统和高新技术子系统通过信息的互联互通减少了产业沟通的信息壁垒，从而减少了科技金融子系统和高新技术子系统之间的信息不对称，促进了各方之间的合作，提高了二者之间的协同互动水平。

风险分担主要体现在对高新技术产业发展的资金支持上。一般而言，技术型企业在不同的发展周期中会有不同的融资方式，在此过程中形成了一种合作共赢模式，即各种不同的中介实体或参与实体为企业服务，由此建立了合作风险分担机制。

（2）交互式学习与信息共享机制。交互式学习和信息共享机制是指高新技术产业和科技金融产业之间通过信息互联互通和分享共享机制实现信息的深度交流和学习，从而不断地提高产业之间的信息耦合度和契合性，从而推动科技金融产业和高新技术产业在更高的层次水平上进行协同演化。

一方面，通过高新技术产业和金融技术产业的相互学习，加强对彼此相关领域知识的熟悉和理解，极大地促进了信息产业的融合与发展，是解决信息不对称问题的重要途径。另一方面，交互式学习是建立在信息互联互通机制的基础之上的，没有信息之间高水平的互联互通，交互式学习的深度和广度就会比较欠缺，从而阻碍科技金融产业和高新技术产业在更高水平上的协同互动发展。而信息互联互通机制可以从学习前、学习中和学习后三个维度来进行分析。学习前的信息共享机制主要体现于高新技术企业发布关于未来产业发展所需要的融资需求信息、人才需求信息、技术支持等企业发展阶段所需要的各种信息，而科技金融包括公共科技金融和市场科技金融就会提供有关科技信贷、科技保险、科技担保等投融资优惠政策等各方面的信息。学习中的信息共享机制是指高新技术产业在实际生产运作的过程中对自己的经营信息、财务信息、需求信息进行实时定期的披露和更新，而科技金融方面也会定期对自己的优惠政策、监管政策等多维度信息进行动态的更新和调整，从而提高高新技术产业和科技金融产业之间的产业契合度和匹配度。学习后的信息共享机制是指高新技术产业与科技金融之间的信息反馈机制，通过事后的信息反馈和动态追踪对二者之间的互动关系进行动态评价。

（3）市场导向与政府协调机制。市场导向机制是科技金融和高新技术产业协同演化过程中的主导机制，但是，由于市场主导机制的缺陷，出现了"市场失灵"现象。例如，中国的实际情况表明，仅依靠市场导向的功能无法实现科技、金融和产业的融合。为了弥补这种"市场失灵"，政府需要发挥"看得见的手"的作用，即在市场机制的基础上，通过完善财政投资机制，建立和完善协调机制，来弥补这一"市场失灵"。

2. 复合系统内协同演化机制分析

（1）法律法规环境保障机制。法律法规机制作为外部环境保障的重要机制之一，对科技金融和高新技术协同演化具有重要的作用。2013 年 8 月，广东省人民政府办公厅发布了《关于促进科技和金融结合的实施意见》，加大了对科技型企业发展的支持力度，加大了对公共科技金融的投入，促进了科技资本化和产业化以及科技金融产业一体化建设，创新地实施了科技信用专题、科技保险补贴专题和科技金融特色服务专题三个公共科技金融主题。

（2）人才供给保障机制。无论是高科技产业还是科技金融创新，都需要人才的支持和保障。人才是发展的关键，有效的人才供应是广东省高新技术产业、科技创新和科技金融创新发展的重要因素，广东省在科技金融人才保护方面做出了突出的工作。

（3）第三方服务支持机制。广东省高新技术产业和科技金融实现了一体化发展和协同创新。除了科技金融产业复合系统中各个直接主体的贡献外，间接第三方服务体系也起着重要的支持作用。为了促进科技金融业的协同发展，近年来，广州建立了广州市科技金融综合服务中心、广州市科技金融协同创新研究院和南沙自贸区科技金融创新发展基地等多种形式的第三方科技金融综合服务平台。

4.1.3 基于演化视角的科技金融与高新技术产业协同发展机制分析

1. 科技金融对高新技术产业的影响传导机制

（1）科技金融中科技资本市场的融资机制。科技金融与高新技术产业通过资金流、资源配置功能和系统性服务平台等媒介紧密耦合在一起。科技资本市场是科技金融系统中最为活跃、经济效应最为明显的部分，具有多层次、多形式的特征，包含以风投、创投、产业投资基金为主要形式的股权投资基金；主板、创业板、新三板、区域股权交易中心，以及即将设立并试行注册制的科创板等不同层次的证券市场；商业银行贷款为主要形式的传统贷款融资；企业债券市场。不同形式的科技资本市场主体很大程度上影响了区域内企业创新活动的开展以及研究成果到产品化产业化的有效转化，也为高新技术产业提供了重要的融资功能。高新技术产业从微观主体的研发、实验到新技术的商品化、产业化等整个过程，每一个环节都需要有大量的资金投入与支持，科技金融作为一项系统性安排，有效实现了科技与金融的深度融合，为高技术产业发展提供金融资源的综合配置与全产业链条的创新服务，同时通过科技资本市场的金融配置功能迅速地集聚规模化资金投入到高新技术产业的全链条发展中，有效推动了科技创新以及运用新技术提升生产力和效率的功能。一定程度上，科技资本市场的金融配置功能与融资机制是高新技术产业发展的重要基础。

据2016年发布的《关于修订印发〈高新技术企业认定管理办法〉的通知》统计，高科技研发费用在销售中所占比例一般为5%~8%，是传统产业的2~8倍。另外，为了加快高新技术产业产品的升级以获得抢占市场的第一个机会，往往需要在研发上一次性投入大量资金。对此，我国从高新技术产业的创新培育、风创投规模、产业基金和科技资本市场体系多方面，促进了资本市场的资源有效配置、资金的聚集与快速流动、配套服务的完善与升级、金融活动创新，推动了高新技术产业研发效率提升、技术流动、成果转换周期缩短、企业经营显著改善，进而有效支持了当地经济发展。

（2）科技金融体系的风险分散机制。资金的持续投入为高新技术产业提供了起步和成长的基础，而科技研发和技术突破创新是否成功，新技术能否顺利地在科技成果转化过程中实现产业化和产品化，一切存在未知性。高风险和长周期性是高新技术产业在整个产业发展周期中均存在的显著特征。同时，高新技术产业在成长过程中需要面对的风险主要集中在财务风险和市场风险两个方面。高新技术企业财务管理宏观环境的复杂性是企业财务风险的外部原因。企业财务管理的宏观环境是复杂多变的，企业管理体系无法适应复杂多变的宏观环境，导致高新技术产业企业科学研究成果的转化和新产品的产业化存在很大的不确定性。同时，还存在投资前景和投资收益的不确定性带来的风险。高科技企业的市场风险是指由于市场和相关外部环境的不确定性而导致企业市场萎缩，达不到预期的市场效果，甚至影响企业生存和发展的可能性。此外，高科技产品的生产周期短、更新升级快，战略和研发滞后将对企业的市场实现产生深远影响。对于企业而言，市场风险可能导致企业投资活动失败，并引发一系列问题，如投资风险。据美国经济分析局披露，美国高科技公司的成功率通常只有 15%～20%。有些项目处于当代科学技术的最前沿，由于不确定因素太多，其成功率甚至低于 30%，即使是成功的高科技企业，也只有约 30% 的公司能够保持超过 5 年的兴旺期，一般而言，高科技企业的 10 年生存率仅为5%～10%。

在风险偏好的影响下，金融机构普遍偏向于投资短期收益快的金融项目，对虽然未来收益巨大但前期风险暗涌的长周期高新技术产业投资基本持观望态度。科技型企业大多为轻资产企业，这些企业抵押物少，而传统商业银行融资准入门槛又高，科技企业具有发展潜力的科技产品项目和较大的资金缺口与传统金融贷款的避险情绪产生了较大的分歧与矛盾。为此，我国部分地方科技创新委员会等政府管理部门通过加大财政投入，通过政府支持形式建立诸如科技信贷风险补偿资金池等风险控制方式，为金融机构注入强心剂，极大地推动了金融机构的金融产品创新与普及，科技信贷、保理贷、投贷联动等金融创新模式得以快速发展起来，有效地填补了科技企业的资金缺口，并通过科技金融综合服务中心等金融服务中介机构为其提供全方位、高质量的金融服务，助力高新技术产业发展。

（3）科技金融中公共科技金融的引导机制。在科技金融和高新技术产业协同发展过程中，政府扮演着重要的角色。政府通过制定产业政策，引导区域金融结构调整财政科技投入，通过制定并实施区域增长考核指标，以及调整财政预算结构等方式支持高新技术企业的科技创新及发展。特别是财政科技拨款和财政 R&D 补贴，成为科技企业创新的重要引擎。在国务院、发展改革委等上级政府管理部门的指导下，地方科技创新委员会担负着贯彻国家相关科技政策、引导高新技术产业化和组织重大科技计划落实的职责，有效推动了区域高新技术产业的发展和地方经济的可持续发展。与此同时，政府税务部门根据相关政策，通过提升征收门槛和减少应征比例等方式对科技型中小企业进行税收优惠，有效降低了科技企业经营成本和提升了企业收入。税务部门通过中小企业所得税减半征收政策为中小企业减少税费。财政部门通过科技补贴、科技财政拨款等方式支持和改善科技企业经营发展，并通过财政资金牵头建立科技信贷风险补偿资金池等形式，有效降低金融机构科技信贷运营风险。

（4）科技金融的信息审查机制。在推动高新技术产业研发创新和科技成果转化的过程中，由于高新技术产业部门周期长、技术门槛高、资金需求量庞大、技术市场及科技产品市场竞争日趋积累等因素，在高新技术产业发展过程中会面对错综复杂的风险。因此，在投资和扶持高新技术产业项目成长前，由于信息不对称和未来增长不确定性的约束，需要完善和落实一系列系统、严格的风险控制管理，执行严格且合理的信息审查机制。科技金融体系中所具有的信息审查机制能够较好地解决这一问题。

2. 高新技术产业对科技金融的协同发展机制

（1）高新技术产业的金融投资回报机制。高新技术产业一般具有比较高的投资回报率，这也是世界上许多国家都十分重视发展高新技术产业的原因。据国家统计局统计，高新技术产业产品研发和产品市场化的成功案例中，产出投入比高达 1 000% ~ 2 000%，美国成功的高新技术企业的投资回报率在 2 ~ 3 年间可以增长 10 ~ 20 倍。高新技术产业的高额投资回报率，直接提升了国内金融资产总体规模，融资需求的急剧增加很大程度上推动了科技资本市场规模的扩张。

（2）高新技术产业的金融需求创造与反馈机制。高新技术产业的迅速成长，会对传统产业的发展路径造成显著的影响，技术进步与生产效率大幅提升，对传统产业模式形成巨大冲击，产业链条与结构得到明显的优化升级。更进一步来说，如果代表着未来发展方向的高新技术产品在经济社会中得到接受和普遍运用，将会对人们的生产生活方式带来巨大的改变并革新人们的观念，形成使新兴产业蓬勃发展的肥沃土壤，也会为科技资本市场提供广阔的市场需求与空间。另外，高新技术企业在不同发展阶段有不同的融资需求和融资方式，科技金融系统的金融机构通过接收企业对于融资的反馈信息，不断更新配套金融产品以适应不断变化的需求，在匹配科技企业融资活动的同时实现自身业务水平和经营利润的提升，助力高新技术企业规模的提升与高新技术的扩散。

（3）高新技术产业的金融科技供给机制。在高新技术产业得到发展的同时，以信息技术为代表的高新技术不断发展，极大地推动了诸如金融科技、互联网金融等新金融模式的发展，改变了传统金融服务模式，很大程度上降低了交易成本，极大地提升了金融机构的服务效率、服务水平和业务规模。

4.2　群体视角下科技金融与高新技术产业 协同创新的动力学机制分析

4.2.1　科技创新视域下科技金融与高新技术产业的群体行为特征

按照复杂系统理论，组织可分为自组织和他组织。根据耗散结构理论，高新技术产业集群的自组织演化必须满足开放性、远离平衡态、系统各要素间的非线性作用及涨落四个条件。推动产业集群形成和发展的他组织主要是政府，许多发展中国家的高新区形成的集群就属于这种他组织产业集群。他组织产业集群是在缺乏自组织产业集群发育条件的基础上，由政府主导，自上而下形成的。在我国，这种他组织型集群主要表现为各类高新区和工业园区。产业他组织集群演化需要具备的条件有：一是政府引导与市场调节相结合；二是大量具有创新精神的企业家；三是集群的主导产业与区位优势相结合；四是大学和研究机构的支撑。与产业集群分析类似，本部分运用组织行为学和复杂性科学分析科技金融体系、政府部门组群的群体行为特征。这些组群间的关系如图 4 – 3 所示。

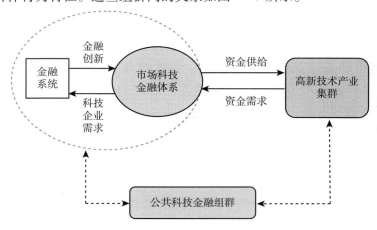

图 4 – 3　市场与公共科技金融和高新技术产业组群间关系

4.2.2　科技金融与高新技术产业协同创新的群体动力学机制

群体视角下，科技金融与高新技术产业协同的动力学机制主要分为两个层次：第一层次是各类群体内的动力学机制；第二层次是各类群体间的动力学机制。第一层次从高新技术产业、金融机构和区域管理（政府）部门三种组群的角度可分为科技金融机构组群的随机模仿者动态机制、产业集群的协同演化机制和政府组群的适应性学习机制。

1. 科技金融机构组群的动力学机制

科技金融机构组群中投资主体集群包括商业银行、个人和机构投资者等子群。根据交易动机，投资主体可分为知情交易者、非知情交易者（或称流动性交易者）、噪声交易者和做市商。这种投资主体集群相互模仿行为模式的结果就是形成"羊群效应"。机构投资者的羊群行为的类型主要包括信息共享型羊群行为、模仿型羊群行为和声誉型羊群行为。

研究科技金融机构组群的随机模仿者动态机制包括以下两步。一是区分机构投资者羊群行为类型。为此，我们假定机构投资者 A 在 t 时期的收益波动率为 V_A，机构投资者 B 在 t 时期的收益波动率为 V_B，为判别机构投资者羊群行为类型，拟采用如下向量自回归模型：

$$V_{At} = \theta + \sum_{i=1}^{n} \alpha_t V_{At-i} + \sum_{i=1}^{n} \beta_t V_{Bt-i} \qquad (4.1)$$

其中，θ 表示确定成分向量，其滞后解释变量长度 n 可以由赤池信息准则（AIC）求得，若向量自回归模型中系数总和为正数，且显著异于零，说明 V_B 对 V_A 是相关的，可以解释为机构投资者 A 对机构投资者 B 存在羊群效应。至于确定不同类型羊群行为，还需在式（4.1）中加入滞后宏观变量 D_i 作为解释变量，此变量可以表示为货币政策预期、经济增长（GDP）预期等公共信息；然后，通过 F - test 检验向量自回归模型中的系数是否显著异于零，以此推断机构投资者的羊群行为类型。

为了便于分析，我们假设符号"←"表示相关性方向，箭头方向表示被影响的一方；"‖"表示不存在相关关系。于是，根据以上分析和假设，可以按下述情况判别机构投资者羊群行为类型：

（1）"$V_A \leftarrow D$"和"$V_B \leftarrow D$"表示机构投资者 A、机构投资者 B 存在信息型羊群行为；

（2）"$V_A \leftarrow V_B \leftarrow D$"和"$V_B \leftarrow V_A \leftarrow D$"表示机构投资者 A、机构投资者 B 存在模仿型羊群行为；

（3）"$V_A \leftarrow V_B \parallel D$" 和 "$V_B \leftarrow V_A \parallel D$" 表示机构投资者 A、机构投资者 B 存在声誉型羊群行为。

二是构建投资主体的随机模仿者动态模型。假设所有投资者都使用纯策略，且这种安排具有遗传性，这里专门研究有限同质群体（因为每一类投资者数量有限，且行为模式大体相同）。用 $\phi_t(s)$ 度量在时期 t 使用纯策略 s 的参与人集合；用 $\theta_t(s) = \phi_t(s) / \sum \phi_t(s')$ 表示在时期 t 使用纯策略 s 的参与人在群体中所占的比例。那么，在时期 t 使用纯策略 s 的期望支付为 $\mu_t(s) \equiv \sum \theta_t(s')\mu(s,s')$，群体中平均期望支付为 $\bar{\mu}_t = \sum_s \theta_t(s)\mu_t(s)$。假设每类投资者的净繁殖率与其在各阶段博弈中的得益成比例，于是产生了随机动态系统：

$$\mathrm{d}\phi_t(s) = \phi_t(s)\mu_t(s,\theta)\mathrm{d}t + \phi_t(s)\sigma\mathrm{d}W_t(s) \tag{4.2}$$

其中，每个 $W(k)$ 都是一个标准维纳过程。因此：

$$\mathrm{d}\theta_t(s) = \theta_t(s)\theta_t(s')\left[(\mu_t(s) - \mu_t(s'))\mathrm{d}t + (\sigma^2(\theta_t(s') - \theta_t(s))\mathrm{d}t + \sqrt{2}\sigma\mathrm{d}\widetilde{W}_t\right] \tag{4.3}$$

其中，$\widetilde{W} = (W(s) - W(s'))/\sqrt{2}\sigma$ 是另外一个标准维纳过程。

2. 高新技术产业集群的动力学机制

高新科技产业集群是多个要素、多个主体和多个联系的集合。它是一个典型的复杂系统，是一个带有混沌系统的复杂动态过程。这种企业之间的既竞争又合作、既分工又融合的适应性行为，驱动了整个产业集群的协同演化。从整体上看，产业集群的协同演化过程一般是从集群聚集初期的竞争性协同演化向成熟期的合作性协同演化发展。

对于产业集群演化过程，采用竞争合作协同演化模型。假设产业集群中有 n 种企业，为简单起见，假设模型中竞争只起抑制性作用，借鉴生态学洛特卡 – 沃尔泰拉（Lotka – Volterra）模型并适当改进，得到企业之间竞争合作协同演化模型：

$$\frac{\mathrm{d}N_i}{\mathrm{d}t} = r_i N_i\left(\frac{K_i - N - \sum_{j \neq 1}^{n}\alpha_{ij}N_j + \sum_{j \neq 1}^{n}\beta_{ij}N_j}{K_i}\right), \ i,j \neq 1,2,\cdots,n \tag{4.4}$$

其中，$N_i \geq 0$ 表示集群企业 i 的产出水平；r_i 表示企业 i 产量的自然增长率；$K_i > 0$ 表示在资源一定的情况下企业 i 独立生产的最大产量；$\alpha_{ij} > 0$ 为竞争关系系数，表示企业 j 的单位产出对企业 i 的产出水平的竞争机制作用；$\beta_{ij} > 0$ 为合作关系系数，表示企业 j 的单位产出对企业 i 的产出水平的合作互惠作用。

3. 区域管理（政府）组群的动力学机制

区域管理（政府）组群的动力学机制的行为模式可归于适应性博弈（或称适应性学习），因为政府对其他参与方最近的行为预期采取有限理性反应，是基于有限的经验数据进行的估测，受到随机冲击的扰动。当某个产业集群发生异常变迁时，政府部门基于适应性学习所采取的财政金融政策，构成区域内其他产业集群演化的重要外部冲击；同时，其他区域政府的政策协调（尤其是产业政策协调），也构成了区域或跨区域产业集群协同演化的外部冲击因素。我国高校属于事业单位，其行为模式类似于政府部门，常常采取"政产学研用"一体化模式参与科技创新，从而极大地促进了科技创新和产业集群演化，此行为模式也归纳为适应性学习。

假设区域管理部门面对一个具有有限策略集合 X_1，X_2，$\cdots$，X_n 的 n 人博弈（这里博弈方既可指市场主体，也可指其他政府主体），联合策略空间为 $X = \prod X_i$，且得益函数为 $\mu_i : X \to R$。在每一期，从 n 个相互分离的类 C_1，C_2，$\cdots$，C_n 中的每一个中随机抽取一个博弈方来进行 G 博弈，令 $x_i^t \in X_i$ 代表博弈方 i 在 t 时所采取的行动。在 t 时，博弈或者说记录为向量 $x^t = (x_1^t, x_2^t, \cdots, x_n^t)$；在 t 期末系统状态是最后 m 次博弈的序列：$h^t = (x^{t-m+1}, \cdots, x^t)$，$m$ 值决定了博弈者愿意（或能够）回溯的时间长短。设 X^m 代表所有状态的集合，亦即所有长度为 m 的历史的集合。过程从一个具有 m 个记录的任意状态 h^0 开始，假定过程在 t 期末处于状态 h^t。在 $t+1$ 期某一个被选为博弈方 i 的信息传导过程模型化为一个随机变量：从行动集中选取一个容量为 s 的样本，行动集中的行动由最后 m 期的每一个其他角色的博弈方所采取（这 $n-1$ 个样本是独立选取的）；设 $\hat{p}_{ij}^t \in \Delta_j$ 表示在 i 的样本中 j 的行动所占的样本比例，并且设 $\hat{p}_{-i}^t = \prod_{j \neq i} \hat{p}_{ij}^t$；设 $\varepsilon > 0$ 为一个小的正概率，称为错误率；博弈方 i 以概率 $1 - \varepsilon$ 选择一个对于 $\hat{p}_{-i}^t$ 来说的最佳对策，而以概率 ε 从 X_i 中随机选择一个策略。这种适应性博弈 G 被称为具有记忆 m、样本容量 s 和错误率为 ε 的马尔可夫过程。特别地，假如 G 是一个对称 2×2 协调博弈，则只要 $1 \leqslant s \leqslant n$，未受扰动的过程就以概率 1 收敛于一个惯例，并且只要 s 和 n 充分大，风险占优的惯例就是随机稳定的。

4.3　科技金融对区域产业结构升级影响的空间效应作用分析

4.3.1　科技金融对产业结构升级的影响作用

1. 科技金融激励创新协同发展的直接促进作用

从以往对科技金融概念及理论的研究中可以发现，科技金融是一个汇集政府、企业、资本市场、银行及风投等金融机构多方主体构成的一个复杂系统体系，通过相互之间的协同作用对资金、技术和人才等生产资源要素进行有序流动安排，并以此形成一个金融支持、鼓励技术创新和提升技术成果市场化的氛围，科技金融主要从协助产业技术化转型和壮大新兴产业发展两个方面直接促进产业结构升级。产业技术化转型是指在原有产业的基础上，通过科技创新来实现技术、工艺流程和产出产品的优化，从而由劳动密集型产业逐渐转型为技术密集型或资金密集型产业。而依据白恩来和赵玉林（2018）的研究，新兴产业的发展是由科技技术的有效性创新或商业模式的革命性创新成果运用而形成的，其对生产效率有极大的提高效果，从而引起产业结构飞速发生转变。

一般来说，可以从企业成长周期视角和体系功能支持视角两个角度，对科技金融通过给予金融支持来激励创新活动，并与多方主体资源要素形成协同直接促进产业结构升级的过程进行分析（见图 4 - 4）。

（1）企业成长周期视角。种子期状态企业主要依托政府的财政支持引动新兴技术的发展，并在政府政策的引导下选择发展方向。这是因为处于种子期的新兴技术企业对科技创新的研发投入资金需求量巨大，但其有无创新成果或其成果的利益性难以确定，风险收益不对称，引致金融机构无法给予其有效的金融资金支持，导致企业容易半路夭折，其创新性技术无法在产业中得到扩散。因此，政府可以通过设立创新项目财政奖励拨款，以及建立一些创业孵化扶持基金有效拓宽新兴企业的融资渠道，并给予为种子期新兴企业提供资金支持的金融机构一定的风险补偿，同时根据产业发展情况提供一定的政策性引导，有效地扶持新兴企业发展。

萌芽期状态企业通过引入创业风险投资实现企业的市场化。政府通过一定的技术创新补贴和税收优惠政策为萌芽期企业带来实惠，并目标性地搭建相应交易平台，使市场资金资源可以有效进入。同时，部分创业风险投资机构认识到企业的市场前景为企业注入资金，有利于新兴技术成果在产业中扩散。由于新兴企业主要以技术人员为主，缺乏企业发展管理方面的经验，风险投资机构的引入可以弥补这一不足，找准其在产业发展中的准确定位。

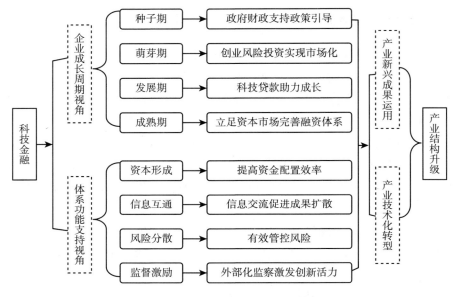

图 4-4　科技金融激励创新协同发展示意

发展期状态企业运用科技贷款快速成长。企业的发展期包括传统企业的产业技术转型和新兴企业的持续发展，在此阶段企业积累了更多的资产，财务、盈利状况稳定，较容易凭借自己的新技术、新产品获得银行贷款支持。在科技金融体系中属于科技贷款的领域，企业可以通过合理运用低息的科技贷款资金，快速地对技术成果进行商业扩展以获得壮大。

成熟期状态企业立足于资本市场完善自身的融资体系。企业通过前期发展已经明确了未来的发展方向，同时也拥有市场竞争能力出众的技术创新产品，企业资产规模大、管理完善，此时会减少贷款借债的比例，并从资本市场进行融资，以降低使用资金的成本。企业可以根据自身的条件选择在主板或创业板进行上市融资，这有利于提高其在产业中的知名度和领导地位。

（2）体系功能支持视角。资本形成功能可以提高资金配置效率。产业科技创新需要大量资金支持，而金融投资者又需要寻找有足够回报的投资项目。科技金融以其多主体汇集的优势，针对各方需求提供不同形式的金融服务，以较为低廉的资金搜索成本形成资金汇集，并以技术创新回报率作为衡量来提供资金，从而提高了资金配置效率。

信息互通功能有利于信息交流，促进成果扩散。具体来看，政府在对新兴产业进行科技财政补贴时也会对其技术成果信息进行相应的公开，有利于市场对其发展方向进行分析。风险投资机构可以通过丰富的经验和专业知识对产业的技术创新成果价值进行合理估计；银行等金融中介在提供相应资金款项时，通常会对其科技创新成果进行识别，并专业化评价其回报效益；股票市场更是要求企业对投资者进行信息披露。因此，综合各方构成信息交流平台，可以在最短的时间内把技术创新的成果扩散到产业发展中，促进产业结构升级。

风险分散功能可以有效帮助管控风险。在产业发展过程中往往伴随着高收益与高风险，不能适应产业发展的企业将会被逐渐淘汰，而突破产业发展障碍的企业则会进一步扩大产能、占领市场并继续进行科技创新以提升竞争力。因此，产业技术发展过程中需要通过金融市场来管控研发投入带来的风险，具体可以进行风险转移，如对赌协议、股权互换等金融操作，或是有针对性地选择对口的金融创新产品，如风险池贷款、产能保证权贷款等降低风险。政府对于产业科技创新的支持和补贴，也在一定程度上降低了金融机构对于融资风险的顾虑。

监督激励功能可以提供外部化监察，激发创新活力。政府通过政策措施来促使科技与金融发展之间互动协同，各项资源配置受到政策指引，在引导过程中进行相应的监督，使其适应经济发展与市场竞争的需要。市场资本在提供资金支持技术创新的同时，也会定时对其进行监督，确保在指定时间内能诞生成果，保证资金投入的效益。在完善的外部监督下，产业的创新活力得到极大的调动，可以通过技术创新满足各方要求，促进产业结构升级。

2. 科技金融优化配置适应竞争的间接演化作用

（1）科技金融改善三次产业占比。科技金融对于资源投入的程度是按科技创新能力来进行选择的，从占比上来说，高新技术企业、各类科研机构以及提供科技服务的企业受益最大，其所生产的产品或者服务大多数又被第二、第三产业的相关行业所承接，因此科技金融可以不同程度地促进第一、第二、第三产业的增长。例如，第二产业中的工业企业通过采用新技术或智能机械化生产提高生产效率，减少投入成本，利润获得大幅提高。第三产业通过服务方式的提升获得更高额的利润，如云计算在信息服务中的使用，还可以基于此产生二次发酵，如美团和字节跳动公司，从而进一步获利。第一产业科技应用范围窄，导致其获利水平低。根据国家统计局统计数据，从对经济增长的贡献率来看，2013～2017 年三次产业对经济增长的年平均贡献率分别为 4.6%、42.6% 和 52.8%，第三产业对经济增长的年平均贡献率最高。在市场经济竞争的条件下，理性生产者会倾向于自身投入较小但获得利润更大的产业，因此通过科技金融对三次产业的调整作用，间接性改善了三次产业在社会中的占比，无形中对产业结构进行了升级演化。

（2）科技金融强化产业学习创新。科技金融是着眼于为技术创新提供金融服务的知识类生产要素。根据罗默的内生经济增长理论可知，知识类生产要素产生的收益具有长期性特征且具有正的外部效应。这意味着科技金融具有资源创造功能，一次科技金融资源投入能够持续促进多次技术创新并产生链式反应，不断循环地提高着产业通过创新活动所带来的效益。在这种高效益的吸引推动下，产业会逐渐重视创新活动，从对原有的劳动密集型产业转向对技术创新含量更高的资本密集型、知识密集型产业进行资源选择性投入，其所产生的创新成果又会继续作为生产资源再次投入，加倍促进产业在知识技术上的提升，通过学习效应的作用对产业结构产生演化作用。

（3）科技金融促进就业结构优化。随着科技金融的发展，产业整体技术水平将上升。由于技术进步会带来机械化和智能化应用的提升，原有产业会因为生产效率的提升而淘汰劳动力，需要就业的劳动力被迫产生剩余。但对于新兴产业来说，其需要进行快速扩展，导致其劳动力紧缺，因此有着较高的薪酬。劳动力通过教育化学习或者社会再培训，主动由原有产业中的行业迁移至新兴行业，科技金融所鼓励的科技创新最终会带来大规模劳动力向知识化迁移。在知识化的迁移过程中，整个社会的就业结构将会发生极大改进，在新兴产业中就业的人数将会处于优势地位，从而激发更高的效率，产业结构通过就业结构的优化而获得升级。

4.3.2 区域内空间效应的形成机理

1. 科技金融发展与地区空间的关联性

在各地区进行产业结构升级的过程中，对于科技金融的重视程度和投入利用效率是不同的，科技金融发展较好的地区会率先形成科技金融增长极。一般来说，区域内各类资金、创新技术及行业人才资源短期内会维持在一个恒定值，因此区域内的科技金融增长极只会存在一到两个。而优势的极化地区将会对各类发展要素产生强大吸力，周边能力较弱的地区在这个过程中被拉动成为一体，根据各自需要互相供给，并进一步扩大直至达到地理空间的限制。在这个过程中，弱势的极化地区将会与优势的极化地区形成根据需求不同互补的正循环作用，构成空间上的互补性条件；同时地理空间的便利性以及交通发展程度的高低都会影响这个循环极化的规模，当空间联系被弱化到难以存在时就无法产生作用，被称为可达性条件。而从整个区域来看，极化优势地区的扩张要求周边邻近地区不能对其产生抗衡影响，要有持续性的条件保证最大化地将区域构成有机整体。在满足了互补性、可达性和持续性三大条件后，最为强大的极化优势地区会成为科技金融的中心发展区，邻近地区则按照各自资源及空间条件成为外围区域。

中心—外围的科技金融区域发展结构，从其形成过程来看，地区空间的作用主要经历了四个阶段：第一阶段是无空间作用，此时各个地区根据自身利益按步发展，虽然相连但并不互通；第二阶段是弱空间作用，极化优势地区形成中心，周边邻近地区在一定范围内与其进行有限度的互通，受中心影响的作用逐步加强；第三阶段是强空间作用，此时区域的科技金融中心已经形成，源源不断依据自己的需要从周边邻近地区索取资金、技术和人才等发展要素，周边邻近地区成为资源供给池，但也会获得科技金融中心发展所带来的益处，形成新的增长点；第四阶段是空间复杂化作用，此时科技金融中心的空间作用已不局限于周边邻近地区，而是会形成环环相扣交叉的网状化发展特点，在这个过程中能最大化地利用各个地区的产业优势形成网络式的多层次化发展，把区域地区差异变为区域一体化（见图 4－5）。在这四个阶段的发展中，主要受到空间聚集效应和空间溢出效应的影响。

2. 空间聚集效应

空间聚集效应主要是空间极化所带来的结果，是一种自我强化的影响，当区域内某个地区科技金融的发展在政策、资本和人才等方面具有较好的条件时，其会在本地率先进行资源的整合发展并形成正促进性，不断地对本地的信息交流、资金流通和基础设施进行完善，进一步提升当地科技金融发展的生态，在发展模式和资源要素的竞争中对周边地区形成降维打击，就像在空间上存在一个磁极，使各类发展要素有方向性地向中心汇集，从而出现了空间聚集的现实情况。一般来说，空间聚集效应最终会促进形成区域内的科技金融中心，根据胡苏迪（2018）对科技金融中心的模拟与测算，科技金融中心在形成的过程中存在着一个效率比较的过程，各类资源的聚集都会衡量各个地区的效率，而极化优势地区由于在自身历史发展的过程中经济和地理区位突出，各项发展条件完善，早已存在着资金、技术及人才的惯性汇集作用，相对其他地区其效率维度要更高。政府及市场各个主体在这一环境中，能最快地获得所需要的服务，技术发展的规模效应明显，同时通过在该地区聚集的主体，能有效地与区域周边地区进行互动，减少跨地区所带来的风险性与不便性。因此，空间聚集效应能够使科技金融中心的各项资源循环积累，产生自我强化机制，从而使科技金融中心更加依赖空间集聚所带来的规模积累优势，打破可达性条件限制，实现跨时空的自我强化影响。

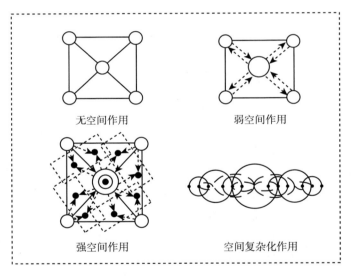

图 4 – 5　科技金融空间发展示意

总的来说，空间聚集效应对形成区域内科技金融发展的中心—外围结构起了重要的促进作用，空间聚集效应使外围地区的科技金融资源向中心地区流动，具体可以将其聚集的路径按发展程度的极化流动不同分为三种路径（见图 4 – 6）。首先最简单的是向心式路径聚集，该种路径是在维度压差下科技金融各类发展资源向中心流动聚集；其次是等级式路径聚集，此时整个区域已经初步形成了层次化发展，科技金融中心对资源的吸引不只局限于周边，而是影响到了整个区域；最后是波状圈层式路径聚集，在该阶段区域因空间作用而形成一体化发展，科技金融中心处于靶心位置，全局性地对整个区域资源进行层层递进式的规划流动。

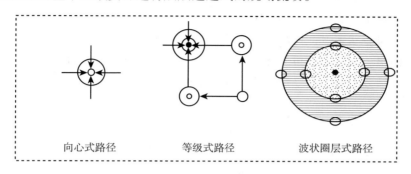

向心式路径　　　　　等级式路径　　　　波状圈层式路径

图 4 - 6　聚集路径示意

3. 空间溢出效应

空间溢出效应是一个综合性影响的结果，包含空间扩散与挤出。细化来看，空间扩散是主动型的影响，空间挤出是被动型的影响。科技金融在区域内各个地区有选择性的异质发展导致了空间扩散，一方面由于所处的地理空间不同，导致有的地区以工业见长，有的地区以农业见长，各地区肯定会对其科技金融应用发展的方向有所偏重，这就导致在发展成果上呈现出多种多样的状态，各地区之间会有选择地采取取长补短措施，从而把技术和知识在区域内扩散开来；另一方面由于中心—外围结构的存在，科技金融中心发展的速度要远超周围地区，从而对周围地区形成代差，其发展得到的新技术和新知识会有梯度地在代差作用的影响下扩散开来，从而逐渐提高区域整体的发展水平。空间挤出则来源于科技金融发展的竞争性，同一时空下一个地区的发展资源和环境承载力是有限的，在众多理性人的选择下科技金融的发展会沿着最有效率的途径进行变迁，政府机构会不断革新科技金融政策，完善对金融机构的管理机制，而金融机构会为争取更好的项目持续对金融产品进行创新或进行利率优惠，各类企业会积极投入研发，活跃的科技金融竞争活动加速了技术与知识更新换代的速度，最有效率的科技金融发展资源会被保留下来，其余的会被挤出到周围相对落后的地区，促使了其在空间上的扩散。一般来说，科技金融发展中心的空间挤出作用能够辐射影响周围地区的发展，使科技金融资源得到充分的利用，构成动态提升的发展形态。

总的来说，空间溢出效应是科技金融发展由中心向周边输出的作用过程，输出元素包含了创新成果或是不再承载的发展资源，具体可按其发展阶段分为四种路径形式（见图4-7）：第一种是核心式路径溢出，体现了基础阶段中心地区对外的提升力；第二种是等级式路径溢出，与聚集效应相似，也是分层次的影响；第三种是水波式路径溢出，以中心为基点，发展成果呈波状多次向区域周边传递，溢出效率得到提高；第四种是跳跃式路径溢出，在区域获得一体化发展时，中心可以依据各地的需要有针对性地传递需要资源，不受地理或等级规模阻碍，以最快速度形成配合。

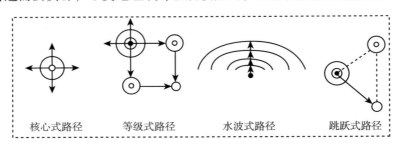

核心式路径　　等级式路径　　水波式路径　　跳跃式路径

图4-7　溢出路径示意

4.3.3　科技金融对区域产业结构升级的空间作用机制

科技金融中的多方主体提供了技术发展所需的资源要素，使得科技金融发展较好的地区往往产业结构升级的速度也较为迅速，同时科技金融在区域内的发展具有空间效应，因此科技金融对区域产业结构升级会存在一定的空间作用，各地区相互之间会形成动态协调。

1. 区域整体层面的空间作用

（1）内生作用形成升级差异。对于同一区域来说，科技金融的聚集力和溢出力都会随空间变化成本的上升而减弱，但相对而言，科技金融的溢出力减弱速度相对快。科技金融的发展有利于实现资本在区域空间上的合理高效配置，通过对区域层面上不同科技金融聚集发展地区进行信息辨别，技术创新能力强、成长前景较为优质的产业资本为降低发展成本，会进驻到科技金融发展良好的地区，这是由其空间聚集能力而产生的；相对来说，科技金融发展较差的地区，由于无法提供更有利的环境，其所保留的产业会较为落后。同时科技金融聚集的地区往往都具有较多的新兴产业，各类资本在效率优先的投资机制导向下，会将资金从旧有的产业中撤出，转向支持新兴产业发展，导致聚集效应进一步凸显，形成了不断加剧的正反馈，产业结构在各项创新成果的驱动下稳步优化，而区域中旧有产业较多的地区则需要等待空间溢出的作用对其进行升级。由于科技金融对产业结构所需资源存在的内生优化配置作用，并且其聚集力一般强于溢出力，使得产业结构的发展会在科技金融聚集的地区范围内迅速获得提升，并在发展达到瓶颈后通过资源要素的流动溢出，辐射影响周边地区，促进其产业结构升级。这就导致了从区域整体层面来看，经济发展的资源会向区域内某些优势地方进行聚集，并经过内生循环的累积因果达到质变，形成了如今区域内地区之间产业结构升级速度快慢的差异。

（2）优势升级速度带来的规模效应。当区域内某些地区形成优势产业结构升级速度后，新的可流动要素将会继续选择这些快速区，这是因为相对于区域内的其他地区而言，在这些优势快速区中，产业发展的各个要素较为齐全，需要付出的额外成本相对较小，因此会很快形成生产力，获得相应回报；同时从政府的整体政策方面来说，优势升级速度地区的产业产出一般会更为可观，政府的整体政策将会向这些地区进行倾斜，希望形成龙头效应，而市场中的资源将会跟随政策，进一步发展这些优势升级速度地区的经济，发展成本也会进一步降低，这就是优势升级速度所带来的规模效应。但由于受到地理空间的限制，规模效应的增长并不是永无止境的，其存在一个稳定的均衡态，此时并不能通过经济政策的变动来进行状况改善，而是需要和其他地区形成产业层级的互补。

总的来说，这就是一种"强者恒强，弱者恒弱"的状态，科技金融原本发展较好的地区会形成优势产业结构升级速度而带来规模效应，技术创新所带来的变革会比其他地区来得更为猛烈与迅速，产业结构的高级化也将会进行得更加迅速，直至达到发展的瓶颈状态。

（3）区域产业分布的模式依赖。对于某一区域的发展来说，通过对历史发展的观察可以发现，地理空间的存在会产生适应性限制，科技金融对于区域产业的影响也需要沿用这种根深蒂固的产业分布模式，原因在于产业分布一旦产生路径黏性，要想进行突变将会付出很大的经济成本，并且从结果上来说，在长时间的空间作用下，也可能会回归原状。因此，从区域整体层面来说，产业发展形成规模优势的领先地区将会长期性支配着产业分布的模式，并且若无政策或其他突发性冲击作用的话，这种黏性在短期内是不会发生改变的。同时，当科技金融与模式配合形成协调性时，将使区域产业结构进行资源利用的最大化，有效地对产业结构进行优化。因此，区域内产业分布的模式变化不大，各个地区的产业结构发展有其历史变化限制。

总的来说，从整体层面来看，科技金融的空间效应内生作用导致区域内某些地区产业的发展以及对于资源要素的吸引力大于其他地方，形成了某些地区的优势升级速度，从而带来了规模效应，并且这种产业分布发展还具有模式的依赖性，在较轻的扰动下是维持不变的，因此就形成了区域整体层面上的空间不平衡性，导致区域产业结构升级也具有了空间层次。

2. 地区个体层面的空间作用

（1）个体在层级体系中进行定位。在同一区域内，由于地理环境与地区个体经济中的优势产业不同，且并不存在贸易壁垒，个体之间经过长期科技金融发展的竞争与合作，通过发挥比较优势，在整个区域的经济活动中，每个地区个体将会形成在层级体系中自身的定位。通过各自在市场中寻找符合自身区位的经济活动确定市场潜力，经过一定程度的经济演化互补，通过自组织作用，个体的发展以及对于未来的定位会立足于其在层级体系中发展的基础，习惯于发挥自身比较优势产业，对于其他产业则更倾向于与区域内其他地区合作。由于这种定位关系的存在，地区个体产业结构升级会受到科技金融发展程度的选择，从而具有个体层面上的空间效应。

（2）发展路径改变形成相互影响。在各地区个体发展的过程中，随着竞争激烈程度的提高，地区会根据自身科技金融的空间发展状态对其产业结构升级的路径进行相应变化，从而打破原有的稳态均衡，进而出现不同发展路径产生的相互影响作用。表现在行动上，就是各地区个体的政府会根据预期变化推出相应的促进政策，地区个体的市场各方也会根据预期决定自身资源要素的配置情况。在如今经济发展进入新常态的情况下，科技创新成了经济可持续发展的新引擎，同一区域内的各地区个体都认识到了科技创新的重要性，不断推出各自的科技金融发展方案，从而形成相互之间对于人才、资金和市场的竞争，改变了原有的发展路径，造成不同的空间效应相互叠加的情况，导致相互之间产生影响。当出现这种叠加情况时，各类要素在空间多维作用的影响下产生剧烈流动，但其流动力仍会受到各地自身发展局限性的制约；同时随着时间发展，资源要素的流动将会渐趋平稳，这是因为正负反馈的作用力会逐渐形成平衡，导致流动变化产生临界点，地区个体在空间上将取得自身产业发展的再平衡。

（3）预期变化提高空间协调性。当区域内某地区个体的科技金融发展表现得较为强势时，周边各地区将对自身产业结构的变化形成预期，此时周边各地区将以有效性作为自身未来发展选择的依据，即每个地方个体都会根据科技金融在空间上的发展，选择自身认为有效的产业发展模式，在此情况下，预期的变化会将原有的产业发展结构推向另一种产业发展结构，从而提高在空间上产业发展的协调性。具体来看，即各地区在中心——外围结构下，从产业结构的配套性出发，依据强势地区未来产业结构的发展进行产业互补式的发展，不仅可以让自身保留的资源物尽其用，也可以享受到发展较快地区所带来的溢出收益。

　　总的来说，区域内的各个地区个体可能在最初的层级体系中处于一种稳态的产业结构发展状态，但随着如今产业结构发展对于技术创新的重视，科技金融的发展成为影响地区个体发展路径的重大因素，地方个体之间会产生激烈的竞争，随之资源要素流动达到某一临界值，会导致区域内发生资源要素的再平衡活动，促使原有的稳态发生变化，并且更进一步地促使各地区对变化形成预期，选择适合自身发展的模式，提高再平衡状态下的空间协调性。

第 5 章 科技金融与高新技术产业协同效应及协同发展模式分析

第 4 章从科技金融与高新技术产业协同演化机制、共生演化模式以及协同创新的群体动力学机制等方面分析了二者的协同机理，较为清晰地刻画和系统描述了两个群体间的互动关系与协作原理。与此同时，关于在协同演化的过程中，科技金融与高新技术产业的协同状态如何，以及二者构成的复合系统协同效应有何特点、二者协同发展绩效应如何进一步提升等方面的认识与研究依然有限。为此，本章将从科技金融与高新技术产业的协同效应基本原理以及协同发展模式构建等方面进行分析。

5.1 科技金融与高新技术产业协同效应基本原理

协同效应最初是用于解释具有协同作用的化学现象的。这意味着化合物或多种成分的混合物的总体效果要大于单独使用时每种成分的效果，增效混合物也称为增效剂。从宏观角度来看，协同效应是指协同作用产生的效应、结果和新功能（或结构），是指复杂的开放系统中大量子系统的相互作用所产生的整体或集体效应。自然系统或社会系统对各种差异具有不同程度的协同作用，而协同作用是系统有序结构的内部驱动力。对于所有具有开放特性的复合系统，当外部能量输入或物质信息的聚集状态在特定条件下达到阈值时，子系统之间将出现不同程度的协同作用。这种协同作用可使复合系统从临界点的定量变化累积发生质变，从而产生协同效应和自组织特性，使系统从无序变为有序，产生新的结构和功能，并从混乱到稳定的结构达到稳定状态。

对于协同效应，已有学者对其进行了定性并进一步进行了定量研究。俄罗斯战略管理学家安索夫（Ansoff，1984）在对如何提升企业经营效益的研究中，从企业并购与供应链等方面对企业集聚的协同效应进行了相关研究，并建立了多家企业协同经营所具有的协同效应的数学表达式：S 代表销售收入，C 代表费用成本，I 代表投资额，则投资收益率为 $ROI = \dfrac{S-C}{I}$。这里需要注意的是，安索夫所建立的协同效应模型所讨论的协同主体均为同一行业或者产业链上具有一定联系的企业，其性质具有相似性即同质主体，而不同企业都具有追求利润最大化的共同目标。反观科技金融与高新技术产业所构成的复合系统，其不同主体间性质差异较大，且主体目标不尽相同，不具有一致性。高新技术企业追求高新技术产品的产业化与经济效益的提升；科技资本市场追求市场扩张与利润最大化；科技金融机构追求金融风险得到有效控制并获得超额收益；公共金融部门追求科技金融政策得到有效落实并促进经济稳定增长；科研机构与高校追求科学技术发展与科技突破的科学价值等。可见，该模型并不适用于研究科技金融与高新技术产业复合系统的协同效应。除此之外，科技金融与高新技术产业两个主体具有创新特质，关于二者在创新发展的过程中是否协同，该模式也不能加以阐述说明，需要综合考虑环境因素、子系统内部动力等影响。研究开放条件下科技金融与高新技术产业子系统的协同效应，需要对二者进行系统分析，并研究其相互作用、协同创新与发展机理，综合分析科技金融与高新技术产业复合系统的协同效应。

5.1.1　科技金融与高新技术产业复合系统分析

1. 子系统主体要素构成

（1）科技金融子系统主体要素。科技金融子系统主体要素包括商业银行等科技信贷金融机构、科技金融服务机构、风投创投机构、股权投资基金公司等科技资本市场主体以及政府财税部门、科技创新委员会和发展改革委等公共管理部门构成的公共科技金融主体及科技资本市场。商业银行等科技信贷金融机构不断进行信贷业务创新，提供科技信贷产品解决高新技术企业融资问题；以各地的科技金融综合服务中心为代表的科技金融服务机构有效地降低了高新技术企业和金融机构之间的信息不对称风险；风创投机构为正处于初创期、具有技术优势和发展潜力的高新技术企业提供资金支持，在企业研发取得阶段性成果并往产品化转换后介入，与企业共享利润成果；股权投资基金通过参与高新技术企业经营活动提供专业化管理，并通过投资有效解决企业资金困难，增强企业发展实力；政府财政部门和税务部门通过财政科技补贴、创新补贴、税收优惠，有效地缓解了科技企业资金压力，科技创新委员会、发展改革委等部门通过科技计划、创立科技信贷风险补偿资金池等方式鼓励科技企业进行产品研发和批量化生产。科技资本市场是指为科技企业提供投融资服务和渠道的资本市场，不对科技企业设置任何门槛，科技企业可在科技资本市场上直接进行投融资活动。科技资本市场主要由主板、创业板和新三板构成。主板主要为规模较大、发展阶段较为成熟的高新技术企业，创业板为高成长、具备一定实力的规模型高新技术企业，新三板作为股转系统，为暂未具备上市条件的科技型中小企业提供股权融资渠道。

（2）高新技术产业子系统主体要素。高新技术产业子系统主体要素包括高新技术企业以及由科研院所、高校和企业研究机构所构成的研究部门主体。企业作为市场经济主体，其目的在于获取利润并不断发展。高新技术企业不断进行技术创新与产品研发，通过科技产品销售或技术转让获取利润。科研院所和高校等研究机构利用自身资源优势，通过专利与论文等形式，为高新技术企业提供基础研究成果并促进其产业化进程。

2. 子系统客体要素构成

资金流与技术流动是驱动科技金融与高新技术产业复合系统协同发展的客体要素。复合系统的客体要素可理解为联系各子系统的媒介，这里承担起主要功能的是资金流。科技金融提供资金支持促进高新技术产业技术创新与产业化发展，而高新技术产业则通过投资回报和税收的形式对科技金融进行资金反向流动，并通过接受金融产品融资服务进行信息反馈和金融科技创新等技术转移形式提升科技金融子系统中金融机构的服务质量与金融产品水平。

3. 复合系统外部环境因素

科技金融与高新技术产业复合系统作为一个具有耗散结构、自组织特征的开放系统，会与周围环境进行不同程度的信息、物质与能量交换，从而使自身结构不断得到稳定、功能不断得到完善。法律法规环境、人才供给环境、第三方服务环境作为外部环境因素或影响或支持了复合系统的协同效应。法律法规环境是指支持和保障科技创新与维护科技资本市场稳定环境的相关法律法规的制定与执行状况；人才供给环境是指科研人员等科技创新人才与科技金融服务人才的培育与供给情况；第三方服务环境是指技术合同市场、科技保险市场等相关支持平台的运行情况。

5.1.2　科技金融对高新技术产业的支持作用

高新技术产业作为一个具有耗散结构的开放系统，单靠自身内部企业集群的协同是不能实现产业发展的，需要同时与外部环境进行信息和物质交换，如资金、技术流动、国内外市场环境、政府政策等宏微观因素的协同作用，从而体现科技金融对高新技术产业的支持作用。这种支持作用可以从金融创新、政策创新与科技服务三个方面得以体现。

（1）科技金融通过金融创新协助高新技术产业解决发展障碍。科技型企业大多为轻资产企业，这些企业抵押物少，而传统商业银行融资准入门槛高，科技企业具有发展潜力的科技产品项目和较大的资金缺口与传统金融贷款的避险情绪产生了较大的分歧与矛盾。为此，我国部分地方科技创新委员会等政府管理部门通过加大财政投入，通过政府支持形式建立如科技信贷风险补偿资金池等风险控制方式，为金融机构注入"强心剂"，极大地推动了金融机构的金融产品创新与普及，科技信贷、保理贷、投贷联动等金融创新模式得以快速发展起来，有效地填补了科技企业的资金缺口，并通过科技金融综合服务中心等金融服务中介机构为科技企业提供全方位、高质量的金融服务，助力高新技术产业发展。

（2）科技金融通过政策创新巩固高新技术产业发展成果。科技金融通过科技支持政策和财税支持优惠政策为高新技术产业的进一步发展保驾护航。一方面，全国不少地区出台了诸多优惠政策为当地的高新技术企业提供良好的政策环境，也吸引了科技企业安心进驻从而产生产业集聚和联动效应；另一方面，政府财税部门通过对科技企业进行财政补贴和税收优惠减免，极大地减轻了科技型中小企业的经营负担，有效提升了企业内部的资金流动状况，加速其健康发展。

（3）科技金融通过科技服务激发高新技术产业发展潜力。科技金融推动建立了相应的科技服务机构、促进了科技产品市场发展，推动了技术合同市场的技术流动和资源共享，实现了科技企业间的信息有效沟通，降低了企业技术转让与使用成本，提升了高新技术企业的技术与产品转化效率，进一步提升了高新技术企业的竞争力。

5.1.3　高新技术产业发展对科技金融的影响

高新技术产业对科技金融的推动作用主要集中在信息反馈和金融服务水平发展两个方面。一方面，高新技术企业在不同的发展阶段有不同的融资需求和融资方式，科技金融系统的金融机构通过接收企业对于融资的反馈信息，不断更新其配套金融产品以适应企业不断变化的需求，在匹配科技企业融资活动的同时也实现了自身业务水平和经营利润的提升，助力了高新技术企业规模的提升与高新技术的扩散。另一方面，高新技术产业在自身得到发展的同时，以信息技术为代表的高新技术不断发展，极大地推动了诸如金融科技、互联网金融等新金融模式的发展，改变了传统金融服务模式，很大程度上降低了交易成本，极大地提升了金融机构的服务效率、服务水平和业务规模。

5.1.4 科技金融与高新技术产业复合系统协同效应分析

科技金融子系统与高新技术产业子系统的协同发展是指这两个系统所构成的复合系统是一个具有开放性、自组织特征且系统有序度在不断提升的复杂巨系统。这种协同发展表现在科技金融与高新技术产业在复合系统内相互调整、适应、优化、促进，乃至相互依存，从而使复合系统结构得到不断优化，并逐渐形成一种稳定的运行机制。复合系统同时作为一种自组织，通过子系统内部之间相互大量的不对称非线性作用，不断地产生新功能，达到一种新状态，在与外界环境的物质信息交换和激励下实现子系统所无法达到的具有增益性的新目标。这种复合系统所带来的作用和影响，就是科技金融与高新技术产业复合系统所产生的协同效应。

科技金融与高新技术产业复合系统的协同效应是指基于协同环境下科技金融子系统与高新技术产业子系统的子系统间协同发展和该复合系统内协同发展所形成的"$1+1>2$"的整体效益，产生新的复合系统功能以及实现协同效应最大化的趋势。复合系统下科技金融与高新技术产业这种相互适应、相互促进的协同发展过程可以描述为：基于一定的政治制度、社会环境、科技水平和人才支持等协同环境所形成的法律法规环境、人才供给环境和第三方服务环境，在复合系统所具有的自组织特性影响下，科技金融与高新技术产业两个子系统间协同发展，两个子系统的结构不断得到完善、系统有序度不断得到提升，并促进复合系统的整体结构稳定与功能增强。与此同时，在与外部环境进行资金、技术等能量信息交换作用下复合系统内也会进行协同作用，并通过政府主导、银行主导、市场主导等不同层次的协同发展模式推动复合系统发展。在此期间，由于外部环境不健全、信息不对称等因素，以及法律法规、人才供给保障和第三方服务水平的不同，会对复合系统的协同效应造成影响。在系统内外部协同发展的综合作用下，科技金融与高新技术产业复合系统产生了高新技术企业效益改善、投资回报提升、知识经济体量扩大、科学技术进步、规模经济发展等一系列协同效应。

广东省科技金融与高新技术产业复合系统通过协同发展产生协同效应。科技金融子系统在复合系统资源投入中通过资金融通、风险管理等方式促进了信息有效传递和资源有效转化，为实现创新产出、资本市场和公共部门投资的双向回报、知识经济增长的社会效益等发挥了重要作用。一方面，广东省政府部门在《关于促进科技和金融结合的实施意见》《国务院办公厅关于加快众创空间发展服务实体经济转型升级的指导意见》《专业化众创空间建设工作指引》《广东省科学技术厅关于开展 2017 年度广东省科技企业孵化器众创空间运营评价工作的通知》等政策的指导下，集中一切有利的社会资源，为科技金融和高新技术产业的发展营造了一个良好的制度和社会环境；在华南高校院所的技术研发、总部位于广东的各大知名高新技术企业研发部门的前沿技术领域突破以及校企联合的共同努力下，实现了广东省高新技术领域处于国内领先乃至世界顶尖水平；深圳、东莞、广州等地方政府出台相关措施及优惠政策，吸引了大批高新技术产业人才扎根广东，实现人才集聚。通过政治制度、社会环境、科技水平和人才支持四个方面为复合系统的协同发展营造了良好的协同环境。另一方面，在法律法规、人才供给和第三方服务支持的共同保障下，复合系统有效降低了复合系统内部以及子系统间的信息不对称状况，改善了外部环境不健全的问题。在这些条件的支持下，子系统间和复合系统间实现了协同发展，在目前政府引导与市场化运作协同模式的指引下，通过资金支持、项目筛选、风险管理等方式，推动了广东省创新产出、投资回报等的增长，同时实现了科学技术和知识经济的发展。复合系统协同效应示意如图 5 - 1 所示。

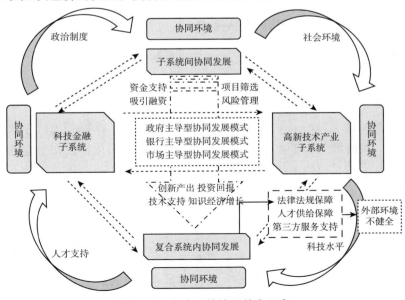

图 5 - 1　复合系统协同效应示意

5.2 科技金融与高新技术产业协同发展模式分析

科技金融与高新技术产业子系统的协同发展，具有双向的促进作用。一方面，表现为科技资本市场对高新技术产业的支持。科技资本市场具有资金支持优势，并且有专业化的管理团队对项目进行遴选，有成熟的金融机构对风险进行管控，从市场资金渠道、系统风险控制等多个方面促进高新技术产业产出提升；公共科技金融系统的支持作用通过政府资金的示范效应，促进和引导产业资金形成规模效应，政府从社会效益角度对产业项目进行有效筛选和管理，并进行事后监督。另一方面，在市场与公共科技金融的共同推动下，高新技术产业得到快速发展，产能进一步释放，不断匹配和满足市场需求，进而形成投资效益。在这种情况下，科技资本市场获得投资利润并形成财富效应，公共科技金融系统的相关职能部门获得税收等财政收入并促进社会上知识经济增长。在这种双向协同作用下，高新技术产业和科技金融体系共同发展，显著促进区域乃至全国范围内经济生态良性循环，实现经济增长。政府部门和金融机构在广东省科技金融与高新技术产业复合系统协同发展过程中参与的程度不同、侧重点不一样，主要有以下三个层次的协同发展模式。

5.2.1 政府主导型协同发展模式

在政府主导型协同发展模式中，发展的核心在于政府通过一定的政策手段给科技型企业提供资金支持：一要出台相关的政策性文件，为科技型企业的建立和发展提供良好的政策环境；二要合理进行资金投入补贴，降低企业的经营压力；三要确保相关法律法规的完善，保障相关优惠政策落到实处。政府部门为了此三点核心目标，应该适当简化科技型企业的申办流程，减少不必要的手续，并且可以给予一定年限的税收优惠政策，以鼓励科技型企业的发展壮大。

从直接作用层面来看，市场往往处于发展早期且科技创新项目具有高风险和不确定性的特点，并且由于地区社会资本较为匮乏、融资渠道单一且融资困难，企业依赖政府扶持，科研活动处于缺乏资金支持的基础研究水平。由于存在着这些不利情况，科技型企业的科技创新项目往往被传统的金融机构自动排除在外，政府就需要在此充当补充作用。在投资的过程中，应着重强调政策性金融的主要作用，通过政策性金融推动资金进入科技创新领域，成为对科技创新投资的风向标，在前期投资中，给予初创期的科技企业以资金上的支持，推动科技型企业快速成长，以达到政策支持的效果。同时，由于政府需要对科技型企业的融资进行扶持，因此还须承担一定的投资风险，在该模式中政府的职能得到最充分的利用。

总的来说，在政府主导协同发展模式下，政府主要以财政拨款和政府产业基金等方式支持科技企业的发展，培养科技型的人才，科技企业通过税收增加、经营改善和就业状况优化等方式反馈于政府的支持，实现自身的社会责任，达到相辅相成的发展状况。该模式的优点在于政府承担了大量的原本传统金融机构不愿意承担的投资风险，激发了科技型企业的科技创新活力，对科技型企业起到了强有力的支持，并可以产生指引作用，引导传统金融机构对科技型企业进行投资。在该模式下也存在着一定的缺点，即在政府政策性资金支持下，有可能存在寻租空间，质量一般的科技型企业可能通过某种方式骗取科技财政资金，导致部分优质且具有潜力的科技企业得不到政府的支持，从而最终影响政府对科技型企业的投资，甚至影响政府对此方面的投入，形成恶性循环。所以，在该种协同发展模式下，政府应在科技金融发展过程中扮演好自身重要的角色，并严守对科技型企业评价的质量关，以达到预想的支持效果。结合该模式的特点可知，该模式适用于科技金融起步较晚且处于赶超阶段或者发展早期阶段的地区，该模式作用效果会较为有效。

广东省 2016 年全省地方财政科技拨款达到 742.97 亿元，占地方财政支持的比重为 4.44%，有力地支持了地方产业的发展与企业的科技创新活动。① 同时，广东省在省政府的支持下于 2017 年 12 月 22 日组建了 500 亿元的产业发展基金，并完成首批合作项目的签约。基金由省财政出资 100 亿元，通过多层次多渠道吸引金融资本（银行、保险）、产业资本、地方资金，按照 1∶4 杠杆比例实现基金总规模 500 亿元，拉动社会资金投资 1 000 亿元，争取打造广东省几个千亿元级的支柱产业。②

5.2.2　银行主导型协同发展模式

银行主导协同发展模式强调了银行在科技金融发展中的重要作用，相比于其他模式，银行主导模式更加注重银行与企业的紧密结合。一般来

---

① 广东省科学技术厅。
② 广东省组建 500 亿产业发展基金 首批合作项目完成签约 [EB/OL]. 楚北网，2017 - 12 - 23.

说，科技型企业的发展需要一定的资金支持才能够满足和推动自身的发展。而银行作为社会金融体系的重要组成部分，可以为科技型企业提供持续的现金流支持，有利于推动科技型企业科技创新项目的发展，并且由于科技创新对生产力的发展具有极大的促进作用，有利于社会经济的发展及各行业的发展，在一定程度上，科技创新在促进发展的同时也促进了金融业的发展，特别是银行的发展。在银行主导协同发展的模式下，还具有以下几大基础优点。

首先，银行与企业客户之间的良好合作关系是银行发展科技金融业务的一个重要条件。其次，银行拥有经验丰富、核心稳定的经营管理团队，其信贷实力基础雄厚，科技型企业与银行及创投机构三者之间的交流加强，可以为科技型企业提供集"担保 + 贷款 + 投资"一站式的投资管理服务。最后，银行具有较为完善的风险管理机制和分担机制。银行可以利用自身对风险管控的优势，通过与政府进行合作，在政府给予一定资金支持的条件下，设立服务型的金融创新产品，同时也可以以创设多种类型基金的方式带动各类主体对科技型企业进行投资。除此以外，初创期的科技型企业一般缺乏投融资管理、产品定位及市场分析，因而也需要银行提供更全面的金融服务。这是银行主导模式协同发展模式下的风险管理基础优点。

在科技金融的现实发展过程中，科技型企业的快速发展往往伴随着丰厚利润，而科技型企业在进行科技创新产品研发过程中需要大量的资金，具有高风险性和所需时间较长的特点，银行在迅速进入科技创新领域的同时，必须考虑到对科技型企业的资金支持会有别于以往传统的金融业务，在银行主导的协同模式下，银行业通过对金融产品的创新来满足现实发生的变化，进而自然就创造了科技型企业和银行互相促进、互相发展的良好环境。随着社会经济的发展，科技型企业与银行业将会实现高密度的结合。

总的来说，银行主导型协同发展模式的优势是银行与企业之间有着密切联系，由信息不对称产生的风险较小，因此银行能够对科技型企业提供更为全面的资金支持；劣势是银行的资产具有避险性，很难将科技资金投入到高风险、低资产的科技企业中，对银行的风险管控具有很高的要求。因此，银行主导型协同发展模式是以良好的法律保障环境、完善的直接融资市场和信用担保机制作为基础的，这一方面需要国家和地区政府通过制定相关法律法规并严格执行等方式构建完善的保障体系；另一方面需要通过建立行业协会、企业信用保险数据库以及相关制度等方式支持风创投市场和信用担保机制的发展。

5.2.3　市场主导型协同发展模式

以市场为主导的协同发展模型在成熟的资本市场运作中对科技金融发展起着不可替代的作用。资本市场不仅是科技企业技术创新项目的融资渠道，还是风险投资资金的完善退出渠道。在成熟的资本市场环境中，市场主导型协同发展模式主要具有以下三个特征。

（1）成熟的资本市场体系要求针对科技型企业生命周期不同融资阶段的特点，有针对性地为企业提供差异化的融资服务和产品。多层次的资本市场体系不仅包括直接融资资本市场，还包括间接融资资本市场。在科技企业发展初期，要主要发挥风投创投融资渠道的重要性；在企业的成长期，则可以通过债务杠杆和公开资本市场投资扩大自己的投资规模；当企业进入成熟期，总体经营效益和现金流比较稳定，在没有新的投资机会时可以适当回购股票和减少财务杠杆，而遇到新的科技投资创新机会时可以通过科技信贷和科技保险降低自己的融资风险。在强调市场化改革优化投资信贷资源的配给时，相关政府部门要加大对科技企业融资的引导和支持，尤其是要简化企业融资的方式和流程，推动融资方式由注册制试点到实行全面注册制推开。

（2）在成熟的资本市场中，信用体系的全面建立是信用科技金融体系的坚实基础。通过信用体系的建立，可以从根本上缓解科技企业和金融机构信息不对称的根本问题，从而缓解中小型企业融资约束的问题。企业信用体系和制度的建立需要政府部门协调多方信息部门建立起互联互通的信息大数据库，全方位、多层次、多领域地通过企业的经营信息、违规信息、诉讼信息等披露信息进行企业画像，为商业银行、保险公司和担保机构提高放贷、出保等经营决策提供坚实可靠的参考信息。通过科技型企业资信信息的综合评价，降低金融投资机构的前期调查和后期监督成本，推动科技资本市场体系的完善和发展。

（3）科技型企业所拥有的高新技术具有专业、抽象、尖端等特点，一般来说金融从业人员以自身的知识范围，很难对科技型企业高新技术的领先情况和市场容量作出判断。成熟的资本市场对科技型企业经营状况的真实性、先进性和发展前景有着较为权威的信息来源，可以起到传递信息的作用。这可以有效地缓解由于对科技型企业高新技术特点不了解所带来的信息不对称，同时也有助于降低信贷风险。并且，为了实现科技金融的顺利发展，成熟的资本市场将会建立一个由中介服务机构、担保机构、保险机构、创业投资机构、证券公司、征信机构和评估机构等组成的科技金融信息平台体系，充分发挥银行和创投、证券、担保、保险、信托等非银行金融机构的金融服务功能，为科技型企业建立不同层次的沟通机制。

总的来说，市场主导型协同发展模式的主要特征为：资本市场发展较为成熟且流动性好，创业风险投资发展快速，具有良好的政策支持环境。在市场主导型协同发展模式下，科技型企业的市场化程度尤其明显。较为完善的科技金融支持体系强调资本的作用，主要包括风投创投资本市场、债券市场和股票市场等。科技资本市场对科技型企业的发展给予很大帮助，满足了不同阶段科技型企业的融资需求。同时，多层次的资本市场和发达的风险投资市场也有力地支持了科技金融的发展。该市场体系注重层次分明，满足不同层次企业的融资需求，有效地解决了信息不对称问题，完整的法律法规体系和风险投资法律法规等也可以为更好地发展资本市场提供优良的环境。

市场主导型协同发展模式的优势在于，可以充分利用市场资源，将资金合理地投入到处于不同发展阶段的科技型企业中，资金配置效率较高；劣势是由于资本存在着逐利性，会导致资金很难投入到高风险且回报时间相对较长的科技型企业中，存在一定的市场失灵现象。目前，广东省科技金融与高新技术产业协同发展处于政府主导型和银行主导型协同发展阶段，政府的财政及产业基金引导作用明显，极大地推动了科技企业创新能力的提升以及高新技术产业的健康发展。同时，以商业银行为主导力量的银行体系强有力地为高新技术产业注入大量优质资本，很大程度上缓解了科技企业的融资问题。在我国市场化进程不断加深的背景下，科技资本市场的地位和作用将会不断提升，市场主导型协同发展模式的影响将不断扩大，从而极大地激发我国高新技术产业的生产潜力与活力。

第6章 科技金融与高新技术产业协同演化机制及协同效应实证分析

科技金融产业协同创新已经被我国部分区域作为实施创新驱动发展战略的主要方式与手段，这种发展趋势和发展成果在珠三角区域尤其突出。近年来，广东省科技金融产业协同创新与发展取得了耀眼的成绩，本章以广东省为例，实证分析科技金融与高新技术产业协同演化机制。另外，前面从区域科技资本市场、公共科技金融系统与高新技术产业协同发展现状角度分析了广东省科技金融与高新技术产业协同效应情况，从投融资模式、风险管理、协同载体、政府公共服务形式等多个方面加以分析。第5章也通过建立广东省科技金融与高新技术产业复合系统，并对复合系统进行主客体要素与外部环境因素分析、协同发展的群体动力学分析和协同效应机制分析等形式，对科技金融与高新技术产业复合系统的协同效应进行理论分析。但关于复合系统在协同发展的过程中协同程度及状态如何、如何对协同效应的高低进行定量评价等问题，都需要进一步研究。本章建立了科技金融与高新技术产业复合系统协同度模型和数据包络分析（DEA）交叉评价模型，结合相关数据，对复合系统的协同状态进行测度、对协同效应状况进行评价。

6.1 科技金融与高新技术产业复合系统协同度

从以上分析可以发现，广东省科技金融与高新技术产业复合系统存在一个正向的协同效应，但关于科技金融与高新技术产业的协同状态具体如何，并没有一个数理的测度分析。对此，可以用科技金融与高新技术产业复合系统协同度来评价科技金融子系统和高新技术产业子系统在协同发展过程中相互和谐一致的程度，其反映了科技金融与高新技术产业复合系统从无序到有序的趋势及程度。本章借鉴孟庆松和韩文秀（2000）提出的复合系统协调度模型以及王宏起和徐玉莲（2012）提出的协同度测度模型，构建科技金融与高新技术产业复合系统的发展协同度模型。该模型具体包含了子系统有序度模型、复合系统协同度模型和协同度测度指标体系。

6.1.1 子系统有序度模型

系统有序度是指系统内部合理程度、优化程度以及有序程度的量，是描述系统发展状态的值。本章使用这一状态值来描述科技金融子系统和高新技术产业子系统的有序程度以及后续分析二者的协同状态。将科技金融和高新技术产业看作复合系统 $M = \{M_1, M_2\}$，其中 M_1 是科技金融子系统，M_2 是高新技术产业子系统。对于子系统 M_p，$p \in [1,2]$，设定其协同发展过程中的序参量为 $\alpha_p = \{\alpha_{pq}\} = \{\alpha_{p1}, \alpha_{p2}, \alpha_{p3}, \cdots, \alpha_{pn}\}$，$p = 1$，2，其中 $n \geq 1$，$\min_{pq} \leq \alpha_{pq} \leq \max_{pq}$，$q = 1$，2，…，$n$，$\max_{pq}$ 和 $\min_{pq}$ 分别为各自系统达到最优化状态时稳定临界点序参量 α_{pq} 的上限及下限。从有序度概念可以得出，$\alpha_{p1}, \alpha_{p2}, \alpha_{p3}, \cdots, \alpha_{pj}$ 通常为正向增长的指标，当系统序参量呈正向增长态势时，系统有序程度相应提升；当 $\alpha_{pj}, \alpha_{pj+1}, \alpha_{pj+2}, \cdots, \alpha_{pn}$ 呈负向减少时，系统有序度也会随之降低。因此，用模型表示为：

$$\partial_p(\alpha_{pq}) = \begin{cases} \dfrac{\alpha_{pq} - \min_{pq}}{\max_{pq} - \min_{pq}}, & q \in [1, j] \\[3mm] \dfrac{\max_{pq} - \alpha_{pq}}{\max_{pq} - \min_{pq}}, & q \in [j, n] \end{cases} \tag{6.1}$$

从式（6.1）可知，$\partial_p(\alpha_{pq}) \in [0,1]$，$\partial_p(\alpha_{pq})$ 为子系统有序度，数值越大，表明序参量 α_{pq} 在子系统有序化过程中影响越大，对系统有序程度的贡献越大。从全局分析，各序参量 α_{pq} 对子系统 M_p，$p \in [1,2]$ 有序程度的作用会因为具体组合结构和形式的不同而产生不同的影响。为科学、有效地计算各序参量对子系统的总体作用，本章用线性加权求和来计算其总体有序度：

$$\partial_p(\alpha_p) = \sum_{i=1}^{n} \theta_i \partial_p(\alpha_{pq}), \theta_i \geq 0, \sum_{i=1}^{n} \theta_i = 1 \tag{6.2}$$

其中，权重系数 θ_i 反映了序参量 α_{pq} 在子系统有序运作过程中所产生的影响和作用大小，也以定量的方式反映了该序参量对系统有序趋势的重要程度，显示了序参量在系统有序状态下的地位，且 $\partial_p(\alpha_p) \in [0,1]$。$\partial_p(\alpha_p)$ 越大，代表 α_p 对子系统有序运作趋势和状态的作用和贡献越大；反之，$\partial_p(\alpha_p)$ 越小，则代表 α_p 对子系统有序趋势的重要性越小。

6.1.2　复合系统协同度模型

子系统有序度是分析复合系统协同度的前提，复合系统协同度的高低是以各子系统总体有序度的确定作为基础的。设定起始时刻为 T_0，科技金融子系统的有序度为 $\partial_1^0(\alpha_1)$，高新技术产业子系统的有序度为 $\partial_2^0(\alpha_2)$。复合系统运行一段时间以后，其所处的时刻设定为 T_1，则科技金融子系统的有序度为 $\partial_1^1(\alpha_1)$，高新技术产业子系统的有序度为 $\partial_2^1(\alpha_2)$。那么，衡量其协同状态可以定义复合系统发展协同度模型为：

$$S = \mathrm{sig}(\ \cdot\ ) \times \sqrt{|\partial_1^1(\alpha_1) - \partial_1^0(\alpha_1)| \times |\partial_2^1(\alpha_2) - \partial_2^0(\alpha_2)|} \quad (6.3)$$

$$\mathrm{sig}(\ \cdot\ ) = \begin{cases} 1, \partial_1^1(\alpha_1) - \partial_1^0(\alpha_1) > 0 \ 且 \partial_2^1(\alpha_2) - \partial_2^0(\alpha_2) > 0 \\ -1, 其他条件 \end{cases} \quad (6.4)$$

式（6.3）、式（6.4）所构建的复合系统协同度模型通过同时对科技金融子系统和高新技术产业子系统有序度进行综合考量，从数理角度推定复合系统的协同状态，这一判定过程是基于时间序列上各个截面的所有序参量所构成的面板数据加以衡量的。科技金融与高新技术产业复合系统发展协同度 $S \in [0,1]$，其数值的大小反映了复合系统的协同发展程度及协同效应高低。当科技金融子系统和高新技术产业子系统在 T_1 时刻的有序度均大于其在 T_0 初始时刻的有序度时，反映了复合系统协同、优化、合理的发展状态，在协同度模型中表现为正值；当科技金融子系统和高新技术产业子系统在 T_1 时刻的有序度小于或等于其在 T_0 初始时刻的有序度时，会引起复合系统非协同、无序、低效率的发现状态，在协同度模型中表现为负值。从协同度模型进一步可知，在时间序列的推进当中，尽管出现某一子系统有序度大幅度提升的情况，只要另外一个子系统有序度没有出现明显改善，复合系统的协同度就仍会处于一个低数值、较低的正协同状态，复合系统发展协同度展示了一种显示短板的"木桶效应"特征。基于以上考量，复合系统协同度有效实现了复合系统的协同测度，且综合考虑了子系统的运行状态，为复合系统研究及管理提供了较为科学的评价方法和标准。

6.1.3　复合系统协同度测度指标体系

复合系统发展协同度测度的准确性和科学性是建立在全面合理的协同度测度指标体系基础上的。构建的协同度指标体系在数据不繁复冗杂的基础上需要综合全面地反映科技金融与高新技术产业较为完整的协同发展状态。本章建立的科技金融与高新技术产业复合系统发展协同度是建立在时间维度上进行测算的，是以哈肯提出的复合系统协同发展是一个动态变化的过程作为理论基础的。从时间维度视角，科技金融与高新技术产业复合系统的有序特征、系统协同效应、内部结构优化和在产出方面的协同，都是基于科技金融与高新技术产业在整个协同趋势过程中相互适应、协作投入、资源相互匹配、过程相互调整的结果。反之，复合系统的无序不协同状态，均是由科技金融与高新技术产业在投入和运行过程中彼此不兼容不匹配、相互拮抗不协同造成的。为综合考虑科技金融与高新技术产业协同过程中的全局特征，全面分析科技金融与高新技术产业在协同投入、协同过程和协同产出中的实际状态，复合系统协调度测度指标体系涵盖了科技金融支持规模与效益、创新研发的投入与产出、高新技术成果转化与产业化产出进程，并着重分析科技金融投资绩效和高新技术产业产出水平。

对此，参考科技部 2021 年印发的《国家高新技术产业开发区综合评价指标体系》以及国内外学者对于科技创新、国内学者对于科技金融绩效评价的研究中构建相关指标体系的成果及经验，构建以下复合系统发展协调度测度体系（见表 6 - 1）。其中，为充分反映科技金融子系统整体情况，重点考察了公共科技金融与科技资本市场两个科技金融的主要构成的贡献及其影响。财政科技拨款是公共科技金融支持高新技术产业的重要形式，而税收优惠、国家科技计划高新企业税金优惠是公共科技金融部门减轻科技企业经营成本、引导其科技创新与健康发展的重大举措之一。另外，科技资本市场是科技产业衔接市场、利用资本市场力量促进其进步发展的主要环节。通过政府建立风险补偿资金池引导各类金融机构参与的科技信贷规模的不断壮大，能够显著缓解和解决高新技术企业在经营发展中的融资等资金问题。创投机构的关注、创业风险投资资本的注入规模以及新三板股权融资渠道的状况则很大程度上从资本支持和信息通道打通等层面助力高新技术产业的初期乃至中前期发展。高新技术企业上市公司的总体情况也反映了高新技术产业在主板市场这类我国主要资本市场上的影响力与规模。与此同时，为了全面评价高新技术产业的整体情况，本章从研发创新投入与产出以及高新技术成果转化与产业化进程两个方面，基于前后端和技术产业有效转化等考量，重点分析了高新技术产业子系统的状况。R&D 经费是衡量科技产业研发创新投入最为重要的指标之一，而科技活动经费开支与 R&D 活动人员情况则进一步补充分析了高新技术产业整体的科技创新投入情况。以发明专利、实用新型专利和外观设计专利为构成的专利申请授权情况是高新技术产业研发创新产出的主要实现形式之一，科技论文发表和三系统收录科技论文情况以及技术市场活跃状况也充分反映了高新技术产业在技术研发与科技创新领域的成果和现状。最后，为整体全面地展现高新技术成果的转化情况以及产业化产出进程，通过高新技术产品生产总值、产品销售收入以及产品出口额金额进行进一步综合分析与比较。

表 6 – 1　　　　科技金融体系与高新技术产业复合系统协同度测度指标体系

序参量	一级指标	二级指标
科技金融子系统 （TF）	公共部门科技金融支持规模 与效益（TF_1）	财政科技拨款总额（TF_{11}）
		税收优惠总额（TF_{12}）
		国家科技计划高新企业税金（TF_{13}）
	科技资本市场规模（TF_2）	科技信贷规模总额（TF_{21}）
		创投机构数（TF_{22}）
		创业风险投资管理资本总额（TF_{23}）
		新三板股权融资资本总额（TF_{24}）
		高新技术产业上市公司总市值（TF_{25}）
高新技术产业子系统 （HT）	研发创新投入与产出（HT_1）	R&D 经费支出（HT_{11}）
		科技活动经费支出（HT_{12}）
		R&D 活动人员（HT_{13}）
		专利申请授权数（HT_{14}）
		科技论文发表数（HT_{15}）
		三系统收录科技论文数（HT_{16}）
		技术市场成交合同金额（HT_{17}）
	高新技术成果转化与产业化 产出进程（HT_2）	高新技术产品生产总值（HT_{21}）
		高新技术产品销售收入（HT_{22}）
		高新技术产品出口金额（HT_{23}）

1. 科技金融子系统序参量

科技金融子系统重点分析公共科技金融的支持规模与效益以及科技资本市场的规模。

公共部门的科技金融支持有助于引导资源流动，通过产业政策支持、财政资金杠杆撬动社会资本等方式促进社会资本向高新技术产业聚集，在引导产业发展的过程中通过税收等方式实现公共部门效益提升。政府财政科技拨款直接推动了高新技术产业的产品研发与成果转化进程；税收优惠降低了高新技术企业的经营成本；税务部门则通过国家科技计划高新技术企业税金优惠的方式实现公共科技金融部门的效益改善。

科技资本市场是高新技术产业直接或间接融资的主要渠道，科技资本市场的规模是区域高新技术产业发展空间的重要影响因素。科技信贷通过构建风险补偿资金池并对入库企业发放科技贷款的方式降低了科技企业的融资门槛，也同时降低了商业银行的经营风险；区域创投机构数量质量和创业风险投资管理资本规模成为有效助力科技企业在初创期迅速壮大以及突破发展瓶颈的关键因素；新三板股权融资通过全国中小企业股权转让系统突破了区域限制，搭建了全国范围内科技企业融资平台，加快了科技企业的股权流动和资本聚集，同时为其进入更大规模的主板资本市场奠定了基础；高新技术产业上市公司总市值则反映了区域高新技术产业在全国资本市场的总体规模和地位。

2. 高新技术产业子系统序参量

高新技术产业子系统重点分析创新研发的投入与产出及高新技术成果转化与产业化产出进程。

创新研发的投入与产出集中反映了高新技术产业的竞争力与高新技术发展水平。R&D 经费支出、R&D 活动人员是衡量高新技术产业科研投入水平的重要指标，科技活动经费支出反映政府财政部门对科技发展的支持力度；专利申请授权数、科技论文发表数和三系统收录科技论文数代表区域高新技术产业以知识成果作为载体的发展水平；技术市场成交合同金额反映区域技术交易市场的活跃度和技术流动水平。

高新技术成果转化与产业化产出进程是衡量高新技术产业综合发展水平的关键指标。高新技术产品的生产产值、销售收入和出口金额均从不同角度反映区域高新技术产业总体产出情况。

6.2　科技金融与高新技术产业协同演化机制构建

结合科技金融与高新技术产业协同演化的动态关系，本部分运用哈肯模型建立科技金融与高新技术产业复合系统的演化机制模型，对广东省科技金融与高技术产业协同演化机制进行实证研究。哈肯模型描述了在一定外部环境下，系统内部不同变量之间相互作用、形成新结构的过程。假设将科技金融与高新技术产业演化视为复合系统 $P = \{P_1, P_2\}$，其中 P_1 为科技金融子系统，P_2 为高新技术产业子系统；将协同演化机制因素视为复合系统 $S = \{S_1, S_2\}$，其中 S_1 为子系统间协同演化机制，S_2 为复合系统内协同演化机制。排除随机干扰因素的影响，构建表示两个复合系统间互相作用的方程，即哈肯模型协同演化机制方程：

$$\dot{S} = -\lambda_1 S - \alpha SP \qquad (6.5)$$

$$\dot{P} = -\lambda_2 P + \beta S^2 \qquad (6.6)$$

其中，λ_1、λ_2、α、β 为参数，$-\lambda_1 S$、$-\lambda_2 P$ 分别表示两个系统内部各影响系统演化的变量，$-\alpha SP$ 表示两个系统之间的非线性作用，βS^2 表示 S 对 P 的作用力。当 $\lambda_2 \geq \lambda_1$、$\lambda_2 > 0$ 时，表明 S 是 P 的序参量；同时，采用绝热消除原理，令 $\dot{P} = 0$，可以得到式（6.6）的近似解：

$$P \approx \frac{\beta}{\lambda_2} S^2 \qquad (6.7)$$

式（6.7）表示在复合系统的协同演化进程中，S 是 P 的一个重要影响变量。因此，阻力变量的作用力小，S 主导参量是复合系统的序参量，主导着复合系统的演化。将式（6.7）代入式（6.5），得到序参量：

$$\dot{S} = -\lambda_1 S - \frac{\alpha\beta}{\lambda_2} S^3 \qquad (6.8)$$

对式（6.8）的相反数进行积分，即可得到势函数：

$$F(S) = \frac{\lambda_1}{2} S^2 - \frac{\alpha\beta}{4\lambda_2} S^4 \qquad (6.9)$$

将势函数 $F(S)$ 看作 S^2 的函数，则有两种曲线特征：一是开口向上的抛物线；二是开口向下的抛物线。当开口向上，即 $\lambda_1 > 0$ 时，参量方程有唯一解，即 $S = 0$，势函数的曲线如图 6-1 所示。

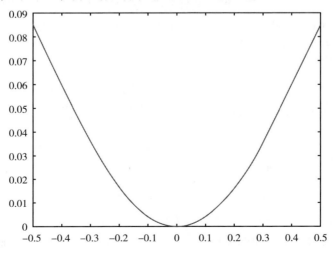

图 6-1　唯一解情况下协同演化趋势

当 $\lambda_1 < 0$ 时，序参量方程有多个解，分别为 0、$\sqrt{-\dfrac{\lambda_1\lambda_2}{\alpha\beta}}$、$-\sqrt{-\dfrac{\lambda_1\lambda_2}{\alpha\beta}}$。此时可以得到协同协同演化的趋势图，如图 6 - 2 所示。

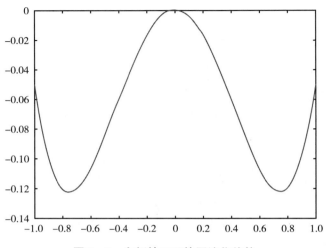

图 6 - 2　多解情况下协同演化趋势

实际中，为了便于运用，将式（6.5）和式（6.6）离散化为：

$$S(t+1) = (1-\lambda_1)S(t) - \alpha S(t)P(t) \tag{6.10}$$

$$P(t+1) = (1-\lambda_2)P(t) + \beta S^2(t) \tag{6.11}$$

哈肯模型注重的是复合系统内各个子系统之间的相互影响、合作、共生等对整个复合系统的影响，即各子系统的协同作用，这种作用不是各子系统作用力的加总。哈肯模型为系统协同演化提供了清晰的思路。因此，本章可以用哈肯模型协同演化机制方程来研究科技金融子系统与高新技术产业子系统的协同演化机制。

6.3　科技金融与高新技术产业复合系统协同度实证分析

6.3.1　数据选取

由于我国及部分区域数据可获取性的原因，本部分采用以广东省为代表的区域科技金融与高新技术产业复合系统相关数据进行实证分析。为实现指标数据的科学性和准确性，本部分科技金融与高新技术产业复合系统协同度指标体系数据来源于中国国家统计局、广东省统计局、《广东省统计年鉴》、广东省科学技术厅官网统计信息数据库、中国中小企业股份转让系统数据库、广东省科技金融综合服务中心官网数据和 Wind 数据库。除此之外，本部分在分析复合系统协同度时，因统计数据信息需经广东省统计局、中国国家统计局等官方机构核准后延后两年公开，目前最新可获得的官方数据截至 2016 年。为保证数据的连贯性、时效性与分析的科学性，以 2006 年作为基期，10 年作为观察期，以 2006～2016 年广东省各项指标数据作为面板数据进行分析。

6.3.2　标准化处理

由于数据指标涉及多个领域，具有不同的量纲，需要对指标数据进行无量纲处理以保证数据分析的准确性和科学性。为便于观察分析，本部分采用标准化法（Z － SCORE）进行数据无量纲处理。为避免数据处理同时存在正负值及可分析性，本部分对原始数据进行乘 50 并向上平移 100 个单元的标准化处理，数据在处理后均为正值且散布区间较小。标准化处理过程公式如下：

$$x_{ij}^o = \frac{x_{ij} - \mu_i}{\sigma_i} \times 50 + 100 \qquad (6.12)$$

$$\mu_i = \frac{1}{n} \times \sum_{j=1}^n x_{ij}, \sigma_i = \sqrt{\frac{1}{n-1} \times \sum_{j=1}^n (x_{ij} - \mu_i)^2} \qquad (6.13)$$

其中，x_{ij}^o 为第 j 期第 i 个指标的标准化处理后评价值，x_{ij} 为第 j 期第 i 个指标的原始指标数据，μ_i 为数据时间区间内第 i 个指标的样本均值，σ_i 为数据时间区间内第 i 个指标的标准差。复合系统协同度指标体系数据经以上标准化处理后得到无量纲化数据。

6.3.3　数据指标权重确定

复合系统协同度指标数据虽然经过标准化处理后具有可分析性，但由于各项指标对科技金融与高新技术产业复合系统协同效果的影响程度及重要性不尽相同，指标权重分配的不同都会使复合系统协同度测度的结果产生较大的差异。为保证数据指标权重确定的科学性和准确性，本部分采用层次分析法对其加以确定。层次分析法的处理步骤为：建立层次结构模型；构造判断矩阵；判断矩阵的一致性检验；层次单排序；层次总排序；分析结果并得出结论。

第一步，建立层次结构矩阵。广东省科技金融体系与高新技术产业复合系统协同度指标体系如图 6 － 3 所示。

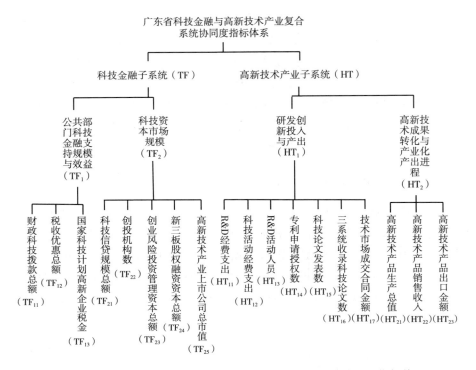

图6-3　广东省科技金融体系与高新技术产业复合系统协同度指标体系

第二步，构造判断矩阵。对同一层次的各个指标两两分别进行比较，通过计算 $w_{ij} = m_i / m_j$ 得出各指标相对重要性的数值，并构造判断矩阵。

$$W = \begin{bmatrix} w_{11} & w_{12} & \cdots & w_{1n} \\ w_{21} & w_{21} & \cdots & w_{2n} \\ \vdots & \vdots & \vdots & \vdots \\ w_{n1} & w_{n2} & \cdots & w_{nn} \end{bmatrix}$$

本部分利用 $1 \sim 9$ 标度法对两两指标进行重要性判断并定量标度。标度法的具体使用步骤为：m_i 和 m_j 进行比较，若两者同等重要（包括对自身进行比较）标记为1，m_i 比 m_j 略微重要标记为3，m_i 比 m_j 显著重要标记为5，m_i 比 m_j 强烈重要标记为7，m_i 比 m_j 极其重要标记为9。在判断重要性的过程中，对各判断区间的中间值分别标度为2、4、6、8。在比较过程中，m_j 与 m_i 的比较为二者标度判断比值的导数，即 $w_{ji} = m_j / m_i$。

第三步，判断矩阵的一致性检验。当最大特征根 $\lambda_{\max} = n$ 时，可以判断 n 阶矩阵完全一致，逻辑思维判断具有一致性；当最大特征根 $\lambda_{\max} > n$ 时，判断矩阵就不一致，并且不一致程度随 $\lambda_{\max}$ 与 n 之间的差距逐步扩大。本部分运用最大特征根 $\lambda_{\max}$ 进而计算一致性比例（$C.R.$）来检验矩阵指标的一致性：$C.R. = \dfrac{C.I.}{R.I.}$，其中 $C.I. = \dfrac{\lambda_{\max} - n}{n-1}$，$R.I.$ 值为 n 阶平均随机一致性指标，可以通过查表获得。当 $C.R. < 0.1$ 时，判断矩阵符合一致性检验的要求并具有判断逻辑的前后一致性。

平均随机一致性指标 $R.I.$ 值如表 6-2 所示。

表 6-2　　　　　　　平均随机一致性指标 $R.I.$ 值

n	$R.I.$	n	$R.I.$	n	$R.I.$
1	0	5	1.12	9	1.46
2	0	6	1.26	10	1.49
3	0.52	7	1.36	11	1.52
4	0.89	8	1.41	12	1.54

第四步，层次单排序。计算同层次所有指标与上级层次指标的标度比值重要性比较并进行检验。

第五步，层次总排序。计算所有层次所有指标与总指标的标度比值重要性比较并进行检验。

1. 广东省科技金融与高新技术产业复合系统一级指标权重计算

构建一级指标各指标的判断矩阵，如表 6-3 所示。

表 6-3　　　　　　　　　一级指标判断矩阵

一级指标	A	B	C	D
公共部门科技金融支持规模与效益（A）	1	1/2	1/3	1/5
科技资本市场规模（B）	2	1	2	1/2
研发创新投入与产出（C）	3	1/2	1	1/3
高新技术成果转化与产业化产出进程（D）	5	2	3	1

将判断矩阵各行元素进行连乘得到列向量：$[0.033, 2, 0.5, 30]^T$，对列向量数值计算四次方根后得到列向量：$[0.427, 1.189, 0.841, 2.340]^T$，对计算得到的列向量进行归一化运算处理得到新的列向量：

$$\omega_1 = \begin{bmatrix} 0.427/(0.427 + 1.189 + 0.841 + 2.340) \\ 1.189/(0.427 + 1.189 + 0.841 + 2.340) \\ 0.841/(0.427 + 1.189 + 0.841 + 2.340) \\ 2.340/(0.427 + 1.189 + 0.841 + 2.340) \end{bmatrix} = \begin{bmatrix} 0.089 \\ 0.248 \\ 0.175 \\ 0.488 \end{bmatrix}$$

得到判断矩阵的特征列向量 $\omega_1 = [0.089, 0.248, 0.175, 0.488]^T$。判断矩阵 S 与特征列向量 ω_1 相乘，得到计算最大特征根 λ_{max} 的列向量：

$$S \times \omega_1 = \begin{bmatrix} 1 & \cdots & 1/5 \\ \vdots & \vdots & \vdots \\ 5 & \cdots & 1 \end{bmatrix} \times \begin{bmatrix} 0.089 \\ 0.248 \\ 0.175 \\ 0.488 \end{bmatrix} = \begin{bmatrix} 0.369 \\ 1.020 \\ 0.729 \\ 1.955 \end{bmatrix}$$

$$\text{计算最大特征根 } \lambda_{max} = \frac{1}{4} \times \left(\frac{0.369}{0.089} + \frac{1.020}{0.248} + \frac{0.729}{0.175} + \frac{1.955}{0.488} \right) = 4.107$$

$$C.I. = \frac{\lambda_{max} - n}{n - 1} = 0.036$$

通过查表获得四阶平均随机一致性指标 $R.I.$ 为 0.89，进一步计算：$C.R. = \dfrac{C.I.}{R.I.} = \dfrac{0.036}{0.89} = 0.040 < 0.1$，复合系统的一级指标判断矩阵符合一致性。综上所述，科技金融与高新技术产业复合系统一级指标权重如表 6-4 所示。

表 6-4　　　　　　　　　　复合系统一级指标权重

一级指标	权重
公共部门科技金融支持规模与效益（A）	0.089
科技资本市场规模（B）	0.248
研发创新投入与产出（C）	0.175
高新技术成果转化与产业化产出进程（D）	0.488

2. 复合系统二级指标权重计算

（1）一级指标中公共部门科技金融支持规模与效益是由财政科技拨款总额、税收优惠总额和国家科技计划高新企业税金三个二级指标构成的。公共部门科技金融支持规模与效益指标因素的判断矩阵如表 6-5 所示。

表 6-5　　　　公共部门科技金融支持规模与效益指标判断矩阵

二级指标	AA	AB	AC
财政科技拨款总额（AA）	1	1/2	1/3
税收优惠总额（AB）	2	1	1
国家科技计划高新企业税金（AC）	3	1	1

根据上述方法对判断矩阵进行每行元素标度数值连乘、三阶开方、列向量归一化处理等步骤后，得到判断矩阵的特征列向量为：$\omega_{21} = [0.169，0.387，0.443]^T$，进一步计算后可得最大特征根 $\lambda_{max} = 3.018$、$C.I. = 0.009$、$R.I. = 0.52$、$C.R. = 0.018 < 0.1$，判断矩阵各行元素前后具有一致性。公共部门科技金融支持规模与效益的二级指标元素的各项权重如表 6 - 6 所示。

表 6 - 6　　公共部门科技金融支持规模与效益二级指标各项权重

二级指标	权重
财政科技拨款总额（AA）	0.169
税收优惠总额（AB）	0.387
国家科技计划高新企业税金（AC）	0.443

（2）一级指标中科技资本市场规模是由科技信贷规模总额、创投机构数、创业风险投资管理资本总额、新三板股权投资资本总额、高新技术产业上市公司总市值五个二级指标构成的。科技资本市场指标因素的判断矩阵如表 6 - 7 所示。

表 6 - 7　　　　　　　　科技资本市场指标判断矩阵

二级指标	BA	BB	BC	BD	BE
科技信贷规模总额（BA）	1	4	1	1	2
创投机构数（BB）	1/4	1	1/4	1/4	1/2
创业风险投资管理资本总额（BC）	1	4	1	1	2
新三板股权投资资本总额（BD）	1	4	1	1	2
高新技术产业上市公司总市值（BE）	1/2	2	1/2	1/2	1

根据上述方法对判断矩阵进行每行元素标度数值连乘、五阶开方、列向量归一化处理等步骤后，得到判断矩阵的特征列向量为：$\omega_{22} = [0.267，0.067，0.267，0.267，0.133]^T$，进一步计算后可得最大特征根 $\lambda_{max} = 5$、$C.I. = 0$、$R.I. = 1.12$、$C.R. = 0 < 0.1$，判断矩阵各行元素前后具有一致性。公共部门科技金融支持规模与效益的二级指标元素的各项权重如表 6 - 8 所示。

表 6 - 8 公共部门科技金融支持规模与效益二级指标各项权重

二级指标	权重
科技信贷规模总额（BA）	0.267
创投机构数（BB）	0.067
创业风险投资管理资本总额（BC）	0.267
新三板股权投资资本总额（BD）	0.267
高新技术产业上市公司总市值（BE）	0.133

（3）一级指标中研发创新投入与产出是由 R&D 经费支出、科技活动经费支出、R&D 活动人员、专利申请授权数、科技论文发表数、三系统收录科技论文数、技术市场成交合同金额 7 个二级指标构成的。研发创新投入与产出指标因素的判断矩阵如表 6 - 9 所示。

表 6 - 9 研发创新投入与产出指标判断矩阵

二级指标	CA	CB	CC	CD	CE	CF	CG
R&D 经费支出（CA）	1	1	2	2	3	3	2
科技活动经费支出（CB）	1	1	2	2	3	3	2
R&D 活动人员（CC）	1/2	1/2	1	1	3/2	3/2	1
专利申请授权数（CD）	1/2	1/2	1	1	3/2	3/2	1
科技论文发表数（CE）	1/3	1/3	2/3	2/3	1	1	2/3
三系统收录科论文数（CF）	1/3	1/3	2/3	2/3	1	1	2/3
技术市场成交合同金额（CG）	1/2	1/2	1	1	3/2	3/2	1

根据上述方法对判断矩阵进行每行元素标度数值连乘、七阶开方、列向量归一化处理等步骤后，得到判断矩阵的特征列向量为：$\omega_{23} = [0.240, 0.240, 0.120, 0.120, 0.080, 0.080, 0.120]^T$，进一步计算后可得最大特征根 $\lambda_{max} = 7$、$C.I. = 0$、$R.I. = 1.36$、$C.R. = 0 < 0.1$，判断矩阵各行元素前后具有一致性。研发创新投入与产出的二级指标元素的各项权重如表 6 - 10 所示。

表 6 - 10 研发创新投入与产出二级指标各项权重

二级指标	权重
R&D 经费支出（CA）	0.240
科技活动经费支出（CB）	0.240

续表

二级指标	权重
R&D 活动人员（CC）	0.120
专利申请授权数（CD）	0.120
科技论文发表数（CE）	0.080
三系统收录科论文数（CF）	0.080
技术市场成交合同金额（CG）	0.120

（4）一级指标中高新技术成果转化与产业化产出进程是由高新技术产品生产总值、高新技术产品销售收入、高新技术产品出口金额三个二级指标构成的。高新技术成果转化与产业化产出进程指标元素的判断矩阵如表 6 – 11 所示。

表 6 – 11　　　　高新技术成果转化与产业化产出进程指标判断矩阵

二级指标	DA	DB	DC
高新技术产品生产总值（DA）	1	1/3	1/2
高新技术产品销售收入（DB）	3	1	1
高新技术产品出口金额（DC）	2	1	1

根据上述方法对判断矩阵进行每行元素标度数值连乘、三阶开方、列向量归一化处理等步骤后，得到判断矩阵的特征列向量为：$\omega_{24} = [0.169，0.443，0.387]^T$，进一步计算后可得最大特征根 $\lambda_{max} = 3.055$、$C.I. = 0.028$、$R.I. = 0.52$、$C.R. = 0.053 < 0.1$，判断矩阵各行元素前后具有一致性。高新技术成果转化与产业化产出进程二级指标元素的各项权重如表 6 – 12 所示。

表 6 – 12　　　　高新技术成果转化与产业化产出进程二级指标各项权重

二级指标	权重
高新技术产品生产总值（DA）	0.169
高新技术产品销售收入（DB）	0.443
高新技术产品出口金额（DC）	0.387

那么，二级层次下科技金融与高新技术产业复合系统内各二级指标对总目标的综合权重如表 6 – 13 所示。

表 6 – 13　　　　　　　　科技金融与高新技术产业复合系统内
各二级指标对总目标综合权重

一级指标	一级指标权重	二级指标	二级指标权重	对总目标的综合权重影响
公共部门科技金融支持规模与效益（A）	0.089	财政科技拨款总额（AA）	0.169	0.015
		税收优惠总额（AB）	0.387	0.034
		国家科技计划高新企业税金（AC）	0.443	0.039
科技资本市场规模（B）	0.248	科技信贷规模总额（BA）	0.267	0.066
		创投机构数（BB）	0.067	0.017
		创业风险投资管理资本总额（BC）	0.267	0.066
		新三板股权投资资本总额（BD）	0.267	0.066
		高新技术产业上市公司总市值（BE）	0.133	0.033
研发创新投入与产出（C）	0.175	R&D 经费支出（CA）	0.240	0.042
		科技活动经费支出（CB）	0.240	0.042
		R&D 活动人员（CC）	0.120	0.021
		专利申请授权数（CD）	0.120	0.021
		科技论文发表数（CE）	0.080	0.014
		三系统收录科技论文数（CF）	0.080	0.014
		技术市场成交合同金额（CG）	0.120	0.021
高新技术成果转化与产业化产出进程（D）	0.488	高新技术产品生产总值（DA）	0.169	0.082
		高新技术产品销售收入（DB）	0.443	0.216
		高新技术产品出口金额（DC）	0.387	0.189

6.3.4　复合系统有序度与协同度实证检验

1. 子系统协同有序度检验

根据前面所确定的各二级指标的权重，对经过无量纲标准化的各指标数据进行权重分配，并代入式（6.1）中得到科技金融子系统与高新技术产业子系统各二级指标的子系统有序度。综合子系统各二级指标有序度值，代入式（6.2）中，得到科技金融子系统与高新技术产业子系统 2000 ~ 2016 年每年的子系统有序度数值，并编制表 6 – 14。

表 6 – 14　　　　　　科技金融与高新技术产业子系统有序度

项目	2000 年	2001 年	2002 年	2003 年	2004 年	2005 年	2006 年	2007 年	2008 年
科技金融子系统有序度	0.025	0.047	0.053	0.093	0.102	0.132	0.179	0.210	0.230
高新技术产业子系统有序度	0.053	0.064	0.083	0.109	0.137	0.184	0.227	0.274	0.329

续表

项目	2009 年	2010 年	2011 年	2012 年	2013 年	2014 年	2015 年	2016 年
科技金融子系统有序度	0.245	0.388	0.453	0.448	0.464	0.377	0.576	0.798
高新技术产业子系统有序度	0.338	0.389	0.455	0.505	0.532	0.561	0.610	0.664

根据表 6 - 14 子系统有序度数据，绘制科技金融子系统与高新技术产业子系统有序度指标折线图（见图 6 - 4），并观察两个子系统有序度的变动趋势。

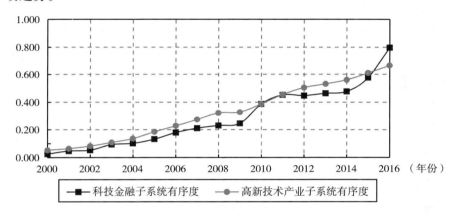

图 6 - 4 科技金融与高新技术产业子系统有序度变动情况

从图 6 - 4 可以看出，2000 ~ 2016 年，科技金融子系统有序度呈现出较大的波动，并从一个较低的有序度水平阶段开始发展；高新技术产业子系统有序度呈现较为稳定的增长趋势。科技金融子系统与高新技术产业子系统在 2007 ~ 2009 年发展减缓。科技金融子系统有序度在 2009 ~ 2011 年有较大幅度增长，其中，2010 年科技金融子系统有序度接近高新技术产业子系统，2011 年达到 0.453，但二者整体仍处于一个较低的子系统有序度阶段。2011 ~ 2014 年科技金融子系统有序度增长缓慢，2014 ~ 2016 年呈现高速增长态势。2015 年，科技金融子系统有序度重新超过高新技术产业子系统有序度，并在 2016 年达到 0.7981，高新技术产业子系统有序度也达到 0.6638，二者均处于一个较高的子系统有序度水平。

2. 复合系统发展协同度检验

利用表 6 - 14 数据，以 2000 年作为基期 T_0，将数据代入式（6.3）和式（6.4），得出 2001 ~ 2016 年 16 年间科技金融与高新技术产业复合系统的协同度数据，并编制表 6 – 15。

表 6 – 15　　　　　科技金融与高新技术产业复合系统协同度

年份	复合系统协同度	年份	复合系统协同度
2001	0.0155	2009	0.2502
2002	0.0285	2010	0.3541
2003	0.0615	2011	0.4142
2004	0.0802	2012	0.4266
2005	0.1185	2013	0.4581
2006	0.1637	2014	0.4228
2007	0.2308	2015	0.5537
2008	0.2348	2016	0.6869

根据表 6 – 15 中复合系统发展协同度数据，绘制科技金融子系统与高新技术产业复合系统发展协同度趋势折线图（见图 6 –5），并观察复合系统协同度的变动趋势。

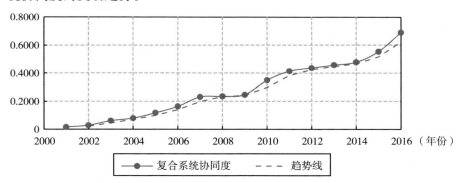

图 6 – 5　科技金融与高新技术产业复合系统协同度变动情况

从图 6 – 5 可以看出，科技金融与高新技术产业复合系统发展协同度总体呈现增长趋势。2001 ~ 2008 年复合系统协同度稳定增长，但协同度区间处于 0.0155 ~ 0.2348，总体协同度水平较低；2008 ~ 2009 年协同度处于一个缓慢发展阶段，随后至 2011 年有较大幅度增长；2011 ~ 2014 年复合系统协同度处在一个平缓增长阶段，总体协同度水平并未出现明显提升；2014 年以后，复合系统协同度快速提升，并在 2016 年达到 0.6869 这一较高水平。

6.3.5　实证结果分析

2001 ~ 2007 年，科技金融与高新技术产业的子系统有序度和复合系统协同度均呈现较快速度增长，但整体水平仍然偏低。深圳高新技术产业园、东莞松山湖高新技术产业园、中山火炬国家高技术开发区、清远国家高新技术产业开发区、顺德高新技术产业开发区规模得到迅速扩大、快速发展。但这个阶段的科技企业都处在初创阶段，包括华为和腾讯等，加之该时期国家对金融监管较为严格，科技企业的融资渠道狭窄，融资规模普遍偏小。风创投资本市场仍处在初步发展阶段，支持效果有限。商业银行对科技企业等轻资产公司设置的门槛较高，对科技贷款的实施仍处于观望状态。

2007～2009 年，科技金融与高新技术产业子系统有序度及复合系统协调度均处于增长缓慢和发展停滞阶段。这一时期发生了全球经济危机，世界绝大部分经济体均受到影响和冲击。该时期我国虽有一定程度的外部风险抵御能力，但作为与国际市场联系很深的广东地区，经济萎缩、出口减少等对广东存在很大程度上的负面影响。

2009 年以来，国务院颁布《国家中长期科学和技术发展规划纲要（2006—2020 年）》和相关配套政策，广东省出台了《广东省科技金融支持科技型中小微企业专项行动计划（2013—2015）》《广东省关于发展创业投资促进产业转型升级的意见》《广东省人民政府办公厅关于金融服务创新驱动发展的若干意见》等政策，国家对企业科技创新的重视不断加深，广东省响应建设创新型国家的号召，大力发展科技金融与高新技术产业，不断提升科技金融体系对科技产业的服务能力与水平。这一时期，科技金融与高新技术产业子系统及复合系统协同度均显著提升，并出现增长加速的趋势，复合系统协同状况显著。

6.4　科技金融与高新技术产业协同演化机制实证分析

6.4.1　协同演化机制指标体系

哈肯模型中的子系统间协同是一个动态协同的概念，因此在构建样本指标体系时要遵守协同的原则。本部分主要涉及两个系统：一个是已知的科技金融体系与高新技术产业复合系统测度指标体系（见表 6-1）；另一个是待检验的协同机制因素指标体系。通过前文的分析可知，科技金融与高新技术产业协同演化机制主要包括子系统间和复合系统内两个层面，主要包括法律法规环境保障、市场导向与政府协调以及第三方服务与支持机制等六个方面，因此本部分参考科技部 2021 年印发的《国家高新技术产业开发区综合评价指标体系》以及国内外学者关于科技金融、企业创新和高新技术产业发展评价的研究成果，构建协同演化机制因素指标体系（见表 6－16）。

表 6－16　　　　　　　　协同演化机制因素指标体系

序参量		一级分类指标	二级分类指标
协同演化机制因素指标体系（S）	子系统间协同演化机制（S1）	合作竞争与风险共担	创新创业大赛次数（A1）
			科技保险总额（A2）
		交互式学习与信息共享	政策宣讲活动次数（A3）
			项目路演活动次数（A4）
		市场导向与政府协调	财政科技拨款总额（A5）
			税收优惠总额（A6）
	复合系统内协同演化机制（S2）	法律法规保障	科技信贷规模总额（B1）
			新三板挂牌补贴总额（B2）
		人才供给保障	人才引进总数（B3）
			培训董秘等高管总数（B4）
		第三方服务支持	科技金融服务平台总数（B5）
			孵化企业总数（B6）

6.4.2　数据选取与标准化处理

考虑到数据可获取性，本部分选择广东省数据作为区域分析样本，时间跨度为 2001～2016 年，并按照哈肯模型的实证特征将这 16 年的数据分成 2001～2008 年和 2009～2016 年两个期间，数据来源于广东省统计局和国家统计局。此外，由于样本数据具有不同的量纲，为保证结果的科学性，首先对样本数据进行无量纲化处理，采用标准化法对高新技术产业子系统、科技金融子系统和协同演化机制各项体系指标进行无量纲化处理。具体处理方法与第 6.3 节复合系统协同度实证检验部分中无量纲标准化处理相同，在此不一一赘述。

6.4.3　指标权重计算

本部分最终设定的各子系统各项评价指标的构成具有系列性特征，尽管上述各项评级指标都经过了无量纲化处理，但是指标所代表的重要性却各不相同，所以要利用第 6.3 节中的权重系数进行重要性评级，评级方法采用层次分析法来进行。同时，本部分所使用方法与第 6.3.3 节复合系统协同度实证检验中数据指标权重确定的处理方法与步骤较为一致，不再重复进行描述。

　　根据以上方法，可以计算出科技金融子系统和高新技术产业子系统权重都为 0.5，再进一步根据一级权重和子系统权重求出科技金融子系统和高新技术产业子系统二级层次指标的权重。同理，可以求出科技金融与高新技术产业协同演化机制因素二级层次指标的权重（见表 6-17）。

表 6-17　　　　科技金融产业协同演化机制各子系统二级指标权重

科技金融子系统（P_1）指标权重							
指标	X_1	X_2	X_3	X_4	X_5	X_6	X_7	X_8
权重	0.1271	0.1276	0.1058	0.1373	0.1357	0.1209	0.1262	0.1194

高新技术产业子系统（P_2）指标权重							
指标	Y_1	Y_2	Y_3	Y_4	Y_5	Y_6	Y_7	Y_8
权重	0.1336	0.1272	0.1016	0.1355	0.1169	0.1007	0.1503	0.1342

复合系统内协同演化机制因素（S_2）指标权重					
指标	A_1	A_1	A_3	A_4	A_5	A_6
权重	0.1353	0.1903	0.1667	0.1925	0.1844	0.1327

子系统间协同演化机制因素（S_1）指标权重					
指标	B_1	B_2	B_3	B_4	B_5	B_6
权重	0.2014	0.1747	0.2192	0.1176	0.1629	0.1282

6.4.4　系统有序度与协同度计算

　　根据表 6-18 中的各二级指标权重，将已通过无量纲化处理的数据代入式（6.1），得出科技金融子系统与高新技术产业子系统一级层次指标的有序度，然后将结果代入式（6.2），继而得到各年科技金融子系统和高新技术产业子系统的有序度数值，计算结果见表 6-19，然后将有序度数值代入式（6.3）和式（6.4），即可得出科技金融与高新技术产业协同度。按照同样的方法可以计算出科技金融与高新技术产业协同演化机制的有序度值（见表 6-18）。

表 6 – 18 科技金融与高新技术产业协同演化机制有序度测度结果

2001 ~ 2008 年		2009 ~ 2016 年	
$P(t)$	$S(t)$	$P(t+1)$	$S(t+1)$
0.006410	0.539223	0.092374	0.571911
0.019606	0.558156	0.286885	0.602623
0.161450	0.470473	0.197007	0.624409
0.222196	0.462753	0.208219	0.648672
0.190770	0.544368	0.223080	0.620173
0.230902	0.548712	0.283878	0.633102
0.241796	0.552081	0.270740	0.648801
0.060178	0.560473	0.337480	0.650186

6.4.5 哈肯模型实证检验

本部分借鉴赵玉林和李丫丫（2017）以及李丫丫（2012）的处理方法，进一步将经过无量纲化处理并通过协同度模型测算后的科技金融产业复合系统协同值和协同演化机制有序度值分别代入式（6.10）和式（6.11），即此时只有两个关系组，同时利用经济应用软件进行回归得：

$$S(t+1) = 1.877S(t) + 2.553S(t)P(t) + 0.244 \quad (6.14)$$
$$(3.03) \quad\quad (2.23) \quad\quad (5.17)$$
$$R^2 = 0.9668, \ F = 272.77$$

$$P(t+1) = -1.019P(t) + 1.241S(t)P(t) + 1.027 \quad (6.15)$$
$$(-2.38) \quad\quad (2.54) \quad\quad (6.31)$$
$$R^2 = 0.9457, \ F = 346.09$$

其中，括号中的数字为 t 检验值，两个模型都通过 5% 显著性水平的检验；R^2 均大于 0.9，F 值均大于 100，t 值也都通过了检验，拟合效果较好。此时，$1 - \lambda_1 = 1.877$、$\lambda_1 = -0.877$、$1 - \lambda_2 = -1.019$、$\lambda_2 = 2.019$；则有 $\lambda_2 \geq \lambda_1$、$\lambda_2 > 0$，表明高新技术产业成长是科技金融的序参量。进一步分析科技金融与高新技术产业协同演化机制的离散化哈肯模型，得到二者间相互作用的微分方程组：

$$\dot{S} = -0.877S + 2.553SP \quad (6.16)$$

$$\dot{P} = -2.019P + 1.241S^2 \quad (6.17)$$

令 $\dot{P}=0$，求式（6.17）的近似解：

$$P \approx \frac{\beta}{\lambda_2}S^2 = \frac{1.241}{2.019}S^2 \qquad (6.18)$$

式（6.18）表明科技金融与高新技术产业子系统协同演化程度随着相关协同演化机制作用强度的不断变化而变化。将式（6.13）代入式（6.18），得到序参量方程：

$$\dot{S} = -0.877S + 1.569S^3 \qquad (6.19)$$

对式（6.19）等号右边取相反数，然后积分即可以得到协同演化势函数：

$$F(S) = 0.4385S^2 - 0.39225S^4 \qquad (6.20)$$

势函数的二阶导数为：

$$\frac{\mathrm{d}^2 F}{\mathrm{d}S^2} = 0.877 - 4.7064S^2 \qquad (6.21)$$

令 $\dot{S}_1 = 0$ 可得到式（6.19）的零点值，$S=0$ 或 $S=0.7476$ 或 $S=-0.7476$，将该值代入势函数的二阶导函数式（6.21）中，其二阶导函数值为：

$$\frac{\mathrm{d}^2 F}{\mathrm{d}S^2} = 0.877 - 4.7064S^2 = -1.75343 \qquad (6.22)$$

二阶导函数值等于 -1.75343 小于 0，说明在零点值 $S=\pm0.7476$ 处势函数具有极大值。势函数曲线如图 6-6 所示。

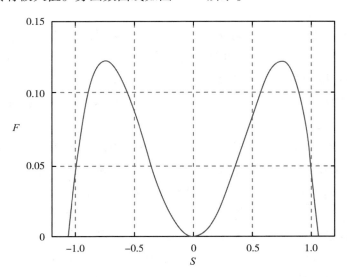

图 6-6　科技金融与高新技术产业协同演化势函数曲线

科技金融与高新技术产业协同演化过程的势函数的结构特性反映了科技金融与高新技术产业的协同演化机制，即根据势函数的结构特性，可以清晰地看出科技金融与高新技术产业的协同演化间确实存在着动力机制，在协同演化机制的作用下，科技金融子系统与高新技术产业子系统发生非零作用，促使科技金融产业复合系统形成新的稳定定态解，达到新的有序状态。当状态参量（S，P）和系数变量（λ_1，λ_2，α，β）发生变化时，系统的势函数会发生变化，即从初始状态（$S=0$）演化到新的稳定有序状态（$S=0.7476$ 或 -0.7476），甚至从一种稳定有序状态（$S=-0.7476$）演化到另一种新的有序状态（$S=0.7476$）。由式（6.20）和式（6.22）可知，科技金融产业协同演化是以合作竞争与风险共担机制、信息共享与交互性学习机制、市场导向与政府协调机制、法律法规保障、人才供给保障以及第三方服务支持机制为动力，促进科技金融产业复合系统演化从无序到有序，实现"$1+1>2$"的协同效应和科技、金融、产业和政策的良性互动。

6.4.6　实证结果分析

本章选取广东省样本数据进行科技金融产业协同演化机制实证检验，发现科技金融与高新技术产业二者之间存在着相互影响的动态演化关系以及相互促进的协同演化机制，促使科技金融和高新技术产业融合创新与发展。

（1）广东省科技金融与高新技术产业协同演化程度正在不断提升，通过协同度可以看出，2001～2016 年科技金融与高新技术产业正逐渐发生集聚，集聚程度用协同度显示为 0.33748，距最优的哈肯模型估计值 0.7476 还有一段距离，这说明广东省科技金融与高新技术产业协同创新和发展还有待进一步提升。

（2）通过科技金融与高新技术产业协同演化的势函数可以看出，以信息共享与交互式学习机制等为代表的子系统间协同演化机制和以法律法规环境保障机制等为代表的复合系统内协同演化机制，是推动广东省科技金融与高新技术产业协同演化的动力机制，在该机制的作用下，科技金融子系统与高新技术产业子系统发生非零作用，促使科技金融与高新技术产业复合系统形成新的稳定状态，达到新的有序状态，即从初始状态（$S=0$）演化到新的稳定有序状态（$S=0.7476$ 或 -0.7476），甚至从一种稳定有序状态（$S=-0.7476$）演化到另一种新的有序状态（$S=0.7476$）。

6.5　科技金融与高新技术产业协同效应评价实证分析

6.5.1　科技金融与高新技术产业协同效应评价指标体系构建

针对区域科技金融与高新技术产业协同发展的基本情况，本部分拟利用有关科技投入产出效率的数据测度中国各省份科技金融和高新技术产业的投入产出效率，并以此为质参量利用 Logistic 生产曲线进行建模，以科技金融和高新技术产业的相互作用共生系数作为其协同发展概况的基本描述。由于我国高新技术产业的统计数据自 2009 年才进行统计，为扩大样本区间长度并增强结果的稳健性，本部分将高新技术产业投入产出效率的范围扩大到总体科技投入产出效率，其中总体科技投入产出效率是 R&D 机构科技产出效率、高技术企业科技投入产出效率、规模以上工业企业科技投入产出效率、高校科技产出效率的累计加总，其构造理论依据是《中国科技统计年鉴》的分部门统计架构，通过全国科技及科技金融投入产出效率共生演化、高新技术产业及科技金融投入产出效率共生演化的对比分析增强结论的稳健性。

而关于科技金融投入产出效率，现有研究中并没有国家统计局层面的数据支持，所以本部分依据广东省关于科技金融现有研究的一些理论成果以及数据来源的可得性，通过我国上市公司来测度科技信贷、科技担保、风投创投以及新三板运营的一些基本情况，从而对科技金融的投入产出进行基本测度。由于科创板成立时间过短，暂时无法将其纳入整个研究范围内。本部分的数据来源于高等学校统计资料汇编、中国工业经济统计年鉴、工业企业科技活动统计年鉴、中国基本单位统计年鉴和国泰安数据库。

大多数研究在构造 Logistic 模型时都采用实际绝对统计量作为质参量，如科技金融的法人单位数和高新技术产业的法人单位数、科技金融的风险投资额和高新技术产业产值等，鲜有使用相对统计量指标作为质参量。为了避免单一指标的片面性，本书采用投入产出效率作为模型构建的质参量。本书主要通过构造投入产出指标作为效率的度量，因为主流采用的效率测度模型，不论是随机前沿分析（SFA）和数据包络分析（DEA），其中涉及的子模型纷繁芜杂、莫衷一是，因此采用的模型很可能在清洗数据加工基础上带来二重噪声和偏误。本书借用冯海燕（2018）关于科技投入产出效率测度的基本理念，即认为投入产出效率等于某一生态系统中产出效益与投入成本的比值。这一比值越高，说明投入产出效率越高。由于测度指标的量纲差异，投入产出指标无法进行汇总比较，在不丢失指标信息的情况下，本部分考虑采用将指标无量纲化后再进行运算处理，参考韩胜娟（2008）提出的均值化方法，即每一变量值除以该变量的平均值，标准化后各变量的均值都为1，标准差为原始变量的变异系数。如图6-7至图6-12所示，分别为总体科技投入产出效率指标体系、R&D机构科技产出效率指标体系、高新技术产业科技投入产出效率指标体系、规模以上工业企业科技投入产出效率指标体系、高等院校科技投入产出效率指标体系、科技金融投入产出效率指标体系。

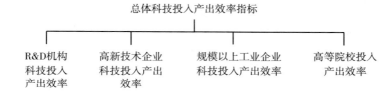

图6-7　总体科技投入产出效率指标体系

　注：总体科技投入产出效率为R&D机构科技产出效率、高新技术企业科技产出效率、规模以上工业企业科技产出效率和高等院校投入产出效率的累计加总。

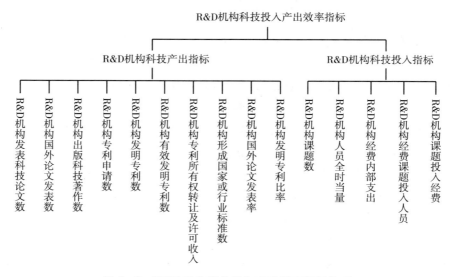

图6-8　R&D机构科技投入产出效率指标体系

　注：关于科技投入产出指标的选择，主要参考《中国科技统计年鉴》核算的指标体系，投入指标主要为人、财、物的投入，具体体现为R&D人员全时当量、R&D经费内部支出和参加的课题项目，产出主要体现为体现科技水平的专利技术、发表的学术论文、形成的行业规范等。由此构建的R&D机构科技投入产出效率指标：标准化R&D机构科技产出指标/标准化R&D机构科技投入指标。

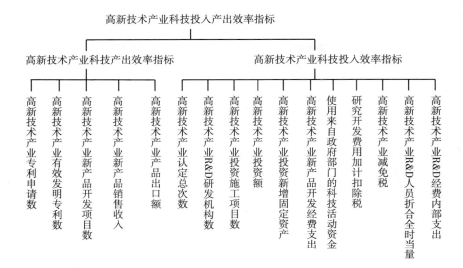

图 6 – 9　高新技术产业科技投入产出效率指标体系

注：高新技术产业科技投入产出效率指标以及效率计算和前面指标的计算类似，根据高新技术产业的营利性质增加了出口额、销售收入等指标，同时在投入指标上根据数据的可得性固定资产投资额以及政府特定税收减免等公共科技金融投入指标。

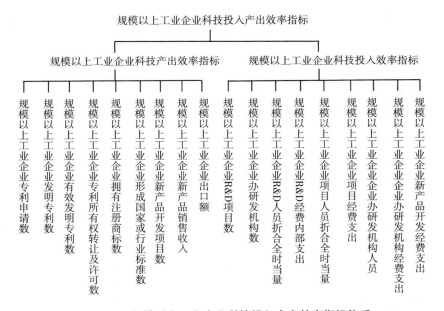

图 6 – 10　规模以上工业企业科技投入产出效率指标体系

注：规模以上工业企业科技投入产出效率指标和高新技术企业投入产出效率指标的计算方法一致，根据其数据的可得性增加了规模以上工业企业研发机构的投入指标。

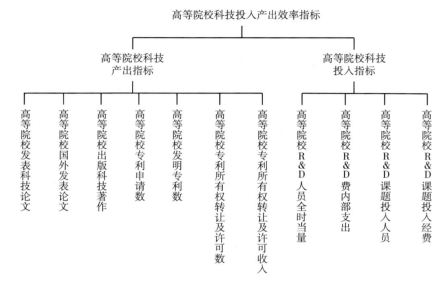

图 6 – 11　高等院校科技投入产出效率指标体系

注：高等院校科技投入产出效率指标与 R&D 机构投入产出指标相似，都是属于非营利性组织机构。

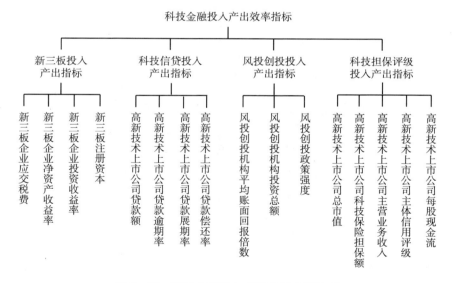

图 6 – 12　科技金融投入产出效率指标体系

注：由于科技金融作为产业金融的一个分支概念并没有专门的统计年鉴对其进行统计核算，根据数据来源的可得性和代表性，本书选择 2005 ~ 2017 年间被评定为高新技术企业的上市公司作为样本，并以此测度各个省份的科技金融投入产出效率。关于新三板的投入产出指标来源于国泰安数据库新三板统计专题，关于科技信贷投入产出指标来国泰安数据库上市公司银行贷款专题。风投创投投入产出指标来自国泰安数据库科技金融专题，其中关于风投创投政策强度借鉴彭纪生等（2008）的政策力度打分标准进行打分。

6.5.2　我国科技金融与高新技术产业协同发展状态实证分析

从既有统计数据的分析结果来看，全国总体科技投入产出效率处于稳步上涨的态势，尽管 2008 年受到全球经济危机的冲击但效率放缓的幅度不大，较为严重的效率下降主要发生在 2014 年，那时正值世界经济周期开始进入紧缩周期、中国进入经济发展的新常态时期，2014 年以后全国科技投入产出效率又开始平稳地增长（见图 6－13）。结合全国科技金融投入产出效率来看，2008 年的全球经济危机并未对中国实体科技的发展产生较为严重的冲击，但是 2014 年确实对实体科技投入产出产生冲击，自 2012 年开始，科技金融投入产出对全国总体科技投入产出的影响和冲击日益加剧，金融与实体的关联溢出日益紧密，而全国高新技术产业科技投入产出效率一直处于较为平稳缓慢增长的状态，其中高等院校的科技投入产出效率贡献水平较高，而 R&D 机构和全国规模以上工业企业的贡献程度较低。

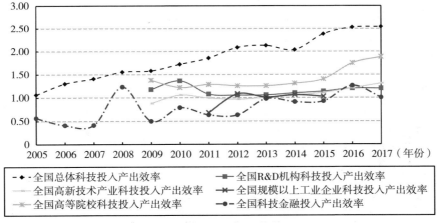

图 6－13　全国科技投入产出效率和科技金融投入产出效率对比

6.5.3　区域科技金融与高新技术产业协同发展状态实证分析

1. 区域总体科技投入产出效率

图 6－14 至图 6－16 分别展示了 2005～2017 年我国东部、中部和西部地区总体科技投入产出效率对比情况。其中，东部地区的浙江、江苏、广东和上海总体平均科技投入产出效率较高，但是 2015 年除广东外其他城市都出现了边际产出效率递减的现象，福建的投入产出效率在 2014 年出现较大水平的提高和跃升，总体来说东部地区总体科技投入产出效率较高。而中部地区中安徽、江西、黑龙江总体科技投入产出效率较高，并且

在经济发展进入新常态后中部地区总体科技投入产出效率仍然保持了较好的上涨势头。西部地区总体科技投入产出效率的差异性较大，但是总体发展态势良好，其中广西和宁夏实现了较快速的发展和反超。

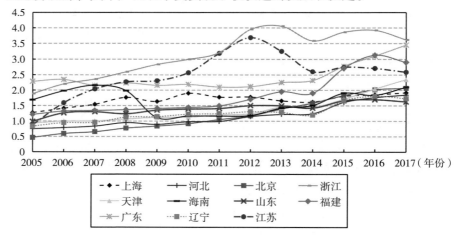

图6-14 2005~2017年我国东部地区总体科技投入产出效率对比

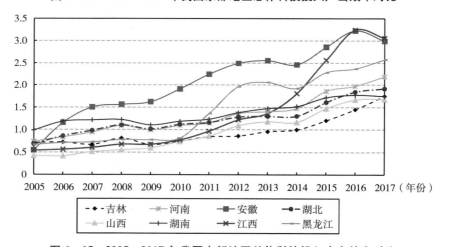

图6-15 2005~2017年我国中部地区总体科技投入产出效率对比

2. 区域 R&D 机构科技投入产出效率

图6-17至图6-19展示了2009~2017年我国区域R&D机构科技投入产出效率对比情况。其中，东部地区排除数据缺失的海南后，R&D机构科技投入产出效率的年度变化较为稳定，浙江、福建、上海和天津的R&D机构投入产出效率水平较高；中部地区排除吉林、山西、河南等省份后，安徽、湖北和湖南的R&D机构投入产出效率水平较高；西部地区总体R&D机构平均投入产出水平较为低下。

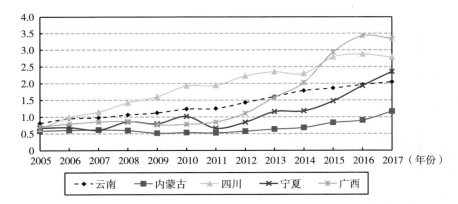

图 6 - 16 2005～2017 年我国西部地区总体科技投入产出效率对比

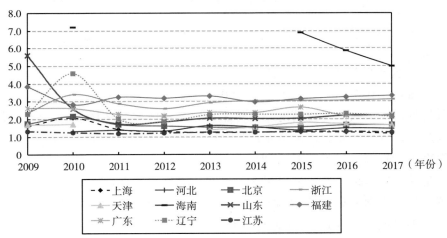

图 6 - 17 2009～2017 年我国东部地区 R&D 机构科技投入产出效率对比

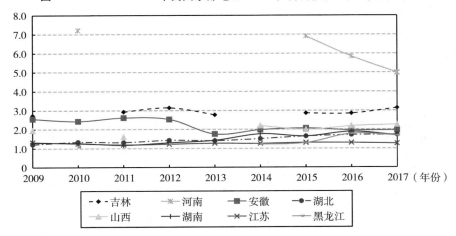

图 6 - 18 2009～2017 年我国中部地区 R&D 机构科技投入产出效率对比

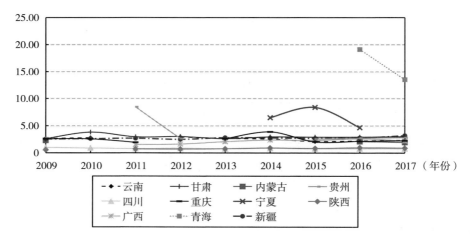

图6-19 2009~2017年我国西部地区R&D机构科技投入产出效率对比

3. 区域高新技术产业科技投入产出效率

图6-20至图6-22展示了2009~2017年我国区域高新技术产业科技投入产出效率对比情况。总体来说，我国区域高新技术产业科技投入产出效率分布较为离散，东部地区的上海、北京和天津虽然初始总体效率水平较高，但是发展后期效率水平呈现边际递减的状态，而海南、辽宁和广东等地近几年的发展态势则较为良好；中部地区的发展差异性较大，其中河南处于遥遥领先的饱和状态，山西总体波动剧烈，黑龙江水平最低；西部地区多地高新技术产业投入产出效率呈现倒"U"型态势，其中，新疆、重庆总体呈现较为明显的波动，广西总体发展态势良好。

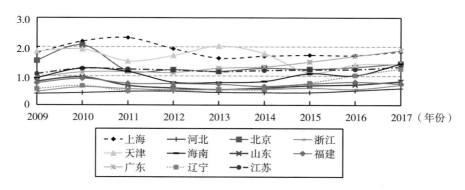

图6-20 2009~2017年我国东部地区高新技术产业
科技投入产出效率对比

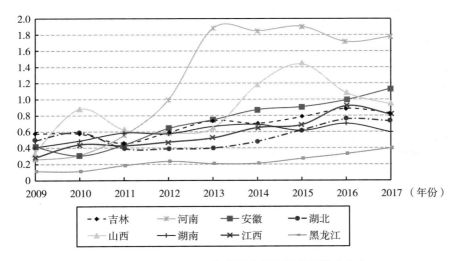

**图 6 - 21　2009 ~ 2017 年我国中部地区高新技术产业
科技投入产出效率对比**

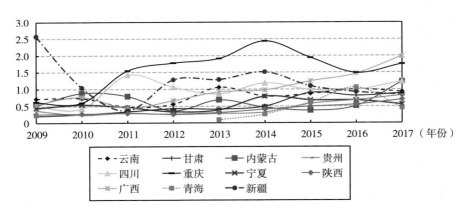

**图 6 - 22　2009 ~ 2017 年我国西部地区高新技术产业
科技投入产出效率对比**

4. 区域规模以上工业企业科技投入产出效率

图 6 - 23 至图 6 - 25 展示了 2011 ~ 2015 年我国区域规模以上工业企业科技投入产出效率对比情况。总体来看，东部地区除了河北存在较大波动性之外，发展的差异性较小；中部地区刚开始发展的差异性比较大，后期发展差距逐渐缩小，其中安徽保持着稳步增长的状态；西部地区刚开始发展的差距较小，但是后期逐渐拉大，其中川渝地区保持了较高的增长。

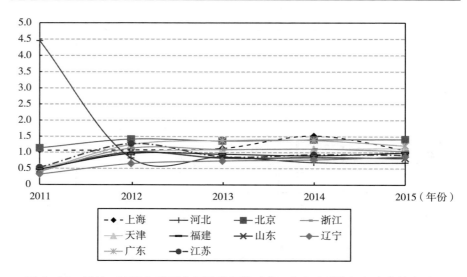

图 6 - 23　2011～2015 年我国东部地区规模以上工业企业科技投入产出效率对比

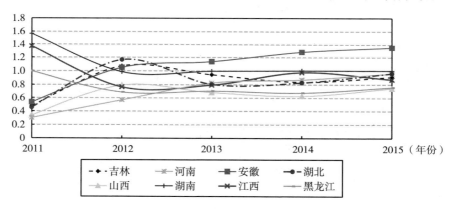

图 6 - 24　2011～2015 年我国中部地区规模以上工业企业科技投入产出效率对比

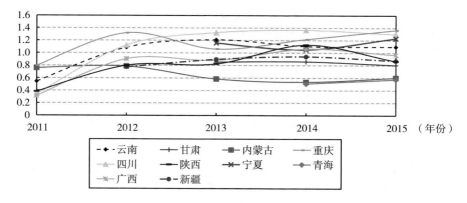

图 6 - 25　2011～2015 年我国西部地区规模以上工业企业科技投入产出效率对比

5. 区域高等院校科技投入产出效率

图 6 – 26 至图 6 – 28 展示了 2009～2017 年我国区域高等院校科技投入产出效率对比情况。总体来看，东部地区高等院校科技投入产出效率的差距较小，其中，江苏保持着较高的投入产出效率，其余省份除个别年份外平均水平较为接近；中部地区发展差异性较为稳定，其中，河南、湖北较为领先，江西有后来居上的发展势头；西部地区发展差异性较大，其中，陕西的发展水平相对较高。

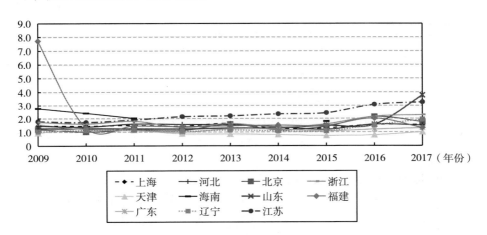

图 6 – 26　2009～2017 年我国东部地区高等院校科技投入产出效率对比

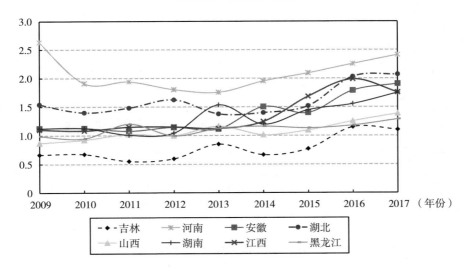

图 6 – 27　2009～2017 年我国中部地区高等院校科技投入产出效率对比

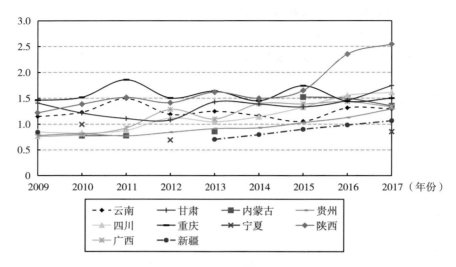

图 6 – 28　2009～2017 年我国西部地区高等院校
科技投入产出效率对比

6. 区域科技金融投入产出效率

图 6 – 29 至图 6 – 31 展示了 2005～2017 年我国区域科技金融投入产出效率对比情况。总体来看，科技金融投入产出效率的周期波动性特征较为明显，发达地区的波动性一般比落后地区的波动性更大。

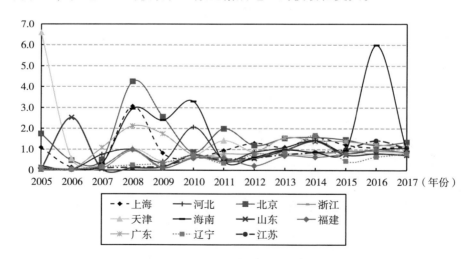

图 6 – 29　2005～2017 年我国东部地区科技金融投入产出效率对比

分析协同发展绩效评价实证结果可以发现，东部地区近几年科技金融与高新技术产业的协同效应均高于中部和西部地区，省级层面，广东、

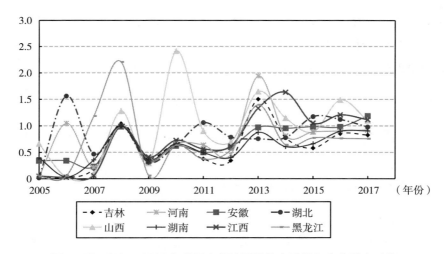

图 6 - 30 2005 ~ 2017 年我国中部地区科技金融投入产出效率对比

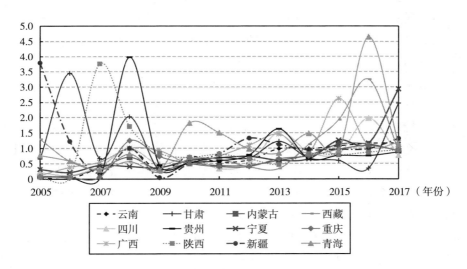

图 6 - 31 2005 ~ 2017 年我国西部地区科技金融投入产出效率对比

北京、江苏、山东、上海、天津等地协同发展绩效普遍较高。这些省份分别位于我国粤港澳大湾区、长三角城市群以及京津冀经济圈等产业基础较好、经济发达的地区，无论是高精尖产业规模、先进制造业水平还是金融机构数量、规模与服务水平均处于国内前列。同时，在覆盖较为全面的科技金融政策和日益完善的科技金融平台的共同协同下，协同效应愈发明显，并不断优化和提升。中西部地区在国家西部大开发、中部崛起等国家战略的支持下，近几年产业培育、经济活力日渐凸显，但其中一些后发地区在总量规模、产业体系完整度、金融体系服务配套程度等方面与东部一些发达地区仍有不小的差距。随着公共科技金融部门与科技资本市场等科技金融系统在中西部地区实践与投入的不断加大，科技金融产业协同发展的差距正在不断缩小。

6.6 科技金融对区域产业结构升级的空间效应实证分析

6.6.1 科技金融发展水平的测度

1. 科技金融发展水平指标的设定

作为一个多方参与的复杂体系，科技金融包含了科技链条与金融链条元素，因此需要从整个作用层面来综合分析，才能合理衡量其丰富内涵。曹颢等最先对科技金融的量化评价方式进行研究，初步以两级分指数方法构成基础。胡义芳（2013）在曹颢等研究的基础上，通过作用主体研究，从投入与产出视角进行分析，构成评价体系闭环。张玉喜等（2015）则从作用效果角度入手，细化分析了作用主体与发展水平所存在的关系。

本部分在参考以往学者研究成果的基础上，考虑到数据的科学性和可得性，针对区域内发展科技金融所存在的特点，创新性地在投入与产出视角上补充了发展环境进行分析，反映了区域内科技金融发展所需的基础土壤及能提供的效率保证，并对科技金融投入来源主体进行归类，发现产学研等社会中介机构投入主体来源主要仍为政府和企业，因此差异性地进行归类处理。这里以科技金融投入、发展环境和产出三大基础要素作为一级指标，并在三大一级指标的基础上筛选设立 12 个二级指标来衡量区域内科技金融系统的发展水平（见表 6 – 19）。

表 6 – 19　　　　　　　　　科技金融量化评价指标体系说明

一级指标	二级指标	指标含义
科技金融投入	政府科技支持力度（P1）	当地财政科技拨款占财政支出的比例，反映政府对科技创新投入程度
	科技信贷规模（P2）	反映金融信贷市场对科技创新的投入程度
	创业风险投资资本总额（P3）	反映风险投资市场对科技创新的投入程度
	研究与试验发展（R&D）经费内部支出（P4）	反映研发领域的资金投入程度

一级指标	二级指标	指标含义
科技金融 发展环境	科技研究机构数（P5）	反映全社会的科技创新基础环境
	地区金融机构数（P6）	反映全社会金融服务的基础环境
	科技活动人员占就业人口比例（P7）	反映全社会对科技创新的人力资源情况
	金融从业人员占就业人口比例（P8）	反映全社会对金融服务的人力资源情况
科技金融 产出	新技术产品产值占生产总值比例（P9）	反映由科技金融发展所带来的经济增长情况
	金融业产值占生产总值比例（P10）	反映科技金融反哺金融服务发展的情况
	每万人人均专利拥有量（P11）	反映科技金融发展所带来的技术进步情况
	技术市场成交额（P12）	反映科技金融发展所带来成果转化的情况

2. 数据选取

根据数据的科学性和可得性，本部分选取了时间跨度为 2006～2017 年共 12 年广东省区域内 21 个地级市与科技金融量化评价体系相关的数据，具体来源包括国家统计局官网、广东省各年统计年鉴、Wind 数据库、广东省科学技术厅统计信息、广东省 21 个地级市市级统计年鉴和广东省科技金融综合服务中心官网数据，数据以以上官方文件认证数据为准，对于其中某些缺失的数据，为保证数据的连贯性、时效性与科学性，采用线性插值的方法予以计算补充。除此之外，因统计数据信息需经官方机构核准后延后两年公开，目前最新可获得的官方数据截至 2017 年。

3. 熵权法综合测度发展水平

熵权最先源自信息学，是一种体现信息价值大小的概念，经过拓展目前在社会经济研究领域得到广泛应用。其分析指标权重大小的核心在于变异性的程度，一般来说，指标信息熵小就代表其变异程度大、所蕴含的信息多、能对评价体系发挥更大的作用，因此该指标的权重大，反之权重小。通过得出的权重与原始数据的结合计算，就可以得到目标指标的测度值。

本部分对科技金融发展水平的测度主要包括以下三步。

第一步：数据的无量纲化处理。

由于本部分所选取指标的数据各自单位不尽相同，若直接计算可能会导致结果不能合理地反映情况，因此需要进行无量纲化处理来确保准确性。本部分采用标准化（Z – SCORE）法来对区域内科技金融发展水平评价指标的数据进行无量纲化处理。由于指标数据利用 Z – SCORE 法处理后的评价结果可能为正值也可能为负值，为了便于观察计算，本部分将所有的初步处理数据结果先乘以 100 然后再向上平移 200 个单位，使得所有处理值为正数并且数值较大以便于观察。用公式表达如下：

$$\overline{A_i} = \frac{1}{n} \times \sum_{j=1}^{n} A_{ij} \qquad (6.23)$$

$$s_i = \sqrt{\frac{1}{n-1} \times \sum_{j=1}^{n} \left(A_{ij} - \overline{A_i}\right)^2} \qquad (6.24)$$

$$A_{ij}^0 = 200 + \frac{A_{ij} - \overline{A_i}}{s_i} \times 100 \qquad (6.25)$$

其中，A_{ij} 为观察期内第 j 个地级市第 i 个指标的原始数据值，$\overline{A_i}$ 为观察期内第 i 个指标的样本均值，s_i 为观察期内第 i 个指标的样本标准差，A_{ij}^0 为观察数据标准化处理后第 j 个地级市第 i 个指标的评价值。将原始的观察数据经上述 Z – SCORE 法处理后就可以得到所需的无量纲化数据。

第二步：指标权重的计算。

由于选取的指标数据各自对于区域内科技金融系统发展水平的影响存在差异，为了确保结果的准确性与科学性，需要确定其各项指标数据的权重值来进行后续的评价计算，而熵值法对于系统性信息不同的数据具有较好的评价效果，因此这里采用熵值法的计算方式来计算各项指标的权重值。

$$A_{ij}^1 = \frac{A_{ij}^0 - \min(A_{1j}^0, A_{2j}^0, \cdots, A_{mj}^0)}{\max(A_{1j}^0, A_{2j}^0, \cdots, A_{mj}^0) - \min(A_{1j}^0, A_{2j}^0, \cdots, A_{mj}^0)} \qquad (6.26)$$

$$\beta_{ij} = \frac{A_{ij}^1}{\sum_{j=1}^{n} A_{ij}^1} \qquad (6.27)$$

$$\phi_i = -\frac{1}{\ln n} \sum_{j=1}^{n} \beta_{ij} \ln \beta_{ij} \qquad (6.28)$$

$$p_i = \frac{1 - \phi_i}{m - \sum_{i=1}^{m} \phi_i} \qquad (6.29)$$

首先，计算出正向指标 A_{ij}^1，A_{ij}^1 为观察期内第 j 个地级市第 i 个指标的数据值；其次，通过式（4.5）可以计算出第 j 个地级市第 i 项观察指标占科技金融发展水平评价指标的比重 β_{ij}，通过式（4.6）计算出第 i 项观察指标的熵值 ϕ_i，其中 $1/\ln n > 0$，满足 $\phi_i \geq 0$；最后，通过计算得出各项指标的权重值 p_i。利用 Matlab 软件和熵权法，对 2006～2017 年共 12 年广东省区域内 21 个地级市的科技金融发展水平指标数据进行指标权重计算，结果如表 6 - 20 所示。

表 6 - 20　　　　　　2006 ~ 2017 年广东省 21 个地级市科技金融发展水平权重值

二级指标	2006年	2007年	2008年	2009年	2010年	2011年	2012年	2013年	2014年	2015年	2016年	2017年
P1	0.1187	0.1218	0.1238	0.1218	0.1255	0.1301	0.1388	0.1398	0.1362	0.1356	0.1331	0.1315
P2	0.0885	0.0888	0.0891	0.0889	0.0887	0.0892	0.0896	0.0923	0.0931	0.0986	0.1033	0.1083
P3	0.0579	0.0582	0.0576	0.0572	0.0586	0.0594	0.0608	0.0612	0.0618	0.0627	0.0632	0.0636
P4	0.1199	0.1192	0.1225	0.1191	0.1232	0.1263	0.1498	0.1517	0.1509	0.1521	0.1524	0.1526
P5	0.0803	0.0801	0.0789	0.0819	0.0798	0.0782	0.0735	0.0732	0.0739	0.0735	0.0729	0.0726
P6	0.0723	0.0715	0.0705	0.0726	0.0694	0.0676	0.0603	0.0586	0.0589	0.0563	0.0539	0.0538
P7	0.0698	0.0691	0.0688	0.0716	0.0695	0.0684	0.0632	0.0630	0.0635	0.0631	0.0629	0.0627
P8	0.0756	0.0753	0.0738	0.0759	0.0713	0.0698	0.0560	0.0562	0.0587	0.0581	0.0573	0.0569
P9	0.0916	0.0912	0.0909	0.0905	0.0908	0.0901	0.0898	0.0891	0.0889	0.0882	0.0879	0.0876
P10	0.0676	0.0673	0.0662	0.0636	0.0653	0.0638	0.0623	0.0596	0.0589	0.0573	0.0582	0.0563
P11	0.0782	0.0779	0.0784	0.0776	0.0781	0.0776	0.0765	0.0761	0.0760	0.0757	0.0759	0.0755
P12	0.0796	0.0796	0.0795	0.0793	0.0798	0.0795	0.0794	0.0792	0.0792	0.0788	0.0790	0.0786

从表 6 - 20 可以看出，在 12 个二级指标权重值中 R&D 经费内部支出的权重值是最大的，并且科技金融投入的一级指标权重值也是最大的，其所占比重值近年来也在不断增大，反映了目前科技金融的发展比较依赖政府和市场的投入，并且在科技金融的发展中越来越注重科技创新的投入和研发。而科技金融发展环境与科技金融产出所占的权重则较为平均，权重值普遍在 0.06 ~ 0.08 之间。

第三步：科技金融发展水平的测度。

$$FIN = \sum_{i=1}^{m} p_i A_{ij}^1 \qquad (6.30)$$

通过计算得出指标权重和标准化后的数据，结合式（4.8），计算出科技金融发展水平值，如表 6 - 21 所示。

表 6 - 21　　　　　　2006 ~ 2017 年广东省 21 个地级市科技金融发展水平值

地级市	2006年	2007年	2008年	2009年	2010年	2011年	2012年	2013年	2014年	2015年	2016年	2017年
广州	42.56	44.79	46.27	47.53	48.12	49.56	51.33	53.58	55.06	57.82	60.69	63.75
深圳	39.35	42.98	44.58	45.39	46.42	48.72	52.85	55.76	57.45	59.27	62.03	64.54

地级市	2006年	2007年	2008年	2009年	2010年	2011年	2012年	2013年	2014年	2015年	2016年	2017年
珠海	34.97	36.48	37.66	38.89	40.36	41.77	43.26	44.01	45.47	46.84	50.56	51.96
汕头	33.18	34.55	35.38	36.26	37.11	38.19	39.26	40.05	40.96	41.76	42.55	43.18
佛山	36.28	37.72	38.96	40.23	41.67	43.11	44.63	45.28	46.65	48.16	51.87	53.29
韶关	31.43	32.57	33.90	35.44	36.61	37.99	39.24	40.35	41.52	42.02	42.95	43.66
河源	31.22	32.45	33.69	34.06	34.97	35.98	37.16	38.36	39.55	40.72	41.95	42.96
梅州	30.56	31.61	32.57	32.98	33.59	34.68	35.76	36.82	37.95	39.01	40.12	41.23
惠州	34.22	35.82	37.12	38.36	39.95	41.24	42.79	43.80	44.93	46.02	48.21	50.09
汕尾	30.73	31.78	32.76	33.52	33.85	34.61	35.66	36.73	37.96	38.85	39.62	40.87
东莞	35.13	36.53	37.89	39.16	40.93	42.85	44.16	45.03	46.57	48.95	52.13	54.32
中山	34.81	36.29	37.48	38.72	40.11	41.59	42.94	43.85	44.96	45.98	48.15	49.88
江门	34.16	35.58	36.88	37.82	39.56	40.89	42.22	43.10	44.28	45.19	47.37	49.13
阳江	31.29	32.39	33.55	34.62	35.02	35.88	36.98	38.07	39.21	40.33	41.48	42.59
湛江	30.88	31.02	32.08	32.59	33.15	34.08	35.11	36.15	37.29	38.37	40.48	41.55
茂名	31.06	32.15	33.24	33.92	34.28	35.33	36.42	37.54	38.66	39.75	40.88	41.98
肇庆	33.29	34.80	35.43	37.24	38.68	40.18	41.54	42.46	43.58	44.59	46.78	48.56
清远	31.35	32.49	33.66	34.89	36.04	37.22	38.49	39.73	40.65	41.18	42.33	43.57
潮州	31.01	32.12	33.25	34.36	35.30	36.42	37.54	38.67	39.86	40.99	41.05	42.11
揭阳	30.95	32.06	33.18	33.76	34.19	35.27	36.31	37.42	38.72	39.88	40.95	42.06
云浮	29.96	30.01	31.05	32.59	33.76	34.88	35.96	36.98	37.11	38.15	39.18	40.22

从表 6 - 21 可以看出，2006～2017 年广东省 21 个地级市的科技金融发展水平值呈现出逐步提升的状态，特别是 2012 年以后增长较为明显，表明近年来在国家推行创新驱动发展战略后，广东省各地级市对于科技金融发展的重视，在科技金融发展上的投入不断增多，同时科技金融的发展也积极反哺实体经济，发展环境的改善和产出的增多共同促使了科技金融发展水平值的上升，并且从实际情况来看，也与广东省目前科技金融发展的现状吻合。

而对于区域内各地级市来说，广州和深圳在整个区域中处于绝对领先的地位，其科技金融发展水平值已突破了 60 大关，成为区域内科技金融发展的龙头。2012 年以前广州的发展是领先深圳的，但 2012 年以后，可能是由于深圳更加注重科技金融的发展，在政策及市场设计上有所提升，近年来深圳科技金融的发展相对广州有所领先。从区块来说，珠三角地区科技金融的发展在整个区域中有明显领先的趋势，2017 年珠三角地区各地级市科技金融发展水平值平均在 50 以上。粤东、粤西和粤北地区相对来说科技金融发展水平一般,虽然其中有某些地级市发展还不错,但也仅是与珠三角地区发展较慢的地级市相近,整体来说呈现出有待发展的状态。

6.6.2　产业结构发展现状及产业结构升级系数测度

1. 产业结构发展的变迁

根据经济发展的规律,随着产业技术化的提升,第一产业因其附加值有限,在产业结构中占比将逐步下降;第二产业得益于工业化提升,但随后需要腾笼换鸟式转型,所占比重会先快速上升随后上下波动;第三产业因其附加值巨大,所占比重在发展中稳中有升。为探究广东省产业结构发展的变迁,将 1978~2017 年广东省产业发展的相关数据绘制成图 6-32,以分析是否符合规律。

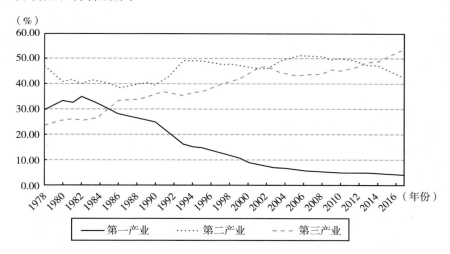

图 6-32　1978~2017 年广东省三次产业比重变动趋势

资料来源:《广东统计年鉴》。

从图 6-32 可以看出,广东省第一产业在改革开放初期所占比重得以增加,直至 1982 年达到峰值后回落,说明广东省产业结构发生第一次升级变化,由农业化经济主导开始逐步转变为劳动密集型的工业化经济主导。第二产业比重自 1990 年后开始稳步上升,期间虽有所波动但整体趋势向上,但在 2012 年后出现明显下降。第三产业比重自改革开放以来处于不断上升的态势,由最初的 23.6% 提升至 2017 年的 53.6%,并在 2012 年开始成为占比最大的产业,证明广东省产业结构正进行第二次升级发展，有序地从劳动密集型的工业化经济主导时期逐步转变为技术与资金密集型的后工业化经济主导时期。近年来，广东正在构建现代产业体系，产业结构在政策引导下获得战略性调整，三次产业结构调整为 4.6∶44.8∶50.6，基本构成了"三二一"的产业结构发展格局。但是，由于中美贸易摩擦以及自身发展存在的不足，广东产业结构升级仍存在着高端产业的有效供给不足，存在结构性产能过剩现象。

2. 产业结构升级过程中的区域发展特点

从 2017 年广东省的经济发展情况来看，珠三角地区与粤东、粤西及粤北地区的经济发展差异较大，珠三角地区基本已经进入产业结构高级化中，而粤东、粤西及粤北地区的产业结构相对来说还存在着一定程度的落后。

从图 6 – 33 可以看出，珠三角地区除肇庆和江门对第一产业仍有所倚重外，其余均是以第二、第三产业为核心，广州与深圳的第三产业产值已经远大于第二产业，说明广州、深圳两地的产业结构发展已进入了一个新的阶段。而粤西地区的产业发展情况虽不及珠三角地区，但要优于粤东和粤北地区，其中汕头的产业结构发展情况已接近珠三角地区城市水平，原因在于汕头经济发展的基础较好，并且近年来十分重视科学技术的发展，提升了产业结构的高级化程度。粤东和粤北三大产业占比发展情况类似，但粤北地区整体来说要稍优于粤东地区，并且粤北第三产业占比要高于粤东和粤西地区，原因在于粤北地区更加靠近珠三角地区的核心区域，较容易获得从珠三角地区转移或溢出的产业产能，与珠三角地区形成产业互补的情况，从而提升了自身地区产业结构的合理性。

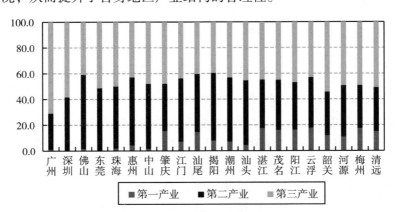

图 6 – 33　2017 年广东省 21 个地级市三大产业比例

资料来源：《广东统计年鉴（2018）》。

3. 产业结构升级系数的测度

针对省级层面的产业结构数据，较为主流的评价方法有指标法和赋权法。曾国平等（2007）着重关注第二、第三产业，以其产值占 GDP 比例进行评估；徐德云（2008）则对第一、第二和第三产业进行赋权，通过权重与产业占比相乘，综合得出评估。本部分根据广东省产业结构发展的实际情况，借鉴程强等（2013）的方法，构建产业结构升级系数测度计算方法：

$$IND = IP_1 \times 1 + IP_2 \times 2 + IP_3 \times 3 \tag{6.31}$$

其中，IP_i 为第 i 产业占地区生产总值比重；IND 为产业结构升级系数，其取值范围为 [1，3]。通过式（6.31）结合广东省各地级市数据，计算出各地区的产业结构升级系数，结果如表 6 – 22 所示。

表 6 – 22　　　　　　　2006～2017 年广东省产业结构升级系数测度

地级市	2006 年	2007 年	2008 年	2009 年	2010 年	2011 年	2012 年	2013 年	2014 年	2015 年	2016 年	2017 年
广州	2.552	2.563	2.569	2.583	2.592	2.598	2.620	2.631	2.639	2.659	2.682	2.703
深圳	2.466	2.482	2.501	2.509	2.518	2.527	2.547	2.553	2.566	2.583	2.598	2.614
珠海	2.391	2.388	2.395	2.396	2.398	2.404	2.430	2.437	2.451	2.459	2.475	2.487
汕头	2.354	2.359	2.349	2.340	2.333	2.375	2.367	2.365	2.366	2.381	2.391	2.409
佛山	2.301	2.308	2.312	2.328	2.332	2.339	2.336	2.341	2.346	2.361	2.372	2.398
韶关	2.220	2.231	2.253	2.269	2.282	2.297	2.309	2.316	2.342	2.351	2.358	2.362
河源	2.189	2.198	2.183	2.218	2.231	2.221	2.259	2.260	2.301	2.311	2.340	2.366
梅州	2.117	2.138	2.137	2.183	2.182	2.193	2.217	2.226	2.233	2.241	2.251	2.317
惠州	2.251	2.269	2.271	2.314	2.293	2.304	2.312	2.319	2.340	2.354	2.361	2.387
汕尾	2.122	2.165	2.177	2.209	2.209	2.204	2.209	2.208	2.229	2.232	2.241	2.257
东莞	2.407	2.421	2.461	2.475	2.481	2.491	2.506	2.511	2.518	2.520	2.528	2.531
中山	2.322	2.330	2.334	2.365	2.364	2.389	2.392	2.395	2.399	2.413	2.434	2.465
江门	2.290	2.246	2.262	2.264	2.295	2.305	2.329	2.335	2.347	2.360	2.368	2.381
阳江	2.102	2.107	2.117	2.128	2.137	2.140	2.143	2.134	2.190	2.221	2.246	2.308
湛江	2.100	2.086	2.080	2.184	2.177	2.178	2.197	2.195	2.224	2.236	2.233	2.273
茂名	2.147	2.200	2.208	2.236	2.236	2.235	2.236	2.240	2.275	2.275	2.268	2.287
肇庆	2.138	2.190	2.179	2.225	2.229	2.236	2.245	2.257	2.298	2.305	2.316	2.324
清远	2.160	2.173	2.159	2.201	2.213	2.275	2.292	2.300	2.296	2.319	2.326	2.361
潮州	2.221	2.236	2.228	2.230	2.245	2.253	2.288	2.301	2.308	2.326	2.341	2.361
揭阳	2.163	2.170	2.182	2.198	2.207	2.190	2.183	2.176	2.207	2.226	2.255	2.317
云浮	1.948	2.004	2.011	2.078	2.086	2.077	2.110	2.119	2.137	2.156	2.184	2.252

从表 6 – 22 可以看出，2006～2017 年，广东省产业结构的整体水平呈现出高级化发展的趋势，产业结构升级系数逐年走高，说明各地级市产业结构体系获得提升。而从区域分布来看，2014～2017 年珠三角区块的产业结构升

级系数普遍位于 2.340 以上，总体产业结构层次较高，其中以广州和深圳的表现最为明显，这两个地区的产业结构升级系数也明显领先于区域内的其他地区；而粤东、粤北和粤西区块相比之下则是明显的低值，普遍低于 2.300，但汕头和韶关分别作为粤东和粤北区块的中心地级市，其产业基础相对较好。总的来说，区域产业结构升级的发展存在着一定的区域不平衡现象。

6.6.3　广东省科技金融与产业结构升级空间相关性分析

通过对广东省科技金融发展水平和产业结构升级系数的测度可以发现，二者在区域内的发展都呈现出一种不平衡的现象，并且从空间分布角度来看，二者存在着比较明显的叠合关系。因此，本部分认为二者存在一定的空间作用联系，需要对其进行验证，以便在接下来的实证分析中决定是否需要采用空间计量模型。

1. 空间相关性分析方法

（1）全局空间相关性检验。为了证明所研究的事物在地理空间的分布上是否受到空间作用影响而具有空间关联的特征，一般常对其进行全局空间相关性检验，最常用的检验方法为莫兰指数（Moran's I）法，具体计算公式如下：

$$M = \frac{\sum\limits_{i=1}^{n}\sum\limits_{j=1}^{n} w_{ij}(c_i - \overline{c})(c_j - \overline{c})}{S^2 \sum\limits_{i=1}^{n}\sum\limits_{j=1}^{n} w_{ij}} \tag{6.32}$$

$$Z = \frac{M - E(M)}{\sqrt{VAR(M)}} \tag{6.33}$$

其中，$S = \dfrac{1}{n}\sum\limits_{i=1}^{n}(c_i - \overline{c})$，$\overline{c} = \dfrac{1}{n}\sum\limits_{i=1}^{n} c_i$，$c_i$ 代表 i 地区的研究对象值，$\overline{c}$ 代表整体地区研究对象平均值，w_{ij} 代表蕴含空间信息的地理权重矩阵。一般来说，莫兰指数的取值区间为 [-1，1]，当大于 0 时代表存在正相关的关联，反之则为存在负相关的关联。为保证准确性，还需要验证莫兰指数的正态统计量 Z 值，当 Z 值的计算量为正，并且较为显著时，代表研究对象趋于空间聚集分布；当 Z 值的计算量为负，并且较为显著时，代表研究对象趋于空间分散分布；当 Z 值为 0 时，则代表研究对象呈独立随机分布。

（2）局部空间相关性检验。全局空间相关性检验主要针对的是研究对象在整个空间层面的分布关系，但是缺乏对于空间内每个空间单元的具体观察，必须进行局部空间相关性检验，才能确保得出全面的信息。在现实情况中，可能会存在个别地区的空间关联趋势与整体区域的空间关联趋势相反的现象，故此也展现了局部空间相关性检验所得结果莫兰指数散点图的重要性，具体计算公式如下：

$$M_i = \frac{(A_i - \overline{A}) \sum\limits_{j=1}^{n} W_{ij}(A_j - \overline{A})}{\frac{1}{n} \sum\limits_{j=1}^{n}(A_j - \overline{A})} \qquad (6.34)$$

通过式（6.34）计算得出 M_i 的值之后，将其代入式（6.33）解出局部莫兰指数的 Z 值。通常来说，会运用莫兰指数散点图来对结果进行较为直观的展示，以便于分析。

2. 空间权重矩阵的构建

空间权重矩阵是进行空间作用分析中必不可少的元素，其将现实情况中地理空间联系的信息甚至于经济联系的信息，通过一个 $n \times n$ 阶的方阵进行数学化，以便于量化分析。通常来讲，有以下三种不同的空间权重矩阵构建形式。

（1）空间邻接矩阵 $W1$。从最简单的地理空间信息出发，依据地区间有无联结边界来判定是否存在相邻关系，通过二进制结构，把地理空间信息表达为邻接权重。具体设置如下：

$$W1 = \begin{cases} W_{ij} = 1（当区域 \ i 、 j \ 相邻） \\ W_{ij} = 0（当区域 \ i 、 j \ 相邻） \end{cases} \qquad (6.35)$$

（2）地理距离权重矩阵 $W2$。更进一步来说，假定地区的行政中心也是该地区进行对外交往发展的中心，因此认为地区间行政中心的相互距离能够较好地反映其空间相互作用能力，在进行矩阵设置时就可以把 W_{ij} 的取值设定为行政中心相互距离的倒数或是倒数的平方，以反映其距离权重。

信息表达的含义为：地区间距离越近，其权重就越大，联系越紧密；反之联系越疏远。具体设置如下所示：

$$W2 = \begin{cases} W_{ij} = \dfrac{1}{D_{ij}^2}, \ i \neq j \\ W_{ij} = 0, \ i = j \end{cases} \qquad (6.36)$$

其中，i、j 代表不同地区，D_{ij} 为地区间行政中心的位置距离。

（3）地理经济距离权重矩阵 $W3$。在地理距离权重矩阵的基础上，需要将地区经济间的影响作用考虑在内，既需要刻画空间效应的综合性，又需要体现空间单元相互影响和辐射强度有所差异的客观事实。

本书在此思路上将地理距离和经济距离进行了有机结合，构建了地理经济距离权重矩阵。具体设置如下：

$$W_{ij} = W_d \times \text{diag}(\frac{\overline{Y_1}}{\overline{Y}}, \frac{\overline{Y_2}}{\overline{Y}}, \cdots, \frac{\overline{Y_n}}{\overline{Y}}) \quad (6.37)$$

$$W_d = \begin{cases} \dfrac{1}{D_{ij}^2}, & i \neq j \\ 0, & i = j \end{cases} \quad (6.38)$$

其中，D_{ij} 为两地区地理行政中心位置之间的距离，$\overline{Y_i}$（$i = 1$，2，$\cdots$，n）为研究时间段内 i 地区人均 GDP 的均值，$\overline{Y}$ 为研究时间段内所有地区人均 GDP 的均值。由于广东省区域内经济发展不平衡，必须把地区间经济影响的作用考虑在空间权重矩阵的构建中才能确保空间相关性检验的科学性，而空间邻接矩阵与地理距离权重矩阵在设定空间效应的影响关系上不够全面，因此本书对于空间相关性的检验将会采用地理经济距离权重矩阵 W3 来进行计算。

3. 科技金融与产业结构升级的空间相关性检验

（1）科技金融空间相关性检验。本书基于计算所得的 2006～2017 年广东省区域内各地级市的数据，对广东省科技金融发展水平进行全局空间相关性检验，结果如表 6 - 23 所示。

表 6 - 23　　　2006～2017 年广东省科技金融发展水平全局空间相关性检验

年份	Moran's I	年份	Moran's I
2006	0.3577 *** (2.7506)	2012	0.4667 *** (3.3712)
2007	0.3305 *** (2.5662)	2013	0.4230 *** (3.1407)
2008	0.3412 *** (2.6344)	2014	0.4132 *** (3.0781)
2009	0.4036 *** (3.0106)	2015	0.4022 *** (3.0092)
2010	0.4891 *** (3.4918)	2016	0.4400 *** (3.2059)
2011	0.5022 *** (3.5630)	2017	0.4472 *** (3.2516)

注：***、**、* 分别表示在 1%、5%、10% 的水平上显著，括号内为计算所得 Z 值。

从表 6 - 23 可以看出，2006～2017 年广东省区域内科技金融发展水平的全局空间相关性 Moran's I 值均显著为正，说明科技金融发展水平呈现出一种正相关的空间性质，同时其 Z 值也大于零，说明存在一定的空间集聚性。同时还可以发现相关性的强度呈现出先上升后下降的趋势，说明在空间发展中是具有空间聚集效应和空间溢出效应的，其后随着区域整体的发展，空间相关性有所下降但仍呈现出较强的正空间相关性。为了更进一步地了解科技金融发展水平在广东省各地级市的空间分布特征，鉴于篇幅原因，本章以一定的时间间隔来对局部空间相关性 Moran's I 值做散点图（见图 6 - 34 至图 6 - 37），结果汇总如表 6 - 24 所示。

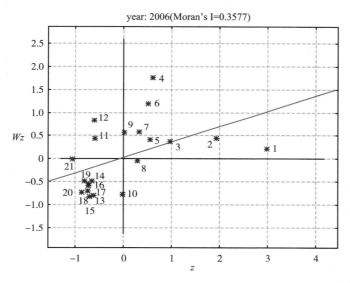

图 6 - 34　2006 年科技金融发展水平局部空间相关性 Moran's I 值散点图

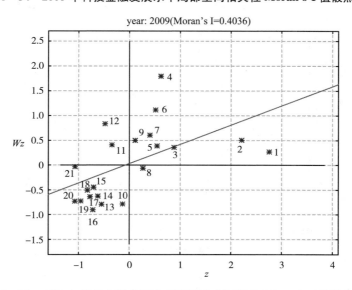

图 6 - 35　2009 年科技金融发展水平局部空间相关性 Moran's I 值散点图

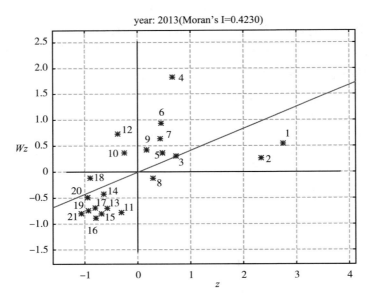

**图 6 – 36　2013 年科技金融发展水平局部空间相关性
Moran's I 值散点图**

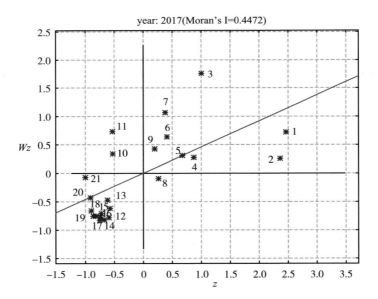

**图 6 – 37　2017 年科技金融发展水平局部空间相关性
Moran's I 值散点图**

表 6 – 24   科技金融发展水平局部空间相关性检验
Moran's I 值散点图结果汇总

集聚类型	2006 年	2009 年	2013 年	2017 年
"高—高"集聚 (H—H)	广州(1)、深圳(2)、佛山(3)、东莞(4)、珠海(5)、中山(6)、惠州(7)、肇庆(9)	广州(1)、深圳(2)、佛山(3)、东莞(4)、珠海(5)、中山(6)、惠州(7)、肇庆(9)	深圳(1)、广州(2)、佛山(3)、东莞(4)、珠海(5)、中山(6)、惠州(7)、肇庆(9)	深圳(1)、广州(2)、东莞(3)、佛山(4)、珠海(5)、惠州(6)、中山(7)、肇庆(9)
"低—高"集聚 (L—H)	韶关(11)、清远(12)	韶关(11)、清远(12)	韶关(10)、清远(12)	韶关(10)、清远(11)
"低—低"集聚 (L—L)	汕头（10）、阳江(13)、河源(14)、茂名(15)、潮州(16)、揭阳（17）、湛江(18)、汕尾(19)、梅州(20)、云浮(21)	汕头（10）、阳江(13)、潮州(14)、河源(15)、茂名(16)、揭阳（17）、汕尾(18)、梅州(19)、湛江(20)、云浮(21)	汕头（11）、潮州(13)、河源(14)、阳江(15)、茂名(16)、揭阳(17)、云浮(18)、梅州(19)、汕尾(20)、湛江(21)	汕头（12）、河源(13)、阳江(14)、潮州(15)、揭阳(16)、茂名（17）、湛江(18)、梅州(19)、汕尾(20)、云浮(21)
"高—低"集聚 (H—L)	江门(8)	江门(8)	江门(8)	江门(8)

注：括号内数字对应其在散点图中标记。

    Moran's I 值散点图有四个象限，每个象限分别代表着空间地区单元研究对象与相邻空间地区单元研究对象所存在的空间局部关系。

    第一象限蕴含研究对象高值地区被同为高值地区包围的空间关系，第二象限蕴含研究对象低值地区被高值地区包围的空间关系，第三象限蕴含研究对象低值地区被同为低值地区包围的空间关系，第四象限蕴含研究对象低值地区被高值地区包围的空间关系。

    从表 6 – 24 可以发现，2006～2017 年广东省区域内 21 个地级市科技金融发展水平局部空间分布情况除了部分城市的相对值有所变化以外，总体分布区别不大，主要集中在第一象限和第三象限，说明整个区域主要呈现的是一种正的空间相关关系，符合全局空间相关性检验结果。

    以 2017 年的局部 Moran's I 值散点图为例，其中第一象限中包含了深圳、广州、东莞、佛山、珠海、惠州、中山和肇庆，表明这些地级市不仅自身科技金融发展水平有较高值，还被其他高水平的地级市所影响，呈现高—高集聚的空间正相关性。

    第二象限包含了韶关和清远两个地级市，表明这两个地级市的科技金融发展水平有较低值，但被其他高水平的地区所影响，呈现出低—高集聚的空间负相关性。

    第三象限包含了汕头、河源、阳江、潮州、揭阳、茂名、湛江、梅州、汕尾和云浮，表明这些地级市有较低值，并且也被其他低水平的地区所影响，呈现出低—低集聚的空间正相关性。

第四象限仅包含了江门，表明其具有较高值，但是被其他低水平的地区所影响，呈现出高—低集聚的空间负相关性。

总的来说，处在第一象限的城市基本为珠三角地区的城市；而处在第二象限的韶关和清远主要受到广州及周边珠三角地区城市的溢出影响；第三象限的城市主要为粤东和粤西的城市，无论是自身还是周边发展都相对较慢；第四象限中则只有江门，其自身发展还可以，但对周边影响不大。其中反映了广东省区域内科技金融发展具有明显的空间关系，发展较快的地区在地理空间上距离较近呈聚集状态，而发展缓慢的地区虽然有聚集的趋势，但其周边缺乏促进其发展的外部环境。

（2）产业结构升级空间相关性检验。通过本章的计算与分析可以发现，广东省区域内科技金融的发展是存在空间联系的，为了探究其与广东省区域内产业结构升级的关系，需要对广东省区域内产业结构升级是否存在空间相关性进行分析，以此确定是否需要采用空间计量的方法。

基于本章计算所得的 2006 ~ 2017 年广东省区域内各地级市的产业结构升级系数数据，利用 Matlab 软件对其进行全局和局部空间相关性检验，结果如表 6 – 25 所示。

表 6 – 25 　　　　　　　　产业结构升级系数全局空间相关性检验

年份	Moran's I	年份	Moran's I
2006	0. 3560 *** （2. 6573）	2012	0. 4328 *** （3. 1336）
2007	0. 3402 *** （2. 5656）	2013	0. 4373 *** （3. 1618）
2008	0. 3503 *** （2. 6224）	2014	0. 4214 *** （3. 0752）
2009	0. 4090 *** （2. 9909）	2015	0. 4257 *** （3. 1082）
2010	0. 3954 *** （2. 9132）	2016	0. 4131 *** （3. 0374）
2011	0. 4354 *** （3. 1440）	2017	0. 3775 *** （2. 8421）

注：*** 、** 、* 分别表示在 1% 、5% 、10% 的水平上显著，括号内为计算所得 Z 值。

从表 6 – 25 可以看出，2006 ~ 2017 年广东省区域内产业结构升级系数的全局空间相关性 Moran's I 值均显著为正，但其值普遍在 0. 35 ~ 0. 42 之间，稍低于科技金融发展水平的 Moran's I 值，说明虽然同样具有空间相关性，但其相关紧密程度要较科技金融发展水平在空间上的低；并且其 Z 值虽大于零，但同样小于科技金融发展水平的 Z 值，说明其空间集聚性也不如科技金融发展水平显著。

从整体来看，广东省区域内的产业结构升级情况仍然呈现出较强的空间相关性。为更进一步地了解产业结构升级在广东省各地级市的空间分布特征，本章以与分析科技金融发展水平相同的时间间隔来对产业结构升级的局部空间相关性 Moran's I 值做散点图（见图 6 - 38 至图 6 - 41），结果汇总如表 6 - 26 所示。

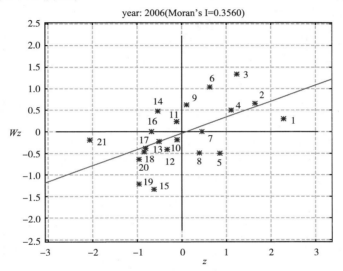

图 6 - 38　2006 年产业结构升级系数局部空间相关性 Moran's I 值散点图

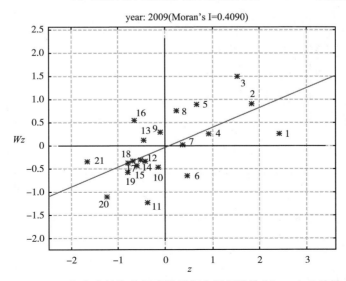

图 6 - 39　2009 年产业结构升级系数局部空间相关性 Moran's I 值散点图

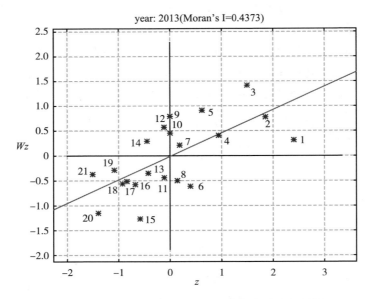

图 6 – 40　2013 年产业结构升级系数局部空间相关性
Moran's I 值散点图

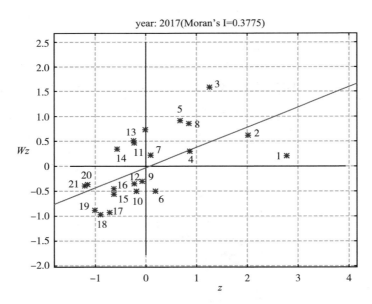

图 6 – 41　2017 年产业结构升级系数局部空间相关性
Moran's I 值散点图

表 6 – 26　　　　　　　　　　产业结构升级局部空间相关性检验
Moran's I 值散点图结果汇总

集聚类型	2006 年	2009 年	2013 年	2017 年
"高—高"集聚 （H—H）	广州（1）、深圳（2）、东莞（3）、珠海（4）、中山（6）、佛山（7）、惠州（9）	广州（1）、深圳（2）、东莞（3）、珠海（4）、中山（5）、佛山（7）、惠州（8）	广州（1）、深圳（2）、东莞（3）、珠海（4）、中山（5）、佛山（7）、惠州（9）	广州（1）、深圳（2）、东莞（3）、珠海（4）、中山（5）、佛山（7）
"低—高"集聚 （L—H）	韶关（11）、清远（14）、肇庆（16）	韶关（9）、肇庆（13）、清远（16）	韶关（10）、清远（12）、肇庆（14）	惠州（8）、韶关（11）、潮州（13）、肇庆（14）
"低—低"集聚 （L—L）	潮州（10）、河源（12）、揭阳（13）、茂名（15）、汕尾（17）、梅州（18）、阳江（19）、湛江（20）、云浮（21）	江门（10）、茂名（11）、潮州（12）、河源（14）、汕尾（15）、揭阳（17）、湛江（18）、梅州（19）、阳江（20）、云浮（21）	潮州（11）、河源（13）、茂名（15）、梅州（16）、汕尾（17）、湛江（18）、揭阳（19）、阳江（20）、云浮（21）	江门（9）、河源（10）、清远（12）、梅州（15）、揭阳（16）、阳江（17）、茂名（18）、湛江（19）、汕尾（20）、云浮（21）
"高—低"集聚 （H—L）	汕头（5）、江门（8）	汕头（6）	汕头（6）、江门（8）	汕头（6）

注：括号内数字对应其在散点图中的标记。

从表 6 – 26 可以看出，2006～2017 年广东省区域内 21 个地级市产业结构升级的局部空间分布主要集中在第一象限和第三象限，说明从整个区域来看，主要呈现的还是一种正的空间相关性关系，但相比于科技金融发展，其空间相关性较弱的情况也体现在局部 Moran's I 值散点图上，其第二象限和第四象限存在地级市的数量有所增多。同样地，以 2017 年的局部 Moran's I 值散点图为例，其中第一象限包含了广州、深圳、东莞、珠海、中山和佛山，第二象限包含了惠州、韶关、潮州和肇庆，第三象限包含了江门、河源、清远、梅州、揭阳、阳江、茂名、湛江、汕尾和云浮，第四象限包含了汕头。可以发现，广东省 21 个地级市在产业结构升级系数局部 Moran's I 值散点图四个象限内的分布与其在科技金融发展水平局部 Moran's I 值散点图中的分布并不完全一样，珠三角地区的城市仍较多的位于第一象限，说明珠三角地区的产业结构升级情况在广东省区域内是比较迅速的，并且呈现出空间集聚的特征。而粤东、粤西和粤北地区的大多数地级市则集中在第三象限内，说明其产业结构升级速度较慢，并且也难以从周边的发展中获得促进。处在第二象限的城市主要是本身产业结构升级的发展相对来说速度较慢，并且受到周边高值的影响较大。而处在第四象限的城市主要是原有的产业结构升级基础较好，但是周边的发展情况一般。

综合广东省科技金融发展水平和产业结构升级的空间相关性检验来

看，科技金融发展水平与产业结构升级都存在着明显的正空间相关性特征，其显著性较强。因此，在考虑科技金融对产业结构升级的影响效应的过程中不能忽略空间效应的作用，并需要采用空间计量模型来进行相应的实证检验，以确保准确性。

6.6.4 广东省科技金融对区域产业结构升级影响的空间计量分析

本书第 4 章对广东省区域内 21 个地级市的科技金融发展现状与产业结构升级现状进行了分析与测度，发现二者在空间格局的分布上具有相似性，在区域内的空间分布上都呈现出局部空间聚集的现象，并通过计算证明了两者存在着空间相关性。因此，在本章的实证检验中考虑了空间效应的影响，采用空间计量的分析方法对二者之间的影响程度进行探索研究。

1. 变量选取及说明

本章变量情况说明见表 6 - 27。

表 6 - 27　　　　　　　　　　变量情况说明

变量类型	变量名称	符号
被解释变量	产业结构升级系数	IND
解释变量	科技金融发展水平	FIN
控制变量	人力资本	EDU
	固定资产投资额	GTD
	外商直接投资	FDI
	消费需求	CON
	基础设施建设	BAE

（1）被解释变量。运用本书第 4 章中所测度的广东省区域内 21 个地级市的产业结构升级系数（IND）作为模型的被解释变量。

（2）解释变量。本章分析认为科技金融的发展对区域内产业结构的升级存在着一定的影响，为探究二者之间的关系，将本书第 4 章所测度的广东省区域内 21 个地级市的科技金融发展水平（FIN）作为解释变量。

（3）控制变量。本章主要研究的是科技金融与产业结构升级之间的关系，然而产业结构升级不仅受到科技金融的影响，还受到许多其他因素的影响，因此本章除了将科技金融发展水平作为核心解释变量之外，在参考借鉴现有研究的基础上，还选取了以下相关控制变量 2006 ~ 2017 年的数据进行研究。数据主要来源于《广东统计年鉴》，广东省 21 个地级市市级统计年鉴以及 Wind 数据库。

人力资本（*EDU*）。在知识经济时代，人才越来越成为一个地区经济发展和产业结构升级的主要驱动力。林春艳等（2017）认为人力资本水平的提高有利于产业结构升级，因此本章借鉴其评价方法，以劳动力平均受教育年限为衡量标准对人力资本因素进行相应测度，方法为 *EDU* = 受小学教育人数占比 × 6 + 受初中教育人数占比 × 9 + 受高中教育人数占比 × 12 + 受大专及以上教育人数占比 × 16。

固定资产投资额（*GTD*）。固定资产投资反映了产业是否具有良好的发展基础结构，一般代表着产业生产设施的完备程度，但丁志国等（2012）认为固定资产投资也可能会导致产业结构转型减慢从而产生负向作用，因此固定资产投资额也是产业结构升级的一个重要影响因素，本章也将其作为一个重要的控制变量。

外商直接投资（*FDI*）。进行跨国投资的资本在短期内能够有效增加区域的资本存量，并提升区域内部产业与国外产业的联系，拓展海外市场，反映着区域对外开放的水平，一定程度上对引动产业结构升级起到影响作用。本章借鉴黄日福和陈晓红（2007）的观点，通过相应的衡量标准对其进行测度，具体以实际利用外商投资额来进行衡量。

消费需求（*CON*）。消费需求能够有效地反映出对于当前产业结构发展情况的满意水平，同时也会作用于未来产业结构的发展。本章借鉴马钰超（2018）的评价方法，以人均居民消费额来衡量消费需求的水平。

基础设施建设（*BAE*）。发展良好的基础设施网络能够大大降低产业在物流成本上的投入，同时也有利于产业各部门进行信息交流活动，从而实质上提高产业结构升级的能力。本章结合广东省实际发展情况，借鉴于斌斌和金刚（2014）的方法，以地区人均道路占有里程来对各地区的基础设施建设水平进行衡量。

2. 空间计量模型的设定

为探索所关注的研究内容，本章以柯布—道格拉斯（C – D）生产函数为基础，从投入与产出之间的关系出发，纳入与区域产业结构升级相关的控制变量，构建出科技金融与区域产业结构升级影响关系的普通面板回归模型，并为消除函数中存在的数据异方差性，对其取对数形式处理，具体模型如下：

$$\ln IND_{it} = \alpha \ln FIN_{it} + \beta_1 \ln EDU_{it} + \beta_2 \ln GTU_{it} + \beta_3 \ln FDI_{it}$$
$$+ \beta_4 \ln CON_{it} + \beta_5 \ln BAE_{it} + c + \varepsilon_{it} \tag{6.39}$$

其中，i 与 t 分别表示地区和时间，ε_{it} 为残差，α 为科技金融的影响系数，$\beta_1 \sim \beta_5$ 为各控制变量的影响系数。

由于传统计量经济学一般假设样本数据是相互独立的，但随着如今地区之间的交流日渐频繁，不同地区的经济活动必然会影响到其邻近地区，因此必须在经济计量模型中引入空间的维度，以此考虑空间效应的影响。空间计量模型的一般嵌套形式（GNS）为：

$$y_{it} = \rho W y_{it} + \sum_{k=1}^{k} x_{it}\eta_k + W\sum_{k=1}^{k} x_{it}\theta_k + \lambda l_N + \varepsilon_{it}$$
$$\varepsilon_{it} = \varphi W \varepsilon_{it} + \xi_{it} \tag{6.40}$$

其中，i 和 t 分别代表地区和时间；ρ 为空间自回归系数；W 为 $N \times N$ 阶非负空间权重矩阵，描述了样本中单位的空间组合；x_{it} 表示各个自变量；η_k、θ_k 为影响系数；λ 为常数项；l_N 为 N 阶单位矩阵；φ 表示空间误差系数。通过对空间效应的来源进行分类，一般嵌套模型可演变为以下三种形式。

（1）当 $\rho \neq 0$、$\theta = 0$、$\varphi = 0$ 时，式（6.40）就变为空间滞后模型（SLM），其主要衡量的是不同地区间被解释变量相互作用而导致的内生影响情况：

$$y_{it} = \rho W y_{it} + \sum_{k=1}^{k} x_{it}\eta_k + \lambda l_N + \varepsilon_{it} \tag{6.41}$$

代入变量后可得：

$$\ln IND_{it} = \rho W \ln IND_{it} + \alpha \ln FIN_{it} + \beta_1 \ln EDU_{it} + \beta_2 \ln GTU_{it} + \beta_3 \ln FDI_{it}$$
$$+ \beta_4 \ln CON_{it} + \beta_5 \ln BAE_{it} + \lambda l_N + \varepsilon_{it} \tag{6.42}$$

（2）当 $\rho = 0$、$\theta = 0$、$\varphi \neq 0$ 时，式（6.40）就变为空间误差模型（SEM），该模型测度的是随机误差项的空间效应：

$$y_{it} = \sum_{k=1}^{k} x_{it}\eta_k + \lambda l_N + \varepsilon_{it}, \varepsilon_{it} = \varphi W \varepsilon_{it} + \xi_{it} \tag{6.43}$$

代入变量后可得：

$$\ln IND_{it} = \alpha \ln FIN_{it} + \beta_1 \ln EDU_{it} + \beta_2 \ln GTU_{it} + \beta_3 \ln FDI_{it}$$
$$+ \beta_4 \ln CON_{it} + \beta_5 \ln BAE_{it} + \lambda l_N + \varepsilon_{it}, \ \varepsilon_{it} = \varphi W \varepsilon_{it} + \xi_{it} \tag{6.44}$$

（3）当 $\rho \neq 0$、$\theta \neq 0$、$\varphi = 0$ 时，式（6.40）就变为空间杜宾模型（SDM），该模型不仅能反映内生的空间交互作用，还囊括了外生的空间交互作用：

$$y_{it} = \rho W y_{it} + \sum_{k=1}^{k} x_{it}\eta_k + W\sum_{k=1}^{k} x_{it}\theta_k + \lambda l_N + \varepsilon_{it} \tag{6.45}$$

代入变量后可得：

$$\ln IND_{it} = \rho W \ln IND_{it} + \alpha \ln FIN_{it} + \beta_1 \ln EDU_{it} + \beta_2 \ln GTU_{it} + \beta_3 \ln FDI_{it}$$
$$+ \beta_4 \ln CON_{it} + \beta_5 \ln BAE_{it} + \theta_1 W \ln FIN_{it} + \theta_2 W \ln EDU_{it} + \theta_3 W \ln GTU_{it}$$
$$+ \theta_4 W \ln FDI_{it} + \theta_5 W \ln CON_{it} + \theta_6 W \ln BAE_{it} + \lambda l_N + \varepsilon_{it} \quad (6.46)$$

由于空间效应具有多样性，本章在实证检验的过程中，会对变量数据进行相应的检验来确定具体的空间计量模型形式，以保证检验结果的准确性与科学性。

3. 实证检验

（1）单位根检验。单位根检验的目标在于防止"伪回归"情况的发生，从而导致回归结果失真，因此要避免采用非平稳的数据进行回归分析，以杜绝偏误情况。本章利用 Matlab 软件，选取了较为常用的四种数据单位根检验方法 LLC、IPS、PP 和 ADF，来对数据进行相应的单位根检验。

从表 6-28 的结果来看，本章所选取的变量数据均在三种检验方法下通过了平稳性检验，满足同阶单整的条件，因此可以认为实证研究中的各变量数据均为平稳的。

表 6-28　　　　　　　　　　各变量四种单位根检验情况

统计值	LLC	IPS	PP	ADF
$\ln IND$	-10.638 ***	-2.159 ***	256.839 ***	85.236 ***
$\ln FIN$	-7.593 ***	-3.226 ***	316.286 **	112.68 ***
$\ln EDU$	-5.177 ***	-1.695 **	153.56 ***	83.129 ***
$\ln GTD$	-19.652 ***	-4.325 ***	121.37 ***	105.328 ***
$\ln FDI$	-6.752 ***	-1.658 **	83.908	77.458 ***
$\ln CON$	-4.235 ***	2.355 ***	36.865 ***	50.106 ***
$\ln BAE$	-12.584 ***	-3.205 ***	86.952	96.358 ***

注：*** 、 ** 、 * 分别表示在 1%、5%、10% 的水平上显著。

（2）确定空间计量模型形式。根据空间计量经济学理论，对于空间计量模型形式的选择要分为两个步骤来进行。第一步是以传统多元线性回归模型为基础进行回归，计算得出模型残差，并基于残差进行 LM 检验，以确定是否需要变化为加入空间因素的模型，确保不遗漏空间作用的影响。若 LM 检验均不通过，其与 Moran's I 检验结果相悖，证明存在异方差性，此时保留 OLS 的结果。若 LM - Lag 检验通过，LM - Error 不通过，此时选用 SLM 模型，反之则选用 SEM 模型。若 LM 检验均通过，则需要进行稳健的 LM 检验。对于稳健的 LM 检验来说，若部分通过，则对模型形式的选择与 LM 检验类似；若均通过，则 SLM 与 SEM 模型均可，但一般来说会进行进一步的分析。具体检验流程如图 6 - 42 所示。

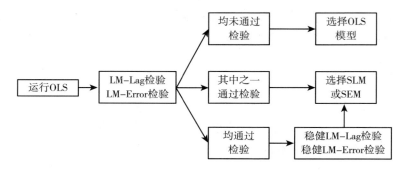

图 6 - 42　LM 检验流程示意

第二步是当 LM 和稳健的 LM 检验均通过时，就需要考虑采用 SDM 模型，并通过 Wald 检验与 LR 检验来判断是否可行。采用 SDM 模型的好处在于，如果一阶空间自回归遗漏了与自变量相关的未知变量，则其结果是有偏的，但采用 SDM 模型后，仍可得到无偏结果。检验具体判断方法为，当 Wald 检验与 LR 检验均拒绝原假设时，应采用 SDM 模型进行分析；当 Wald - Lag 与 LR - Lag 拒绝原假设，而 Wald - Error 与 LR - Error 不能拒绝原假设时，应采用 SLM 模型，反之应采用 SEM 模型进行分析。具体检验流程如图 6 -43 所示。

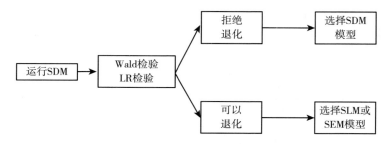

图 6 -43　Wald 和 LR 检验流程示意

本章使用 Matlab 软件中的 jplv7 空间计量工具箱构建了所设立的空间计量模型，并代入相应变量数据进行计算，确定本章应采用的空间计量模型形式。普通面板模型及空间面板模型系数估计结果如表 6 - 29 所示。

表 6 - 29　　　　　　　普通面板模型及空间面板模型系数估计结果

变量名称	OLS	SLM	SEM	SDM
ln*FIN*	0. 22018 ***	0. 19826 ***	0. 20958 ***	0. 19523 ***
ln*EDU*	0. 32218 ***	0. 28115 ***	0. 33896 ***	0. 29613 ***
ln*GTD*	- 0. 05281 *	- 0. 04799 **	- 0. 05688 *	- 0. 03568 *
ln*FDI*	- 0. 00378 *	0. 00126	- 0. 00192 *	- 0. 00596 *
ln*CON*	0. 45129 **	0. 42356 **	0. 46132 **	0. 43152 **
ln*BAE*	0. 19817 ***	0. 21659 ***	0. 18823 ***	0. 20989 ***
$W \times$ ln*FIN*	—	—	—	0. 01274 ***
$W \times$ ln*EDU*	—	—	—	0. 08993 **
$W \times$ ln*GTD*	—	—	—	- 0. 05069 *
$W \times$ ln*FDI*	—	—	—	0. 00128 ***
$W \times$ ln*CON*	—	—	—	0. 10896 **
$W \times$ ln*BAE*	—	—	—	0. 01562 ***
intercept	0. 37496 **	0. 36838 **	0. 37840 **	0. 34579 **
$W \times$ ln*IND*	—	0. 11324 ***	—	0. 33619 ***
$W \times \varepsilon$	—	—	0. 27338 *	—
Log - *likelihood*	199. 808	207. 965	202. 503	221. 188
R^2	0. 9509	0. 9588	0. 9521	0. 9672

注：＊＊＊、＊＊、＊分别表示在1％、5％、10％的水平上显著。

根据空间计量模型形式的选择流程，对模型进行 LM 和稳健的 LM 检验来做进一步的确定。从表 6 - 30 中 LM 检验的结果来看，LM - Lag 和 LM - Error 检验的值分别为 4. 8326 和 3. 0062，并均在 5％ 的显著性水平上获得通过，说明采用 SLM 或 SEM 模型均可。

表 6 - 30　　　　　　　模型 LM 和稳健的 LM 检验结果

检验方法	统计值	P 值
LM - Lag	4. 8326 **	0. 032
LM - Error	3. 0062 **	0. 024
稳健 LM - Lag	12. 3519 ***	0. 001
稳健 LM - Error	10. 0526 ***	0. 000

注：＊＊＊、＊＊、＊分别表示在1％、5％、10％的水平上显著。

进一步对其进行稳健的 LM 检验。从稳健的 LM 检验的结果来看，稳健的 LM – Lag 和稳健的 LM – Error 检验的值分别为 12.3519 和 10.0526，同样均在 1% 的显著性水平上获得通过，且其显著性水平要较 LM 检验的结果高，说明应该考虑采用 SDM 模型，并进行下一步的选择分析。

由于 LM 检验和稳健的 LM 检验均获得通过，为了保证所选模型的科学性，就需要继续进行 Wald 检验与 LR 检验。从表 6 – 31 可以看出，Wald – Lag 和 LR – Lag 检验的值分别为 105.3354 和 69.3705，均显著拒绝原假设，证明不能把 SDM 模型退化为 SLM 模型。而 Wald – Error 和 LR – Error 检验的值分别为 96.2253 和 45.7832，同样均显著拒绝原假设，证明不能把 SDM 模型退化为 SEM 模型。因此，从检验结果来看，空间杜宾模型是最为合适的模型，但是也要结合其检验结果做出综合评价。

表 6 – 31　　　　　　　　　　模型 Wald 和 LR 检验结果

检验方法	统计值	P 值
Wald – Lag	105.3354 ***	0.000
Wald – Error	96.2253 ***	0.000
LR – Lag	69.3705 ***	0.000
LR – Error	45.7832 ***	0.000

注：***、**、*分别表示在 1%、5%、10% 的水平上显著。

从四个模型的实证结果数据来看，其变量系数的显著性都较为良好，而从拟合优度来看，空间杜宾模型的 R^2 值达到了 0.9672，是四个模型中 R^2 值最高的一个，说明该模型对于变量的拟合程度最好，能较真实地反映实际情况。通常来说，Log – likelihood 的值越大表明模型的适用性越好，比较发现空间杜宾模型 Log – likelihood 的值也是四个模型中最高的一个，达到了 221.188。而从 LM 和稳健的 LM 检验以及 Wald 和 LR 检验的结果来看，空间杜宾模型也是四个模型中最为适合的。综上所述，本章将采用空间杜宾模型来进行相应的实证研究。

（3）效应模式的选择。当确定采用空间杜宾模型后，为了提高实证结果的准确性，应对其采用固定效应或随机效应分析进行判别选择。本章采用豪斯曼检验的方法来进行相应的判断，由于豪斯曼检验的结果为 47.59（见表 6 – 32），显著性较强，证明应选用固定效应来进行分析。从固定效应的模式来看，因其受到时间和空间两个维度的影响，故可整理成空间固定、时间固定及时空双固定三种模式，进行比较分析。

表 6 - 32	模型豪斯曼检验结果	
豪斯曼检验	统计值	P 值
	47. 59 ***	0. 000

注：***、**、*分别表示在1%、5%、10%的水平上显著。

对表 6 - 33 中三种固定效应模式的结果进行比较，可以发现时空双固定效应模式变量的综合显著性程度要较其余两种效应模式更好，而从拟合优度来讲，最低的是时间固定效应模式的 R^2 值（0. 9689），其次是空间固定效应模式的 R^2 值（0. 9743），而时空双固定效应模式的 R^2 值达到了0. 9812，表现最好。在 Log - likelihood 值方面，时空双固定效应模式的表现也要优于其余两种模式，达到298. 556，说明其适合性更好。综合考虑上述情况，本章认为选择时空双固定效应模式的空间杜宾模型是最为合适的。

表 6 - 33	不同模式下的模型系数回归结果		
变量名称	空间固定	时间固定	时空双固定
lnFIN	0. 21829 ***	0. 21023 ***	0. 20116 ***
lnEDU	0. 27896 ***	0. 31165 ***	0. 26553 ***
lnGTD	- 0. 03177 *	- 0. 03489 *	- 0. 03242 *
lnFDI	- 0. 00515	0. 00198	0. 00329 *
lnCON	0. 33268 **	0. 35662 **	0. 38435 **
lnBAE	0. 17029 ***	0. 19264 ***	0. 17523 ***
$W \times$ lnFIN	0. 01843 ***	0. 01755 ***	0. 01151 ***
$W \times$ lnEDU	0. 09526 **	0. 10015 **	0. 06588 **
$W \times$ lnGTD	- 0. 03560 *	- 0. 04506	- 0. 03221 *
$W \times$ lnFDI	- 0. 00187 *	0. 00286 *	0. 00153 **
$W \times$ lnCON	0. 12028 ***	0. 11240 ***	0. 10976 ***
$W \times$ lnBAE	0. 02250 **	0. 01363 *	0. 01828 **
$W \times$ lnIND	0. 21896 ***	0. 23559 ***	0. 25413 ***
Log - likelihood	257. 125	232. 268	298. 556
R^2	0. 9743	0. 9689	0. 9812

注：***、**、*分别表示在1%、5%、10%的水平上显著。

（4）模型效应的分解。勒萨日和佩斯（LeSage and Pace，2008）为解决空间杜宾模型因存在空间相关项而导致估计结果有时不能准确反映自变量对因变量解释程度的情况，提出可以采用偏微分的方法对估计结果进行效应分解，从而获得可靠的估计系数。以式（6.45）标准化的空间杜宾模型为基础，具体的偏微分方式分解流程如下，首先对其进行相应的变换：

$$(I_n - \rho W)y_{it} = \lambda l_N + \sum_{k=1}^{k} x_{it}\eta_k + W\sum_{k=1}^{k} x_{it}\theta_k + \varepsilon \qquad (6.47)$$

令 $V(W) = (I_n - \rho W)^{-1} = I_n + \rho W + \rho^2 W^2 + \cdots$，$S_r(W) = V(W)(I_n\eta_r + W\theta_r)$，可将式（6.47）改写为：

$$y = \sum_{r=1}^{k} S_r(W)x_r + V(W)\lambda l_N + V(W)\varepsilon \qquad (6.48)$$

其中，η_r 代表向量 X 中第 r 个自变量的系数，θ_r 代表 WX 中第 r 个自变量的系数，x_r 代表第 r 个自变量，而 l_N 则代表 n 阶的单位矩阵。

将式（6.48）进行扩展，并对其 x_{ir} 进行微分偏导，可以得出：

$$\partial_{y_i}/\partial_{x_{ir}} = S_r(W)_{ii} \qquad (6.49)$$

式（6.49）指代的是直接效应，其含义为第 i 个地区的自变量对该地区因变量的影响，同理间接效应也可微分偏导得出：

$$\partial_{y_i}/\partial_{x_{ir}} = S_r(W)_{ij} \qquad (6.50)$$

式（6.50）指代的是间接效应，其含义为第 i 个地区的自变量对第 j 个地区因变量的影响，而总效应的值则为直接效应与间接效应的和，代表各自变量对因变量的整体影响，将其进行变换可得到：

$$\bar{M}(r)_{总} = n^{-1}L_n^{-1}S_r(W)L_n, L_n = (1 \cdots 1)_{1 \times n}^{r} \qquad (6.51)$$

根据上述偏微分方法，利用 Matlab 软件对本章所研究问题的时空双固定效应空间杜宾模型进行空间效应的分解，具体结果如表6-34所示。

表6-34　　　　　时空双固定效应空间杜宾模型效应分解结果

变量名称	直接效应	间接效应	总效应
lnFIN	0.16806***	0.04017***	0.20823***
lnEDU	0.20924***	0.10241**	0.31165***
lnGTD	-0.03721*	-0.01106*	-0.04827*
lnFDI	0.00455*	-0.00059**	0.00396**
lnCON	0.21843**	0.13728***	0.35571**
lnBAE	0.09885***	0.08144***	0.18029***

注：***、**、*分别表示在1%、5%、10%的水平上显著。

根据表6-34的效应分解结果，可以看出科技金融发展水平以及各个控制变量对区域产业结构升级的影响情况。

其一，从整体影响方面来说，广东省科技金融发展水平对于区域产业结构升级具有一定的正向推动作用，并且这种推动作用是较为明显的，其显著性也较高。从直接效应方面来看，其效应占比较大，说明广东省内一个地区科技金融的发展主要还是针对性地作用于当地的产业结构发展，当地的产业依托科技金融所带来的资金支持与技术创新援助，可以有序地提高产业的技术含量，逐步使当地产业由劳动密集的低级生产方式走向知识技术密集的高级生产方式，形成产业结构上的升级，并在空间上产生吸引力，形成空间聚集效应。从间接效应方面来看，虽其效应占比较低但也不容忽视，其代表着广东省内科技金融发展较快的地区对于周边地区产业结构的升级具有一定的促进作用，科技金融较发达的地区容易形成空间溢出效应，其产业发展更新迭代较快，容易把产业链中相对低端的部分转移到相邻的发展较为一般的地区，从而为相邻的地区带来资金与技术上的支持，在转移之中促进周边地区的产业结构升级，形成产业互补的良性互动，最终带动整个区域产业结构发展的合理化与高级化。

其二，从整体影响情况来看，广东省人力资本对于产业结构升级具有较为明显的推动作用，显著性也比较高，说明人才层次的提高也有利于促使产业结构的发展升级。其直接效应与间接效应的占比约为 2∶1，说明一个地区所培养的人才大部分还是会留在当地工作，为当地产业结构的发展贡献才智。但由于当今交通与信息技术的发展，各个地区间人才的流动也较为频繁。

其三，从整体影响情况来看，广东省固定资产投资额对于产业结构升级具有一定的反向作用，影响着产业结构的升级。这有可能是因为当一个地区某产业进行一定的固定资产投入后，通常会等其得到相应的回报并遇到发展瓶颈后才会考虑去提升其技术含量，因此在某种程度上产生挤出效应影响了产业的发展。并且，其直接效应要高于间接效应，说明还是以当地影响为主，但也存在着部分空间溢出效果。

其四，从整体影响情况来看，广东省外商直接投资对于产业结构升级具有较为轻微的推动作用，原因可能在于广东省对外开放的时间较早，早已利用外资的投入完成了早期的产业布局，如今外资投入仍集中在原有产业，其对产业结构升级的影响不大。同时，外资在广东省的投入主要是为了生产产品或完成产品组装，其科技研发创新部门仍留在外资本国，因此也不会对广东省的产业结构升级产生显著影响。并且，其直接效应为正、间接效应为负，说明地区利用外资的对外开放水平对自身是有利的，但可能会因为补贴政策对临近地区造成影响。

其五，从整体影响情况来看，广东省消费需求对于产业结构升级具有较为明显的推动作用，说明地区的消费需求会较为明显地影响到产业在生产中的发展。其直接效应稍大于间接效应，说明地区消费需求的升级不仅会促使当地产业结构升级以提供符合需求的产品，同时临近地区的产业也会根据需求进行相应的调整。

其六，广东省基础设施建设对于产业结构升级具有基础性的正向影响，其直接效应与间接效应相差不大，说明区域内一个地区对于基础设施建设的完善会带来整个区域禀赋的整体性提高，不仅有利于当地产业的发展，也会促使临近地区产业的发展。

（5）分区块下实证结果比较。由于广东省不同地区之间的发展较为不平衡，为了更科学地了解发展情况，根据本书第4章中所依据的广东省政府区块划分原则将广东省21个地级市分为了珠三角、粤北、粤西和粤东四大区块，分区块条件进行空间计量实证检验，具体结果如表6-35所示。

表6-35　　　　　　　　　　分区块空间计量结果对比

变量名称	珠三角	粤北	粤西	粤东
lnFIN	0.29561 ***	0.17226 ***	0.13843 **	0.15755 ***
lnEDU	0.35018 **	0.28769 ***	0.23164 *	0.27221 **
lnGTD	-0.04218 *	-0.04976 *	-0.04755	-0.04932 *
lnFDI	0.00193 *	0.00462 **	0.00578 **	0.00434 **
lnCON	0.40618 **	0.35102 ***	0.32153 **	0.34580 *
lnBAE	0.20851 ***	0.18245 ***	0.16544 ***	0.17885 **

注：***、**、*分别表示在1%、5%、10%的水平上显著。

从表6-35可以看出，不同区块间变量的回归系数存在着一定的差异，其中珠三角区块空间计量模型的各变量回归系数除外商直接投资外均要高于粤北、粤西和粤东区块，与预想较为一致。并且珠三角区块科技金融发展水平对产业结构升级的促进作用要远大于粤北、粤西和粤东区块，主要原因可能是珠三角区块本身经济发展与科学技术的积累较好，在科技金融资源的发展和利用上效率较高，并形成了一定的空间聚集效应，通过规模优势对珠三角区块自身产业结构的升级产生了更为强大的影响。

对于粤北、粤西和粤东区块的比较来说，粤北区块科技金融发展水平对产业结构升级的促进作用要更为明显，原因可能在于粤北区块与珠三角区块的联系要比粤西和粤东区块更为密切，在发展上更容易受到珠三角区块空间溢出效应的影响形成产业互补，从而使其发展要优于粤西和粤东区块，而粤东区块由于自身发展的基础要优于粤西区块，因此在影响上要更明显一些，这也较为符合本书第 4 章中对于空间格局现状的论述。

（6）实证总结与分析。由于科技金融对广东省区域产业结构升级发展的影响具有空间效应，本章在空间计量理论的基础上通过选取变量和数据构建了空间计量模型来进行实证分析，并通过对变量数据进行 LM 和稳健的 LM 检验以及 Wald 和 LR 检验，发现空间杜宾模型是最适合该问题的空间计量模型，同时通过豪斯曼检验和比较分析的方法分析认为该问题的效应形式最为适用时空双固定效应，并为了保证结果的准确性与进行合理分析，把空间效应进行了相应分解。

从结果上来看，科技金融发展水平对于区域产业结构升级整体上具有较为显著的正向推动作用，并且从目前的发展情况来说，主要以空间聚集效应为主，一个地区的科技金融发展主要还是作用于该地区的产业结构升级。空间溢出效应相对不太明显，说明目前广东省区域内科技金融发展较快地区对发展较慢地区的产业结构升级影响一般，仍未能形成有效的产业互补，互相之间的协同性不高。造成此现象的原因可能在于，目前广东省各地级市仍然是着眼于自身的发展，彼此之间缺少信息交流，导致在协调性方面存在不足。分区块来看，目前广东省区域内珠三角区块由于自身的基础优势以及对各种科技金融发展资源要素的投入重视程度高，相比粤北、粤西和粤东区块科技金融发展对珠三角区块产业结构升级具有较大的促进作用，粤北区块由于受到珠三角区块的空间溢出效应影响，其发展要优于粤西和粤东区块。说明珠三角区块未来可能会成为广东省区域内的科技金融中心，应充分利用其空间溢出效应作用以及协同资源分配以提高资源要素利用效率，促进粤北、粤西和粤东地区的产业结构升级，引领广东省区域产业结构整体水平的上升。

第7章 我国及区域科技金融与高新技术产业协同创新发展路径分析

7.1 科技金融与高新技术产业协同创新发展路径环境

科学和金融是现代经济发展中最活跃的两个因素。高新技术产业作为知识密集型和技术密集型产业，将会对我国经济建设和社会发展产生巨大的推动作用。实施国家"十三五"科技发展规划，实现科技金融深层次融合，培育和发展战略性新兴产业，支持和引导经济发展方式转变，加快建设创新型国家。《关于促进科技和金融结合加快实施自主创新战略的若干意见》提出，不断提高科技金融的主导作用，大力推进科技金融一体化，以建设多层次资本市场体系为目标，走出具有区域特色的金融改革创新道路，加快产业转型升级和金融要素高效对接机制的形成，实现金融科技与产业的良性循环。因此，科技与金融相结合对于提高我国自主创新能力、促进经济增长、优化产业升级具有重要的战略意义。

科技金融作为一项系统性安排，有效实现了科技与金融的深度融合，为高新技术产业发展提供金融资源的综合配置与全产业链条的创新服务。我国从多个方面大力培育与支持高新技术产业发展，该产业已成为我国至关重要的经济增长点。研究我国及区域科技金融体系与高新技术产业的协同演化机制及协同效应，探索适合我国及区域经济发展的协同发展模式，有利于充分发挥科技金融体系的平台作用，推动全国范围内高新技术产业快速发展。在科技资本市场和公共科技金融的协同发展下，在对高新技术产业的支持过程中，我国科技金融生态得到进一步优化，规模得到进一步发展。一是科技产业创新培育对象范围不断扩大，以高新技术企业、"领头羊"企业和"独角兽"企业等为代表的创新创业主体不断向专业精细的方向深度发展，协同集聚效应更加明显。到 2017 年底，超过 4 000 家众创空间、3 000 家科技企业孵化器和 150 个国家级高新区为高新技术产业营造了充分的发展空间。二是创业风险投资环境持续优化。截至 2016 年，全国创业风险投资管理资本总量超过 8 000 亿元，当年新募集基金超过 1 000 亿元。三是产业投资基金规模大幅提升。截至 2016 年底，新成立的政府引导基金超过 400 家，目标募集资金达 36 000 亿元。四是科技资本市场逐步成熟和优化。2018 年主板市场上市超 100 家企业，共融资 1 386 亿元，高新技术企业占比九成以上，战略性新兴产业占比达到七成，新三板市场也完成了超过 500 家企业的 600 亿元规模融资。近十多年来，我国高新技术产业在与科技金融的协同发展下，在体量、发展规模、产业布局等方面均呈现出稳步前进并且发展速度不断加快的局面。2016 年我国高新技术产业的产品合同成交金额达到 320 437 亿元，2007～2016 年累计增长了 45.08%，同期我国高新区数量增长了 3 倍，贡献了 12% 的 GDP，极大地推动了我国创新驱动发展战略和供给侧改革的进一步深化。

同时，国家把粤港澳大湾区作为建设国际城市群、参与国际竞争的重要航空载体。粤港澳大湾区建设是一项重要的国家战略，已写入党的十九大报告和政府工作报告。作为一个市场规模达 10 万亿元、产业集群有 270 个以及覆盖 330 个专业市场的大湾区，如何激发粤港澳大湾区各种发展因素的潜力和活力，充分发挥区域的经济腹地与协同作用，成为目前的重大研究课题与热门方向。区域科技金融与高新技术产业深层次协同的实现，有利于充分调动区域内巨大的经济体量和科技实力，进一步完善内部产业体系建设和提升具有强大制造产业链的国际竞争优势。目前我国互联网经济发展优势明显，以深圳和广州为代表的大湾区内城市通过科技金融与产业协同的不断深化发展，进一步加强了内地与港澳地区的联系，充分发挥区域腹地优势以及协同港澳地区发挥国际金融服务中心功能，增加了我国在互联网金融、服务业和高端制造业方面的"品牌效应"和竞争优势。

近年来，全国范围内创新创业热潮高涨，创新创业人才增势猛烈，"大众创业、万众创新"是经济发展方式转变和供给侧结构性改革的重要体现。中共中央、国务院始终高度重视开拓创新工作。2015 年 3 月，国务院办公厅发布《关于发展众创空间推进大众创新创业的指导意见》；6 月，国务院发布《关于大力推进大众创业万众创新若干政策措施的意见》；9 月，国务院从双创工作体系设计和政策规范方面发布《关于加快构建大众创业万众创新支撑平台的指导意见》。2016 年，全国两会上"大众创业、万众创新"不仅再次被写入政府工作报告，而且被纳入"十三五"规划纲要，成为规划纲要的关键。目前，中国的创新创业活动正在全面展开，其有效性和作用不仅在国内得到认可，也日益为国际社会所熟知。2016 年 4 月 27 日，联合国大会第 71 届会议通过了中国政府"大众创业、万众创新"的理念，并将 4 月 21 日定为"世界创意和创新日"，呼吁世界各国共同促进和支持创新和创业，这是中国智慧对世界的又一新贡献。

7.2　政府超前引领

当前我国的科技金融产业协同创新发展主要是以政府为主导、银行和资本市场为辅的方式进行的，这种方式的科技金融产业协同创新发展可能会导致政企之间存在信息不对称，导致资源配置效率低下、政府干预与制度整合、负债企业风险转移、银行危机等问题，难以在行业对科技金融的需求与行业对科技金融的供给之间形成完美衔接。因此，为了使科技金融产业协同创新得到更好的发展，本书认为政府应该发挥超前引领职能。

陈云贤在其著作《中观经济学》中提出政府超前引领概念。所谓政府超前引领，是指超越到市场之前的引领，但与自由主义经济学中市场与政府定位不同，自由主义市场经济的政府从属于市场，而超前引领则打破两者的关系定位，政府走到市场之前，先于市场，引导市场的形成，细化到科技金融产业协同创新发展领域。以下从三个方面来阐述我国政府在科技金融领域的超前引领。

7.2.1　科技金融产业协同创新资源生成的超前引领

要做到科技金融产业协同创新资源的生成，就要引导更多的企业参与到科技创新中来。在 2018 年全国大众创业万众创新活动周北京会场，北京市科学技术委员会公布了国家科技创新中心 100 项重大科技成果，涉及前沿科技、国家重大发展战略、尖端产业发展、首都建设、社会发展和科技体制改革等领域。其中，企业科技成果 60 余项，占比超过 60%，已经成为技术创新的主要参与者。[1] 企业的科技创新能力在整个经济体系中起

---

① 北京公布 100 项国家重大科技创新成果 60% 来自企业 [EB/OL]. 环球网，2018 - 10 - 17.

着举足轻重的作用。企业是科技创新要素集聚的自然载体。因此，政府必须聚焦于以下几点。

（1）减少因制度产生的交易成本，继续改善经营环境。企业的成立与上市跟交易成本息息相关，降低制度成本有利于企业的成立，同时也会促进企业的上市；对于拥有产权保护和政策红利的企业，它们所产生的制度交易成本会对企业的创新、经营和发展产生许多不利的影响。政府需要落实好为企业提供支持性服务和协助性服务的工作，大力推进电子政务和多规合一，加强市场监管准入门槛，深化政府管理体制改革。

（2）营造良好的企业家精神氛围，培养更多优秀企业家。企业、经济、科技创新的竞争，实质都是企业家之间的竞争。企业家在企业的建立、科技创新、发现和引进科技创新人才等方面发挥着核心作用。

（3）继续推进创业，完善、促进企业并购政策。由全球制造商集团独家编制的 2017 年度（首届）《全球制造 500 强》中，中国大陆入选的企业共有 57 家。这意味着促进我国更多企业诞生的任务变得尤为紧迫和重要。企业在成长过程中离不开并购，并购可以使发展中企业快速发展起来，完善企业并购政策，就要不断总结经验，不断改善体制机制，消除各种显性和隐性政策障碍，推动企业通过并购不断发展。

（4）要发挥好科技型企业的主要作用，需要建立健全的制度、机制和政策，吸引更多的科技创新资源和劳动力，为发展科创事业打下坚实基础。

（5）探索新型资助方式，即根据科技创新企业发展的需求，根据企业科技创新项目，由政府进行一定比例的精准项目资金投放。这种资助方式更有针对性、更有效率、更好管理。

（6）探索新型人才模式。人才资源是科技创新的核心资源，科技企业尤其需要人才，利用优惠政策来引进人才已不适用于当今社会，调整引进人才的思路和方法迫在眉睫。企业需要把重心放在人才对企业的促进作用上，人才能够为企业提供科技创新活力，成为推动企业发展的驱动器。政府则需要制定新型的人才培养政策，提供新型人才引进服务，尤其要针对中小企业和不发达地区。

7.2.2　科技金融产业协同创新制度的超前引领

1. 基于客户优选的风险规避制度

科技创新活动虽然总体来说具有较强的风险性和不确定性，但其在不同承担主体、不同生命周期阶段、不同行业属性等方面的风险也存在较大差异。科技创新活动的承担主体不同，风险程度不同。科技创新主体的异质性决定了其发展的前景和路径。通常而言，公司规模、经营战略、外部环境、行业前景、组织文化等异质性因素都会影响到公司的创新能力和创新风险。例如，公司规模越大，往往公司背后的资源和创新渠道越多，公司的创新能力越强，创新风险越低。公司的经营战略越保守，公司创新的动力和可能性越低。公司的行业越传统，公司创新的可能性越低。科技创新活动的不同生命周期阶段也决定了其面临风险的大小。科技创新活动的生命周期可分为三个阶段，分别是知识创新阶段、创新知识向新技术转化阶段以及新技术应用阶段。知识创新阶段会带来较大的风险，而新技术应用阶段由于技术应用已经成熟，所带来的风险最小。科技创新企业所在的行业属性不同，风险程度不同。如果该行业发展速度较快，产品能与时俱进，具有广阔的市场前景，则该行业的风险较小；如果该行业发展较慢，产品单一，未来没有市场前景，则该行业的风险较大。

通过对高新技术企业背景的尽职调查以及对其所从事行业的特点、市场风险的分析，可以对不同高新技术企业科研创新活动的创新性、成本、经济效益和社会效益等指标进行总体的综合评估。通过对风险和收益的权衡，可以遴选出相对优质的风险投资项目。通过项目的遴选既可以对科研创新风险进行一个总体的把控，同时又能兼顾经济效益和社会效益的平衡，从而推动金融业的可持续发展和高新技术产业的可持续发展。

由于现实中的技术条件及信息获取的多重限制，如科技创新技术的前沿性、复杂性和多变性，在对科技创新项目进行遴选的时候难以获得真实有效的信息，因此在项目遴选中可能会遇到投资失败等问题。在遴选科技项目的过程中，我们要进一步发挥大数据、云计算等前沿计算机技术的支撑作用，通过大量样本库的积累和计算分析，提高项目投资的成功率。同时，也可以通过区块链等技术去解决科技项目信息不透明、不全面问题，从而减少信息不对称问题，提高企业的信用违约成本。我们也要进一步健全和完善社会基础信用体系建设，通过基础金融设施的健全完善进一步优化制度的顶层设计，通过政府行为的介入提高各类社会主体对风险投资项目的信心，从而形成良性的资金循环。通过客户筛选这种方式将风险进行前置，可以减少事中以及事后的监督管理成本，提高风险投资的概率，降低风险投资所造成的损失。

2. 基于公共资源配置的风险补偿制度

当科技创新活动的风险水平过高时，简单的项目遴选可能会将项目排除在外，从而造成较为严重的融资约束和排斥问题，此时只有地方财政进行特定的风险补偿，才能吸引社会资本的流入，并且通过产业发展规划的合理引导和导向，也可以推动当地产业的优化升级，从而推动商业银行、担保融资机构、风投创投等投融资机构的可持续发展。

通过地方财政对投融资机构等风险参与主体的补偿，可以充分发挥公共资源的协同带动和示范引领作用。地方财政的鼓励和刺激政策包括以下几个方面：一是在公共支出方面，通过财政补贴、贷款贴息等优惠政策对参与科技创新项目的各方给予激励；二是在公共基础设施建设方面，通过提供公共产品和服务为科技创新型企业提供更好的发展环境，如加大对公共实验室、科技金融服务平台、企业孵化器、科技产业园区等的投入和建设；三是对商业银行进行风险补偿的激励，如通过财政存款和科技信贷相挂钩的政策，对科技信贷进行信贷风险池的补偿、税收优惠减免等；四是在税收调节方面，通过调节税收，实行优惠税率政策，使科技创新企业融资成本降低，促进社会资本和金融资本向科技创新企业聚拢；五是在市场准入方面，在社会资本进入一些特殊的市场或行业领域时设置前提条件，如一些风投创投机构要在追求利润最大化的同时注重提升自己的社会效益，要根据国家宏观战略导向投资一些战略性新兴行业，将其超额利润部分用来支持国家基础科学研究的发展，在进入市场的同时更多地承担起自己的社会责任。

3. 基于社会分担的风险分散制度

通过基本的风险分散原理可以知道，在系统性风险一定的情况下，承担风险的个体越多，风险分散的能力就越强，个体承担的风险损失就越小。因此，在大数定律的前提下，如果风险个体之间是相互独立的，那么通过社会分担的风险分散制度可以有效地降低社会风险，从而提高风险个体的风险承受能力。而科技金融风险管理的理念中要更多地融入风险分散的理念，进而提高其经营运营的可持续性。

在科技金融的管理创新过程中，要在金融产品设计中融入风险分担的思想理念，如可以按照投资方式、出资额度和平均投资回报率要求确定合理权重，从而实现不同金融机构多方协同参与到科技金融的创新中来。地方财政要发挥引导和示范效应，通过财政资金的杠杆提升其他投融资机构的积极性和主动性，从而使得科技创新企业的资金来源更加具有稳定性和可靠性，促进储蓄向投资长期转化的功能。当然风险分担理念并不是要求所有的金融机构都承担相同的风险，而是不同金融机构根据其风险偏好的特点和实际的风险承担能力选择不同的出资比例，从而实现风险和收益的相互平衡。因此，我们要根据投融资机构风险偏好的特点发展多层次的资本市场体系，如科技股票交易市场、债券市场、科技和其他资本市场。通过建立包容审慎、多元开放的科技资本市场，提高对科技创新企业的包容度和容错度，从而为科技创新型企业提供更多的融资渠道和来源，不断推动科技型企业的创新进步和发展。但是，风险分散和风险承担的思想理论是理论上的想法，金融机构和科技型企业在实际投融资过程中要更多地考虑自身的特殊情况。例如，金融机构要考虑自身的资本金充足情况，以及对信贷投资领域的熟悉度和了解程度；而科技型企业则要考虑行业发展前景、资产规模是否要进行扩张等问题。

7.2.3　科技金融产业协同创新组织的超前引领

我国科技金融产业协同创新服务平台的功能主要通过建设我国科技金融与产业组合动态平台、科技企业信用评级体系、科技企业评价体系和科技金融服务信息综合数据库来实现。通过提供覆盖信息资源的服务、中介服务、担保服务、增值服务、投融资对接服务等，充分发掘企业生命周期中的全价值链条，满足企业不同生命周期中的各种服务需求，进而推动实现企业价值的最大化。

1. 信息资源服务功能

通过建立信息资源服务平台，运用现代化科学技术，通过大数据、云计算等，可以收集科技企业的基本信息、财务数据、企业专利情况等展示企业实力的信息。同时，也可以收集金融机构针对科技企业设计的科技金融产品，将不同属性的信息分类存放，供平台参与者使用。使金融机构的投资需求与科技型企业的融资需求相匹配，有效地改善了科技型企业与金融机构之间的信息不对称，降低了金融机构对科技型企业进行研究的成本，解决了科技型企业发展阶段的融资难问题。

2. 投融资对接服务功能

金融机构通过投融资服务平台进行债权投资，科技企业在投融资服务平台上发布融资需求，平台对科技企业的融资申请进行信息核查和信用审核，并将审核结果反馈给中介机构和金融机构。金融机构根据自身的金融产品，决定是否接受融资方的融资请求。中介机构则根据信用审核状况提供相应的服务。

3. 信用评估功能

通过大数据算法，对金融体系中的借贷双方以及金融产品进行信用评估，分析借贷双方的征信状况，评估金融产品的风险等级，生成完整的信用评级报告，再通过专门的征信平台发放给参与者。该平台还可以形成统一的信用评估标准，给参与者提供参考指标。

4. 中介机构服务功能

与金融机构服务不同，中介机构服务主要指咨询业务、评估风险、法律援助业务等中间性服务业务。这些中间业务在科技企业发展阶段，尤其是企业初创期间，有着举足轻重的作用。中介机构在给科技企业提供中间业务的过程中发挥着辅导和指引作用，如在经营管理方面的指导、对资产配置的合理建议等。

5. 担保服务功能

首先对担保机构进行资格审核，确保担保平台的机构具有足够的担保能力和信用基础。科技企业可以通过担保服务平台申请担保服务，平台提供担保业务能够很好地为企业研发进行资金兜底，降低企业研发风险，增强企业的信用，更好地规范融资流程，也解决了创新型科技企业融资难的问题。

6. 增值服务功能

科技企业在发展过程中需要提高融资能力，提升企业管理能力，因此科技金融服务平台需要有增值服务功能。我国工业和信息化部组织各地区相关部门以及联合金融监督管理局，共同构建科技企业与金融服务部门，成立专项科技金融小组，充分发挥在科技资源和人才资源方面的优势。通过派驻科技金融专家对科技企业的发展进行指导，为科技企业提供融资培训，对企业股权转让提供指导，对企业上市提供咨询服务。

7.3　市场主导科技金融产业协同创新发展

在构建新常态下我国科技金融产业协同创新发展的路径实施上，形成以市场为主导的新型科技金融产业协同创新发展路径尤为重要。市场机制的建立有助于解决传统政府引导模式中存在的资源浪费、效率低下问题。市场机制中的融资方式分为直接融资和间接融资。直接融资包括风险投资主体和资本市场，其中风险投资主体由创业风险投资基金和私募股权基金构成，而资本市场则由多层次的融资平台构成，主要包括主板、新三板、创业板和科创板等在内的为成熟期企业提供长期大额资金的平台。间接融资方式则包括商业银行、担保机构和产权交易平台等融资方式，即在设立科技银行、科技担保机构或金融中介服务机构的基础上，为科技企业融资提供贷款或担保，同时在知识产权融资和产业链融资中，根据科技创新的要求，有针对性地开发新的保险和金融产品。在市场机制下，以政府引导、市场竞争和利润最大化目标为原则，科技金融市场参与主体应根据投资项目的风险损失与预期收益，挑选出前景最佳的项目进行投资以达到收益的最大化。这一路径的完善有助于调动市场参与者的积极性，以较小的成本撬动大量的资金投入科技金融产业，促进科技金融产业整体升级，淘汰不达标的科技企业，提升资金使用效率。

7.3.1 建立健全科技银行系统与科技信贷发展

银行在我国现阶段的经济金融体制中占据主导地位，而科技信贷主要通过银行路径实现科技金融协同发展。一方面，科技银行根据中小科技企业的特征来创新金融产品，持续为以专利和知识产权为担保物的企业提供贷款支持；另一方面，通过将政府、银行和担保机构组成统一服务系统的风险共担形式，推动中小科技企业的发展。

目前信贷规模大体上收紧、银行防范金融风险承受较大压力，顾忌科技创新较高的风险性和巨大的外部性，商业银行在向具有较高风险的科技企业发放信贷时积极性不高，因此建立专业的科技银行来针对科技企业提供信贷是科技金融稳定发展的必要手段，以往各地依托商业银行建立科技支行的模式难以突破商业银行的框架，实际效果并不理想。对商业银行主导科技信贷模式进行改革是必然的。一是要健全完善科技信贷的风险控制与审批管理制度。坚持政府财政扶持政策的基本引导作用，并根据企业生命周期资金需求的特点对其授信额度进行灵活调整。坚持维护好科技企业信贷审批的尽职免责制度，提高政府审批的容错机制，通过改善政府审批科技信贷的考核评价机制，激发其审批发放科技信贷的积极性和主动性。坚持组建专营科技信贷机构和培养专项型人才。二是健全科技信贷"一揽子"服务能力。在控制防范金融风险的大框架下，致力于创新符合科技企业特点的金融产品，主动将一站式的、信息系统化的金融服务，如开户、咨询、融投、现金管理、结算、国际业务等供应给科技企业。三是要积极和创业投资、证券、保险、信托等机构开展进一步的深入合作探索模式，如建设综合性的金融服务平台为企业融资牵线搭桥，充分发挥创业风险投资机构项目推荐代理的角色，发挥证券、信托等机构财务顾问的角色，从而达到将全方位多层次的金融服务提供给科技企业的效果。设立科技企业所属科技产业专项投资基金或风险投资基金，向对应的风投机构提供投资或贷款支持，拓展银行向科技产业提供融资的渠道，以创新性的科技金融产品和服务为科技企业提供资金支持。

此外，科技信贷需要在经营模式上进行创新，从而适应高新技术产业的发展特点和规律。一是创新信贷制度，尤其是要优化科技企业信贷审批的流程，提高贷款从申请到发放的效率，同时要创新科技企业信用评级制度，通过引入征信机构对其信用等级进行增级，政府机构如银保监会、人民银行等也要加强公共征信信息的互联互通。二是开发适合科技企业发展需要的金融工具，如知识产权质押融资、专有技术的资产证券化、供应链金融融资、可转换债券融资等创新融资方式，通过金融工具的创新缓解科技企业和金融机构之间信息不对称的问题，从而提高金融机构风险定价的能力。同时也要充分发挥公共金融的作用，如以政府财政风险补偿基金引导社会资本以及金融资本的广泛投入和积极参与，拓宽风险补偿基金合作归集渠道，探索对企业风险发展互助基金的创新。三是要建立起对科技信贷的风险识别、预警以及防控机制，根据科技产业的特点设立专门的风险监测流程，如要积极使用监管科技和大数据风控对互联网企业的经营行为进行网格化无死角监控，尤其是要对其早期风险进行重点关注和监测，不断加大风险监控力度，对潜在的行业性风险进行高度关注和监测。要积极主动地与产权交易、担保、法务、第三方专业机构等进行交流合作，在科技资产评估、风险鉴定工作上集思广益、群策群力。

在产业园区合作方面，一是科技银行需要提高科技信贷服务水平，通过会展等方式提高科技产品的品牌宣传，同时产业园区要提高自身基础设施建设的基本水平，共同营造良好的科技创新环境。二是政府要加大对科技企业信贷的财政支持力度，如建立科技企业的信贷风险补偿基金池，通过投贷联动等方式发挥政府财政资金的杠杆作用。但是，也要对科技企业的信用资质、创新能力进行严格审核，防止部分企业造假骗补行为的发生，真正推动科技企业自身创新能力的提高。三是建立信贷审核评估机制权责一致的基本原则，建立信贷审核评估部门和评审专家协调联动的合作机制，从而提高审核评估机制的可靠性和稳健性，同时也要建立业内领军人物的专家数据库，充分调动科研机构和高校的科研专家资源，尤其是推动其在科技信贷产品的研发和创新上发挥带动引领作用。四是利用新一代大数据、云计算等金融科技手段整合现有科技银行中科技信贷累计的大数据资源，通过监管科技等手段对科技企业贷前、贷中和贷后的贷款经营流程进行全面的优化和提升，从而达到提升风险管理技术并形成实时机制的效果。五是在人才培养上，着力引进、培养本土专业人才。加大对饱含创新精神、知识全面、技能熟练的科技与金融结合的复合型人才的培养力度，建立激励相容的人才激励机制，为银行支持科技创新提供人才储备。

同样地，在科技信用体系下需要开发高新技术产业专项信用贷款模式。一是创新信用贷款体系，以科技成果转化为主要指标，加强对企业的多维度评估，构建企业内外部评级模式，完善企业科技信贷整体流程。二是紧跟行业前沿科技，研发以科技企业为对象的新型贷款工具，如以企业有形产权或无形产权以及其他权益为抵押物放贷，加大对科创企业所承担技术风险的价格补偿，完善金融市场对科技风险资产的价格确定，有效降低高新技术具有的风险。匹配收益和风险等级，寻求各种形式的金融工具的应用，如公司可转债、权益 ABS、供应链金融等。在政府风险补贴与各项引导基金下，发展企业之间互助、企业与金融机构间投资的新型基金模式。三是密切监测和管控科技成果转化中潜在的风险，依据科技行业的特点，在监测框架下，单独铸造科技信贷风险控制链，并专注于监测盲区的清除，不断加大风险监控力度，提高对行业性潜在风险的关注和监控。积极主动地与产权交易、信用担保、法律法务、第三方专业机构等进行交流合作，就科技企业的资产评估、风险鉴定方面集思广益、群策群力。

在科技银行建设层面，打造科技银行专营性质，以市场化、专业化、互动性、本土化、独立性为标杆培育和建立科技银行体系，打造政府财政投入与民间资金投入的专业服务衔接平台。以科技为主体，与产业园区进行深度合作，打造优秀的科技信用贷款服务环境并畅通展业渠道。总体上，政府要提高在科技创新上的财政支出，在这个大环境下，科技银行应当不再依靠财政风险补偿、补贴政策兜底，有意识地拔高自己的科创服务水平。针对以科技型中小微企业为突出代表的科技企业和科技项目，各级政府政策正推动建设金融发展基金，依托政策支持来发展新业态下对接科技创新需求的金融新业务。调整科学技术人员和科学信贷审查的互动机制，建立一个信用评估专家系统的科技资源体系，聘请相关领域的权威专家参与产品研发项目和信贷审批流程，并探索信贷决策评估责任和权力匹配机制。基于科技银行科技信贷业务所积累的资源，建立大数据库并利用金融科技等技术方式进行系统性分析，改进信贷评估与贷后监管的风险指标综合系统，达到提升风险管理技术并形成实时机制的效果。最后，在人才培养上，推进本地人才专业化培养和外地人才高质量引入。在兼具科技与金融的领域，推动对具有综合能力尤其是科技创新潜力的专业型人才的培养，并且尽可能招揽创投专业人员，为银行助力科技创新体系储备充足的专业型人才。

7.3.2　打通新三板挂牌通道优化科技金融产业协同创新发展结构

新三板、创业板、科创板这些直接融资平台，在科技金融发展中十分重要，科技企业最终能成功地在新三板挂牌上市，将成为创业风险投资基金、私募股权投资基金资金退出的重要渠道之一，健全新三板挂牌通道，有助于调动科创投资基金、私募股权基金对科技企业初创期提供投融资的积极性。同时，企业发展初期也更倾向于利用内源性资金。

新三板的融资渠道对于高速成长中的科技企业大额的融资需求十分重要。目前国家政策趋紧，我国新三板挂牌周期较长，审批速度降低，这种挂牌审批的低效率会挫伤企业挂牌上市的积极性和主动性，从而导致新三板长期的成交低迷和效率低下，进而损伤其原本应该具有的融资功能，流动性恶化的结果进一步使得市场氛围和积极性雪上加霜，从而导致投资者和融资企业抓紧远离新三板的恶性循环。除此以外还存在着区域不平衡发展等问题，各省份之间的资本市场发展存在巨大差异。

在为科技企业新三板挂牌路径进行铺垫的过程中，首先需要形成科技企业储备，主动筛选一批具有优秀前景和高成长性、具有战略价值的创新型中小企业，有规划地为这批优质企业提供高质量的金融服务和人才培训，大力支持当地科技金融服务中心合理搭建企业新三板发展促进会等专业化的综合性平台，同时举行新三板投融资专题培训会、新三板企业交流沙龙与新三板路演等具有实际意义的多样化活动。开展目标企业点对点调研，实施有规律地观察评估，有效地帮助企业绕开或解决新三板挂牌中遇到的疑难杂症。推动新三板挂牌全面性、全流程式地提供服务。打造综合性服务平台，涵盖商业银行、证券公司、律师与会计师事务所等机构对接企业，以高效、方便、简捷的标准一体化服务于拟挂牌的科技型中小微企业，促进这些高成长性的企业挂牌上市，提高新三板内企业整体质量。以历史数据为支撑，对挂牌企业进行定时定点的跟踪、监督与评估，及时帮助出现问题的企业。积极引导新三板企业运用做市交易、定向增发与股权质押等方式进行资本筹集运作，便于企业获益于资本市场。在退出渠道和转板问题上，鼓励并购和转板的企业转变活动。支持企业在良性的并购重组活动中抓住机遇发展为更优质的企业，允许挂牌企业进行转板再融资，形成新三板与创业板、主板互联互通的新格局。

2020 年我国针对新三板长期存在的顽瘴痼疾进行了制度化改革，其中市场分层改革，即增设精选层是关键。本次精选层的设立，根据市场不同定位层次使新三板市场本身呈现金字塔结构，其中基础层面向的是满足基本条件的中小企业，中间层面向的是粗具规模尚处于成长期的中小企业，精选层则是面向公众化程度较高的优质企业。通过引入公开发行、推出连续竞价制度、降低投资者门槛、引导公募基金入市、转板上市等围绕精选层展开的创新性制度变革，从根本上解决新三板流动性差、交投冷淡、投融资功能形同虚设等长期性问题。在交易制度上，精选层将实行连续竞价交易制度，此举将大幅度增强市场交投的活跃性，深化市场结构的深度和广度，从而为吸引公募基金参与精选层资产定价奠定了基础。除此之外，通过设立转板制度，显著提升了新三板市场的吸引力，开拓了优质上市公司融资的渠道和方式，推动了股转系统和沪深交易所互联互通机制的建立。在上市门槛上，除了公开发行的市值门槛，还有四套精选层财务指标标准筛选，有占创新层 50% 共 332 家挂牌公司符合要求，降低了上市公司的进入门槛。在投资者准入门槛上，合格投资者门槛将降低到 100 万元，门槛的大幅降低将会吸引更多投资者进行投资，从而激发市场参与交易的热情，改善市场流动性缺乏的现状。在增量资金引入上，允许股票基金、混合基金、债券基金投资新三板流动性较好的精选层股票，通过公募资金的引入优化新三板投资者结构，壮大专业机构投资者队伍，提高市场交易的积极性和主动性。

因此，精选层的增设将激活新三板优质存量市场，并有望给增量市场带来良好的示范效应。

7.3.3 科技保险保障科技金融产业协同创新发展

我国开展科技保险时间早、规模大，虽然针对科技保险启动过政策支持，并且制订了详细的支持工作方案，在科技金融和科技企业的发展中起到了极大的推动作用，但在科技保险发展进程中同样面临难题。例如，保险机构对发现科技企业真实需求的动力不足，导致供求错配问题，而以往制定的政策扶持也需要革新，以提升政府对科技保险资金投入的效率。因此，构建专门的科技保险机构有助于优化科技金融实施路径，满足科技企业的需求。

要进一步推动科技保险运行机制与模式的创新和改革，要求从根本上改变传统保险公司的运行模式和机制，面对风险较高、不确定较强的科技型企业，要弱化保险传统的保障功能，增强保险的风险投资功能，并积极参与到公司的经营管理中去。其中，传统的科技保险模式为投保公司支付保费，保险公司根据科技企业经营风险状况为其提供产品研发失败险、产品责任险、技术人员人身保险等适合其风险保障需求的合适险种，并在风险事件发生时履行保险赔付责任义务。而新型科技保险模式则是调动保险公司参与到科技企业生产经营活动中来，通过股权联结、收益共享等模式充分提高其参与的积极性和主动性。这种新型科技保险模式包括部分涉入型科技保险模式和完全涉入型科技保险模式。部分涉入型科技保险模式在传统投保理赔的基础上附带了科技保险公司对科技型企业投资联结的功能，即保险公司不仅给科技企业提供传统的风险分散功能，还对科技企业创新风险进行介入。即在科技企业创新失败时保险公司承担部分损失，在科技企业创新成功后分享部分收益。完全涉入型科技保险模式是指科技保险公司不仅不收取科技公司的保费，还对其创新风险进行完全介入，这种收益共享、风险共担的创新保险模式将科技保险公司和科技企业紧密地联系在一起，由于完全涉入型科技保险模式激励相容的特点，保险公司会积极参与到企业研发和创新中来，其不仅在管理层安排自己专门的人才对企业进行指导和扶助，还会对企业的生产经营状况进行监督，从而最终分享项目带来的收益。

在科技保险优惠政策上，我国政府可以针对投保科技企业提供一定程度的支持和补贴，提高科技企业投保积极性，亦可对科技保险机构提供不同程度的补贴，达到提升其研发新产品和发放科技保险积极性的效果。例如，在税收优惠政策方面，可以对科技保险经营机构和科技公司进行税费的双向减免，对科技企业的保费支出进行加计扣除，从而减少其应纳税所得额，也可以进行税收抵免，在应纳税额中直接扣除。针对保险公司，将其科技保费收入列入应征但免征的应纳税所得额中。在具体的保费优惠政策制定过程中要因地制宜，根据不同地区不同企业发展的不同程度进行保险补贴的灵活性调整。

在人才培养方面，要创新人才培养方式，建立多元人才培养体系。例如，科技保险公司可以和高校合作，建立定制化的人才培养管理方案，在高校开设科技保险专业的相关课程，通过校企合办的方式为企业输送专业化的管理人才，也可以对本单位的人才进行后续培养，如通过国外交流项目吸收先进经验和前沿知识，甚至可以通过人才引进的方式壮大公司自身的人才队伍。

7.4 科技金融与高新技术产业协同创新发展路径实施可行性分析

党的十八大提出科技创新是提高社会生产力和综合国力的战略支撑，要坚持走中国特色自主创新道路，实施创新驱动发展战略。进行科技创新已被视为解决一系列的社会、经济问题的重要手段，但其发展离不开政府公共政策的支持，科技政策体系对实现创新驱动战略有重要的意义。在已有研究中，关注地方政府科技创新系列政策绩效的较少，而在科技创新活动中，地方政府的角色和功能无法替代。然而，出台的科技创新政策的执行实施并不一定能够有效地促进本地科技创新能力的提升，也许并不能取得政府预期的政策效果。对科技创新成果进行评估和比较，建立科技创新政策评价指标体系是十分必要的。

国家把粤港澳大湾区作为建设国际城市、参与国际竞争的重要空间载体。粤港澳大湾区建设是党的十九大报告和政府工作报告中提出的一项重要国家战略。如何激发粤港澳大湾区内各发展要素的潜力和活力，充分发挥其与广东省等区域经济腹地的协同作用，成为目前学术界的重要研究课题和热门方向。科技金融与高新技术产业深层次协同的实现，有利于充分调动区域内巨大的经济体量和科技实力，进一步完善国内产业体系的建设并提升具有强大制造产业链这一国际竞争优势。2015 年，粤港澳大湾区建设被写进《推动共建丝绸之路经济带和 21 世纪海上丝绸之路的愿景与行动》，呼吁充分发挥深圳前海、广州南沙、珠海横琴、福建平潭开放合作区的作用，深化与港澳台的合作。2016 年 3 月，国务院发布《关于深化泛珠三角区域合作的指导意见》，明确要求广州、深圳与港澳携手共建粤港澳大湾区，建设世界一流城市群。2017 年签署实施《深化粤港澳合作推进大湾区建设框架协议》，2019 年发布《粤港澳大湾区发展规划纲要》，明确了广州、深圳、香港和澳门四大中心城市的定位，进一步推进内地与港澳深度合作，实现资源优势互补和产业优势深化，创新区域合作机制，建设国际科技创新中心，深化内地与港澳协同发展。目前，我国互联网经济发展优势明显，以深圳和广州为代表的湾区城市通过科技金融与产业协同的持续深化发展，进一步加强了内地与港澳地区的联系，充分发挥其作为广东省经济腹地的优势以协同港澳地区发挥国际金融服务中心功能，增强我国在互联网金融、服务业以及高端制造业等方面的"品牌效应"和竞争优势。粤港澳大湾区作为"一带一路"的重要支撑，将成为充满活力的国际城市和具有全球影响力的科技创新中心。

科技金融和高新技术产业的协同演化发展具有理论上的可行性，国家宏观产业政策将营造有利于科技创新、产业创新和金融创新的大环境，并且国家宏观发展战略也支持创新驱动发展战略和金融支持科技创新的政策体系。我国自 2015 年起推行的"大众创业、万众创新"发展理念已经被纳入"十三五"规划纲要，这将进一步优化我国的创新环境，激发创业者的创业激情，营造全民创新的文化氛围。从实践角度出发，我国有雄厚的产业基础和工业积累，完整的工业链体系为我国科技创新奠定了坚实的基础，并且在新材料新能源、航天航空、国防军工、电子通信以及生物医药领域，我国都取得了一定的科研成就和技术贡献。在科技金融领域，我国BAT（B 指百度，A 指阿里巴巴，C 指腾讯）互联网巨头几乎遍及人们生活的方方面面，从网络购物到线下租房，从滴滴打车到美团外卖，从移动支付到小额借贷，可以说金融科技已经渗透到我国社会生活的方方面面，我国有深厚的用户基础和市场前景，只要在深度上进行规范发展和深耕细作，就能够取得巨大的规模效应、协同效应和溢出效应。因此，高新技术产业和科技金融的协同创新发展具有实践上的可行性。

高新技术产业作为知识和技术密集型产业，具有巨大的经济效益和社会效益，已经成为区域乃至全国范围内一个至关重要的带动经济发展的点。以广东省为代表的区域作为我国改革开放的桥头堡，需要着力培育经济增长的"双引擎"，从政策和金融产业制度等多个方面大力培育与扶持高新技术产业的发展。基于高新技术产业的视角，研究科技金融和高新技术产业的协同效应，探索适合于不同区域的经济发展的科技金融协同模式，有利于增强科技金融体系的实体经济服务能力，推动我国高新技术产业的优化和升级。正是基于此，本章主要通过供给侧绩效评价与需求侧绩效评价来建立我国科技金融促进区域协调发展路径的绩效评价体系。

1. 科技金融绩效评估体系

科技金融绩效评估体系主要可以从公共科技金融和市场科技金融两个方面进行综合评价。公共科技金融是地方政府的财政投入、税费减免等财政投入指标，产出指标可以为高新技术产业缴纳的税费。市场科技金融主要包括科技信贷、科技担保保险、风投创投、新三板等细分市场业态。市场科技金融绩效评估体系主要通过科技金融投入产出指标进行度量。下面分别从公共科技金融和市场科技金融两个维度对科技金融投入产出绩效进行评估。

（1）地方财政科技拨款总额。地方财政科技拨款是地方政府对当地科技企业的财政支持，地方政府通过财政支出发挥引领和带动作用，通过财政资金的投入吸引社会资本和金融资本的进入，充分发挥四两拨千斤的杠杆作用，通过财政资金的倾向性支持落实国家产业政策，优化社会资源投入的行业和规模结构，既推动了当地产业经济的发展，又推动了产业结构的优化升级，从而推动我国创新驱动发展战略的落实和实施。

近年来，我国财政科技拨款占财政支出的比重呈现出不断上涨的趋势，科技创新在政府政策目标中发挥着日益重要的作用。为了进一步推动我国产业的优化升级，贯彻落实创新驱动发展战略，我们不仅要加大地方财政对科技创新的支持力度，还要完善相应的顶层设计机制，将它作为一项长期的基本政策予以坚持。同时也要深化地方政绩考核评估机制改革，将当地的科技创新水平纳入当地政府的绩效考核，在科技发展规划中将财政预算拨付与科技支出相挂钩，激发当地政府科技投入的积极性和主动性。

对于当地政府基本的财政科技拨款投入分配，应当本着优化结构、重点支持的原则，对于发展水平较为落后的地区，应当基于财政对科技资源较为明显的倾斜和帮扶，起到缩小地区发展差距的作用。发达地区也应该起示范带动作用，主动将自己科研资源投入分配的成熟经验分享给落后地区，推动落后地区科研创新水平的提高。当地政府也要做好科技财政支出计划，提高资金使用效益，并对财政资金使用结果形成最后决算，完善财政资金使用绩效的评估和反馈机制，推动国家现代化治理能力的不断提高。

应该注意到，科技财政资金的投入规模不是越大越好。由于资金投入存在边际报酬递减规律，所以需要对财政资金分配有一个合理的规划，不断提高科技财政资金的使用效率。同时也要注意到，基础研究和应用研究投入都是周期比较长的长期投入，并且由于其处于研究的早期阶段，投资潜在的风险较大，对于这部分研究投入的绩效考核要以长远的发展眼光来看。

（2）高新技术产业减免税。税收减免属于积极财政政策的税收政策。

高新技术产业减免税特指对高新技术企业的税收优惠政策。税收优惠政策主要包括优惠税率、加计扣除、减计收入、加速折旧、税额抵免等政策。优惠税率主要是指对高新技术产业实行税率采用低档优惠税率，如被认定为高新技术企业的企业法人适用于15%的低档优惠税率。加计扣除政策主要是指对高新技术产业的研发支出在计入所得税扣除项中加计50%进行扣除，从而起到减少高新技术企业应纳税所得额进而减少其应纳税额的目的。减计收入主要是指对高新技术企业技术转让收入在计入应税收入时进行扣除，从而起到税收减免的作用。加速折旧政策主要是指对高新技术企业购入的固定资产进行折旧的提前加速处理，通过加速折旧使得高新技术企业的应纳税所得额减少从而起到税收优惠的目的。税额抵免政策主要是指对购入节能节水、环境保护、安全生产等设备，入账金额的10%允许在应纳税额中连续5年结转抵扣。通过针对高新技术企业的一系列税收优惠政策，可以为企业生产经营进行合理减负，从而激发其生产创新的积极性和主动性，提高其生产经营的绩效水平。

（3）高新技术产业应纳税额。通过对高新技术产业应纳税额变化率的基本测度，可以初步计算高新技术企业的净利润，进而可以将其与高新技术企业的社会积极效益进行挂钩，从而对其正向外部溢出效应进行初步估计。高新技术产业应纳税额和财政科技拨款总额、高新技术产业减免税是产出和投入的配比关系，虽然不能完全进行明显责任归集上的匹配，但是二者之间仍然存在实际意义上的投入产出关联。因此，通过投入产出的相对效率，我们可以对公共科技金融投入产出的效益进行初步的评价。

（4）风险投资和创业风险投资投资高新技术企业项目数及项目额。广义的风险投资是指一切高风险、高潜在收益的投资；狭义的风险投资是指以高新技术为基础，生产和管理技术密集型产品的投资。按照美国风险投资协会的定义，风险投资是专业金融家投资于具有巨大竞争潜力的新兴、快速发展的企业的一种权益资本。而创业风险投资是指专业投资者（风险资本家）为高新技术初创企业提供融资的活动。与普通投资者不同，风险投资家不仅投资资金，还利用他们积累的经验、知识和信息网络来帮助企业经理更好地经营其业务。所以，创业投资公司是为高科技初创企业提供融资的组织。

风险投资的轮次包括种子轮、天使轮、Pre－A轮、A轮、B轮、C轮和C＋轮等。其中，种子轮融资通常只有一个初步的创业构想和一个简单的团队，还未生产出具体的产品，因此处于创业投融资的早期发展阶段，此时种子轮的资金大多来自创业投资者自掏腰包或者来自亲朋好友的帮助。天使轮融资是指团队构建已经比较成熟了，产品已经具备初步的样板，并且具备了初步的商业规划。天使轮投资通常有数据显示企业具有未来市场发展的潜力，并且此时企业已经积累了不少核心用户，但是整个商业模式的可行性和可靠性还有待进一步的观察和验证。Pre－A轮是一个夹层融资轮次，投资者根据项目本身的规模和成熟度决定是否要续投，此时项目的整体规模已经进一步扩大，但是距离高市场占有率还有一定的距离，所以此时的融资投入大多来自前期投资者的进一步投入。而下一步的A轮融资产品已经基本成熟，商业模式和盈利模式已经基本成型，并且已经树立了自己的品牌，在细分市场领域有自己的一席之地，因此即便处于亏损的状态，仍然有专业的投资者对该公司进行投资。而B轮融资则是在资本陆续补足后现有项目的商业逻辑已经得到市场的初步认可，业务也实现了进一步的拓展，项目也有了进一步的进展，此时的融资轮次可以吸引私募股权投资加入该项目，融资金额较A轮相比有巨大的提高。而C轮项目已经完全成熟，并且在其竞争市场领域已经遥遥领先，此时已经准备上市了。而最后的C＋轮则是战略合作者的进一步加入。

（5）风险投资投资轮次、投资阶段和项目退出方式。风险投资轮次就是指风投创投机构在投资过程中分阶段投资。分阶段投资是风险投资的基本运作方式。风投创投机构的投资阶段主要包括种子期、起步期、成长（扩张）期、成熟（过渡）期和重建期。投资阶段描述了企业生命周期的整个过程，通过风投创投机构对企业生命周期投资阶段的权重，可以基本分析出我国风险创业投资机构的风险偏好和投资偏好，从中可以看到过度后置的投资权重实际上失去了风险创业投资原本的意义，这种较为保守谨慎和急功近利的投资模式容易造成太多风险投资机构扎堆于科技创新型企业的成长成熟期，可能会导致该领域出现过度扩张、资源浪费、无序竞争、投资过剩等问题，也会造成对种子期、初创期等阶段的企业投资不足，从而整体上造成投资结构的畸形和失调，不利于创新创业整体氛围的形成。项目退出方式则是风投创投机构在该风险投资项目中最终获利的方式，也可以看作风投创投投融资的产出回报。风投创投的最终退出方式有上市、收购、回购、清算等，通过转让的风险账面回报比可以粗略分析风投创投机构的基本产出，从而对其绩效评估进行一个整体的评价。

（6）新三板和科创板的经营绩效。随着我国科技产业不断推进和科技型中小企业的不断发展壮大，新三板成为我国科技型中小企业获得融资的重要渠道和推动科技金融服务体系不断完善的重要环节。因此，对新三板挂牌数及构成成分这一指标的考核能体现科技金融政策的产出效果，如从新三板挂牌数中科技型企业占比高低、发行规模波动幅度、挂牌企业融资金额规模及各个挂牌企业各自所处的发展阶段，可以看出科技政策是否落实、扶持力度是否合适、科技金融产业发展阶段等。除此之外，新三板科技型中小企业的经营绩效可以作为新三板挂牌企业绩效评估的一个粗略参考指标。例如，新三板上市企业总资产收益率、净资产收益率、主营业务收入、科研经费支出占比、科研人员占比等数据都能够对科技型中小企业的科研创新实力和科研创新产出进行一个大致评估，随着新三板精选层制度的不断健全和完善，新三板将成为我国科技型中小企业展示科研创新能力的主要场所。科创板是 2018 年设立的独立于现有主板市场的新设板块，该板块的市场定位与之前主板市场定位有着较大的差异。从市场功能看，科创板注重资本市场和科技创新的深度融合发展，针对我国科技初创型企业投资周期长、投资风险大、投入成本巨大的问题，通过科创板推动储蓄向长期投资转化。从市场发展看，科创板应成为资本市场基础制度改革创新的"试验田"。通过科创板进行注册制的增量试点改革，可以较好地平衡改革和稳定的关系，通过增量试点改革的经验总结可以给主板市场、创业板市场提供改革借鉴的思路。从市场生态看，科创板市场定位更加突出包容、平衡的理念，首先是对上市公司包容的上市标准理念，如在财务状况和股权结构上实行更加灵活、弹性、开放、多元的上市准入标准；其次是在投资者准入门槛上，更加注重对投资者的权益性保护和适当性管理。因此，科创板设立并试点注册制改革，是提升服务科技创新企业能力、增强市场包容性、强化市场功能的一项资本市场重大改革举措，是对多层次资本市场体系的重要补充。

（7）科技贷款额与科技信贷规模。地区科技信贷规模可以很好地评价当地金融机构对科技企业的支持力度，但政府在统计的过程中仍然需要注意区分科技企业的类型。从现状来看，银行等金融机构在发放科技信贷时对企业的选择会比较偏向大型企业如国有企业，而真正缺少资金的企业却得不到科技资金的支持，故政府仍需在这方面做出努力与改进。

在科技信贷领域，由于科技型企业存在经营风险大、项目失败率高、投资周期比较长、缺乏合格抵押担保品等问题，往往面临较为严重的融资约束问题，这种资金短缺的问题会进一步降低其科技成果的转化率和成功率，从而形成经营效益低下—信贷融资约束加重的恶性循环。要解决科技型企业融资难、融资贵的痛点，关键在于通过政府资金引导、金融产品进行创新、多方联动协同去带动金融资本和社会资本参与到科技型企业的融资中，从而建立多元融资的信贷支持体系。政府要通过科技信贷风险补偿池进行资金的初始导入，对商业银行发放科技贷款可能带来的风险损失、担保机构担保可能发生的违约损失进行补偿，从而激发商业银行和担保机构参与科技信贷的积极性和主动性，金融机构也要进行信贷产品的创新，如开发知识产权质押融资贷款、供应链金融订单质押贷款等，同时也要大力推动科技企业信用评级行业的发展，从而降低信息不对称问题，降低信用违约风险，为科技债券的发行奠定良好的信用基础。

对科技信贷产出绩效的评估可以从高新技术企业贷款的逾期率、展期率和偿还率等银行信贷经营指标进行整体的评估。贷款逾期率是商业银行发放科技贷款的逾期比例，贷款展期率是商业银行发放科技贷款的展期比例，贷款偿还率是商业银行偿还科技贷款的比例。除此之外，商业银行内部的一些市场监管指标也有助于对科技信贷的经营绩效进行初步的评价，如贷款拨备覆盖率、不良贷款比例、贷款迁徙率、科技贷款的在险价值等。其中，贷款拨备覆盖率是比较重要的银行风险监管指标，反映了银行计提的一般风险准备金对银行不良贷款的覆盖程度，从中可以反映出以银行目前的资本储备对可能发生的最大风险损失的吸收消化能力。不良贷款比例则是次级、可疑和损失贷款占总体贷款的比例。贷款迁徙率是不同贷款之间转移变化的比例，可以反映银行信贷风险蔓延和扩散的速度。科技贷款的在险价值则是根据历史数据对银行信贷风险发生概率和风险损失率的估计，反映在一定的置信度作为保证的前提下银行可能遭受的最大损失。

（8）科技保险及担保。科技保险是科技型企业为分散生产经营中面临的风险而购买的科技保险企业的保险产品。科技型企业或者研发机构通过购买不同类别的科技保险产品，能够有效地分散初始科技研发、科研人才流失和科技成果转化过程中发生的各种风险，从而减少其科学技术研发、科研成果转化、科技商品市场化销售等生产运营环节中存在的各种风险问题。从保险公司已有的保险产品来看，主要包括产品质量类、融资增信类、研发保护类、产品责任类和人才保障类五大类科技保险产品。

科技保险针对科技型企业生产运营中的各个阶段提供不同的风险分散转移方案。首先，在科技型企业成长发展的初期，科技保险公司能够通过保证保险的方式解决科技型中小企业融资难、融资贵的问题，可以迅速改善科技型企业发展初期资金短缺、抵押担保不足等问题，推动企业在种子期的快速成长和发展。其次，在科技型企业的人才管理战略中，科技保险公司能够为科研技术人员和关键业务骨干提供包括人寿险、健康险和意外险等多种科技保险产品，因为人力资源是科技型企业创新的核心关键生产要素，通过科技人身保险不仅能够提高员工的归属感和忠诚度，而且能够降低企业人才流失所带来的风险。最后，通过科技保险，如产品责任险、生产经营财务保险，能够有效地降低科技企业生产经营管理过程中存在的各种风险，进而提高科技型企业生产经营绩效，推动科技型企业的成长壮大。

除了科技保险公司自身保险产品的开发和创新，还要求政府和企业的多方协同和合作。例如，科技企业在科技保险的过程中要坚持如实告知的基本保险原则，应当准确地提供自己生产经营中的各种风险信息以便保险公司进行保险费率和保额赔偿的合理厘定，同时保险公司也应该建立起保费动态激励调整等机制，为信用条件良好的企业提供优惠的保险费率，而政府也应该对科技保险公司进行税费减免等政策激励。

科技担保保险的绩效评估可以使用保险公司的经营状况指标来进行评价，如保险理赔率、保险投资收益率、风险准备金比率等。保险理赔率是对保险发生理赔数量和造成的保险理赔损失的支出，保险投资收益率可以反映保险公司收取的保费进行投资收益的情况，风险准备金比率则是保险公司计提的风险准备金与可能发生的保险赔款的比例。

2. 高新技术产业绩效评价

高新技术产业绩效评价指标主要考察政策需求方即科技创新企业的绩效指标，通过考察这一指标可以度量科技金融政策实际对科技企业和科技产业的促进作用，主要包括政府财政研发投入的指标，如政府 R&D 经费投入、从事 R&D 活动人员总数；衡量地区科技创新水平和重大科技项目突破能力的指标，包括年度专利申请量、专利授权量和各类科技成果数；选择规模以上工业企业新产品销售收入占主营业务收入比重来衡量新产品新技术转化运用成果。

（1）政府 R&D 经费投入与从事 R&D 活动人员总数指标。对于政府 R&D 经费投入与从事 R&D 活动人员总数指标的分析，不能简单地以绝对规模水平对其进行衡量。学术界研究表明，政府对科学研究的投入存在乘数效应和挤出效应。简单来说，政府对科技研究发展的资金和人力资源的投入将会推动整个社会科学技术水平的提升，由于科学技术等知识产品是具有正外部性的公共产品，加大政府 R&D 经费投入与从事 R&D 活动人员投入可以带来知识经济的溢出效应和扩散效应，从而提高科技型企业参与科技研发投入的积极性和主动性，形成"大众创业、万众创新"的社会创新氛围。但是，政府对科学研究的投入对科技型企业的研发生产存在一定的挤出效应，因为政府在科研技术领域提高购买水平后会导致服务价格水平提高，在投资领域会导致利率水平提高，进而对科技型企业的生产研发产生消极的挤出效应，从而提高其生产研发的各类成本，阻碍科技创新型企业的技术创新进步和发展。

我国 R&D 经费投入近年来飞速增长，到 2016 年已达 1 931 亿元的规模，R&D 投入强度达 2%，处于较高水平。在评价 R&D 经费投入这一指标时，不应盲目追求过高的增长和过大的资金规模，防止出现政府推高研发要素价格、加大科技企业技术创新成本的现象，在 R&D 经费的投入中，如何确定最佳的投入比和规模都是值得重视的问题。

因此，应该因地制宜，当地政府要根据当地企业创新积极性和创新基础设定合理的 R&D 经费投入规模，如对新型基础设施建设落后的地区应该发挥政府的引领带动作用，发挥科技资金的溢出效应和扩散效应；而对本身科研创新比较活跃、科技技术设施完善的区域，政府更多的是要对重点和薄弱领域进行短板补齐，更加注重产业结构的优化布局和市场秩序的维护规范。

从事 R&D 活动人员总数指标则反映出地区科研创新能力。企业作为经济活动主体和创新发展的实践基地，从业人员总数指标的增加可以反映 R&D 活动逐步深入企业、产学研相互促进的形势发展良好；该指标还可以反映从业人员的学历组成，R&D 从业人员的学历是 R&D 能力的重要体现，从业人员学历高，科研能力和成果就会较为显著；从业人员主要分布在基础研究、应用研究和试验发展三个领域中，从业人员在这三个领域的分布比例可以反映我国科技创新的持续发展能力。

（2）专利申请数、专利授权量及各类科技成果数指标。专利申请和授权量等专利统计数据是衡量国家科技创新成果的重要指标，通过系统的科研产出的绩效分析，可以对不同国家不同地区的科技创新综合能力、科技创新市场竞争力进行比较分析，因此专利申请和授权量是科技创新能力评估中最基本的指标。专利授权数分为非职务、高等院校、科研单位、工矿企业和机关团体五类，该指标中这五类申请各自所占比例可以反映我国在科技创新能力上的薄弱部门，政府可以通过制定精准的科技金融扶持政策，扶持落后部门在科技产业方面的发展，有助于提高科技金融产业整体的发展。

各类科技成果数则是反映企业、研究院和高等院校联系密切性的指标。企业作为技术转化的基地、作为营利性的组织和机构，其科研投入的目的是实现市场利益最大化，其创新机制是市场优胜劣汰下的竞争性机制，其创新会更加偏向应用型创新而非基础研究，因此其科技创新行为带有盲目从众短视等弊端。而科研机构和研究院的研究则更偏向于基础研究。二者之间的利弊对比如下：企业由于以营利为目的，不会过多投入资金用于基础性研究；研究所和高校则由于研究开发成本高、风险大、技术转化难度高、收益不确定等原因缺乏动力。因此，需要以政府的政策作为媒介，搭建产学研一体化的平台，提高科技成果数量，促进科技企业和科技产业的发展，而各类科技成果数则是最直观地反映该类政策结果的指标。

（3）技术市场成交合同数与合同金额规模指标。技术市场是科学技术产品进行交易和增值的场所，包括技术商品的基础研究开发、技术成果转化、市场化推广再到形成产业链条的全过程。通过技术交易市场，可以对科技创新产品的价值进行准确评估，对区域科研创新的综合实力进行基本评价，帮助企业实现产品最终的销售，实现产品的增值和资金的回笼，从而对上游的技术研发和市场化推广形成反馈调节机制，其在技术创新和经济增长之间建立起基本的联结纽带。同时，技术市场成交的活跃度与当地科研机构、高校研发机构和科技研发人才的集聚程度存在较为密切的正相关关系，往往会带来空间的集聚和溢出效应，从而推动区域科研创新水平的不断提高。一般来说，技术交易活动集中在中心城市，我国政府应通过科技金融政策促进市场发展，同时根据政府规划需求，在技术市场欠发达地区制定扶持政策推动技术市场发展。

第8章 结论与对策建议

8.1 研究结论

科技和金融相结合对我国不断增强自主创新能力、推动经济增长以及产业优化升级，具有重要的战略意义。科技金融产业协同创新与发展是我国大力实施国家创新驱动发展的重大举措之一，在经济新常态背景下，对于拉动经济增长以及加强供给侧结构性改革具有重要指导意义。本书基于协同学和演化经济学理论，剖析了科技金融子系统与高新技术产业子系统协同演化机制，并选取广东省相关数据进行实证分析，根据研究结果，对促进科技金融产业协同创新与发展提出了政策建议。高新技术产业经济与社会效益显著，而科技金融作为金融资源配置与创新服务主体，对高新技术产业的优化发展和贡献程度正逐渐加深。研究科技金融体系与高新技术产业的协同效应，探索适合我国经济发展的科技金融产业协同发展模式，有利于充分发挥科技金融体系的平台作用，推动我国及区域高新技术产业快速发展。本书得出以下主要结论。

第一，科技金融与高新技术产业协同演化过程是一个内容复杂、多层次、多要素的复杂过程。科技金融与高新技术产业协同演化是一个由多要素、多主体、多层次形成的集合体，是一个典型的开放型复杂巨系统形成过程。一方面，科技金融子系统通过科技金融工具、制度、政策和服务等，为高新技术产业子系统提供发展所需的资金，同时进行项目遴选和风险管理；另一方面，高新技术产业子系统的发展、成果转化、科技研发和项目落地等需要科技金融子系统的资金和技术等支持，二者之间协同演化，形成区域乃至全国经济生态，最终促进经济增长。科技金融与高新技术产业协同演化的动态关系主要体现在科技金融支持高新技术产业发展和高新技术产业发展助推科技金融创新两方面。同时，科技金融与高新技术产业互利互惠协同发展，具有形式上和方向上的一致性。科技金融与高新技术产业协同演化进程呈现出明显的、稳定的上升态势。本书通过将科技金融发展指数与高新技术产业产品增加值进行趋势对比发现：2006~2016年，广东省科技金融发展指数与科技产出指数的发展趋势表现出了一致性的特征，都是稳步增长、逐年上升的；高新技术产品产值与科技金融发展指数呈现相似的稳定增长趋势。因此，科技金融与高新技术产业之间存在着互利互惠、互相影响、相互促进的动态演化关系。

　　第二，运用耗散结构理论、创新理论和金融发展理论研究科技金融与高新技术产业复合系统的协同发展内涵与协同演化机制。科技金融与高新技术产业这两个子系统所构成的复合系统是一个具有开放性、自组织特征且系统有序度在不断提升的复杂巨系统。这种协同发展表现在科技金融与高新技术产业在复合系统内相互调整、适应、优化、促进，乃至相互依存，从而使复合系统结构得到不断优化，并逐渐形成一种稳定的运行机制。复合系统同时作为一种自组织，通过子系统内部之间相互大量的不对称非线性作用，不断地产生新功能、达到新状态，在与外界环境的物质信息交换和激励下实现子系统所无法达到、具有增益性的新目标。科技金融子系统与高新技术产业子系统间存在推动二者协同创新与发展的动力机制。科技金融产业复合系统通过竞争合作、信息共享、交互学习、环境保障等方式，实现子系统和复合系统的有序。本书以广东省为例，从系统间和系统内两个层面分析二者间协同演化的动力机制，结果发现区域科技金融产业协同演化的动力机制主要分为系统间协同演化机制（包括合作竞争与风险共担机制、信息共享与交互性学习机制、市场导向与政府协调机制）和系统内协同演化机制（包括政策法律法规保障机制、人才供给保障与第三方服务支持机制）。广东省科技金融与高新技术产业二者之间存在着环境保障、市场导向和政府协同等相互促进、相互影响的从无序到有序的协同演化机制。通过哈肯模型实证发现，广东省科技金融产业复合系统内，科技金融和高新技术产业二者间不仅存在密切的协同演化关系，也存在系统中机制因素的推动作用，即协同演化机制。

　　第三，运用协同学、群体动力学和复杂系统科学方法研究科技金融与高新技术产业复合系统协同效应与协同发展模式。复合系统的协同效应是指基于协同环境下科技金融子系统与高新技术产业子系统的子系统间协同发展和该复合系统内协同发展所形成的"1 + 1 > 2"的整体效益，并产生新的复合系统功能以及实现协同效应最大化的趋势。两个子系统的结构不断得到完善、系统有序度不断得到提升，并促进复合系统的整体结构稳定与功能增强。同时，构建科技金融与高新技术产业的复合系统协同发展体系，研究复合系统的相互作用与协同发展机理。对复合系统的协同效应进行系统性分析，构建政府主导型、银行主导型和市场主导型三类科技金融与高新技术产业协同发展模式。

第四，构建科技金融协同效应检验体系，为全国以及区域测评科技金融协同发展状况提供了具体科学的定量测量指标体系以及有效科学的检验模型与方法，也为协同效应结果分析与运用提供了理论依据。以广东省为例，运用子系统有序度和复合系统协同度模型测度科技金融子系统与高新技术产业子系统的协同状态，再运用数据包络分析模型对复合系统的协同绩效进行评价；通过对广东省近年来整体经济数据以及全省 21 个市级行政单位相关数据的实证检验，发现 2000 年以来，科技金融与高新技术产业的子系统有序度与复合系统协同度均表现为"阶梯式增长"发展特征。珠三角地区近几年科技金融与高新技术产业协同发展绩效明显优于粤东、粤西和粤北地区；以深圳、广州、佛山、东莞和珠海等城市为代表的粤港澳大湾区内地城市，科技金融与高新技术产业协同效应显著，协同创新能力明显强于广东省其他地区。

8.2　对策建议

本书通过理论分析和相关数据实证检验，发现近年来我国科技金融与高新技术产业协同演化程度正逐步加深，但仍没有达到最优的理想状态。同时，在我国科技金融与高新技术产业从低水平耦合到磨合状态不断提升的协同发展过程中，二者的协同效应显著性进一步增强，但区域间协同效应差异性更为明显，区域协同发展差距较大。因此，为加快推进二者协同演化，提高协同演化程度，增强我国及区域内科技金融与高新技术产业的协同发展水平，进一步优化科技金融产业间的协同效应及协同创新发展路径，本书提出如下政策建议。

8.2.1　推进科技金融产业复合型协同发展模式建设

在我国科技金融与高新技术产业协同发展过程中，金融管理部门等政府机构运用政策性金融措施，在发展全局中起到了顶层设计及风险监控等主要作用。银行系统通过不断优化顺应科技发展潮流的新型银企关系，以科技信贷和风险资金管理池等形式，进一步高效便捷地将资金注入企业，支持科技企业的发展。同时，随着科创板、注册制等一系列科技资本市场投融资模式的创新、推广和发展，以及风创投和产业基金市场的不断完善，科技资本市场将在我国科技金融与高新技术产业的协同发展路径中逐渐起到主导作用。目前，我国及区域科技金融仍处于起步并逐步加速发展阶段，各项政策措施以及市场调控机制并不完善，高新技术产业是一个新兴产业，仍需进一步引导其发展方向以适应我国经济增长结构。作为实体经济的服务者，政府部门有责任并且有必要在科技金融与高新技术产业协同发展过程中不断完善监管和继续做好顶层设计。因此，当前需要进一步推动和完善政府引导、银行和市场相协同的复合型协同发展模式。这需要政府服务和管理部门运用政策决策和组织管理优势对科技金融和高新技术产业的发展路径进行引导；银行等金融机构运用科技资本和资金流程管理优势，进一步扩大对高新技术产业的支持规模；科技资本市场充分利用市场体量和投融资层次多样化优势，促进资本市场运用效率的提升和运行机制的自我优化。

一方面，要完善科技金融配套支持政策，贯彻国家《关于促进科技和金融结合加快实施自主创新战略的若干意见》，进一步完善和落实科技金融配套支持政策，制定和丰富相关政策以规范化管理和支持科技信贷、科技保险、科技企业风创投等科技金融投融资方式。另一方面，要扩大科技金融投入范围与规模，鼓励和引导专业性科技金融机构发展，不断扩大科技金融机构的规模和提升服务水平。当前我国科技金融服务尚未全面普及，存在一定程度的科技金融服务水平满足不了科技产业发展需要的情况。目前可依托综合性财险公司、财险公司下的科技保险公司支公司以及获得政府支持的各层次科技金融服务中心作为主要服务机构，进一步扩大科技金融体系的服务范围，提高服务水平。随着科技金融服务体系的成熟与完善，着力发展诸如专业性科技保险公司、科技信贷公司以及科技风创投基金公司等专门化科技金融机构。与此同时，进一步提升科技拨款等财政的支持力度，不断加强政府资金对科技信贷风险资金池等科技金融保障体系的引导、杠杆和管理作用。

要深入实施我国创新驱动发展战略，并紧紧围绕粤港澳大湾区建设这一国家重大发展战略，推动我国科技金融产业的科技创新、产业创新、企业创新、市场创新、产品创新、业态创新、管理创新等有效协同，加快形成以创新为主要引领和支撑的经济体系和发展模式。通过推动科技金融产业复合型协同发展战略的落实，有利于完善我国科技资本市场的资源配置作用，进一步加强科技创新对提高社会生产力和综合国力的战略支撑作用。

要继续坚定不移地推动我国创新驱动发展战略的贯彻和实施。广东省要牢牢抓住粤港澳大湾区建设这一重大发展战略的历史性机遇，推动我国科技金融产业的科技创新、产业创新、企业创新、市场创新、产品创新、业态创新、管理创新等有效协同，加快形成以创新为主要引领和支撑的经济体系和发展模式。通过推动科技金融产业复合型协同发展战略的落实，有利于完善我国科技资本市场的资源配置作用，进一步加强科技创新对提高社会生产力和综合国力的战略支撑作用，从而推动科技创新的源泉充分涌流，使得创新意识、创新文化深深扎根于我国民族文化的历史血脉中，从而树立起高度的民族自信和文化自信。

8.2.2　实施区域间科技金融产业协同发展战略

我国科技金融目前已进入深入发展阶段，科技金融与高新技术产业的协同发展程度不断加深，科技金融的服务平台功能不断优化，显著推动了高新技术产业的发展。本书研究发现，在协同发展过程中，尽管公共科技金融部门的服务引导作用越发突出，科技资本市场的资源配置功能不断提升，高新技术产业持续高质量增长，但区域间科技金融产业的发展差异性越发明显。国家级众创空间、孵化器等科技产业培育载体基本分布于广东、山东、浙江、江苏等东部沿海地区，创业风险管理资本与风险投资机构多聚集于上海、北京、深圳等资本规模庞大、活跃的东部经济发达地区，无论是从规模还是从发展速度上，长三角、环渤海和珠三角地区区域科技资本市场均明显超越我国其他地区。同时，从本书的实证分析及相关数据可得知，广东省科技金融与高新技术产业区域发展不同步，粤港澳大湾区中心城市协同效应显著，广东省其他地区协同发展进程相对滞后。

针对目前我国不同区域科技金融产业协同发展现状，需要推动我国区域间协同发展，实施区域间科技金融产业协同发展战略，从而实现科技金融与高新技术产业复合系统内的整体有效协同。一方面，要积极推动区域跨产业合作，实现科技创新要素与科技金融要素结合。目前我国大部分地区高新技术产业主要集中于生物技术、信息技术、新材料技术、先进制造业技术、先进能源技术等八大前沿技术领域，不同区域产业结构状况和发展优势不尽相同。区域间跨产业交流与合作通过资源信息的精准对接以及产业链端的联系，有利于促进科技创新的有效共享以及资源配置效率的提升，从而进一步推动高精尖技术研发的突破和产业化进程。与此同时，科技金融体系需要做好资金支持、项目监管和风险保障等相关工作，实现科技创新要素与科技金融要素的有效融合。另一方面，需要建立全国范围内的科技金融与科技产业区域协同网络，充分发挥粤港澳大湾区、长三角等东部沿海地区对内地城市的经济辐射作用，通过产业转移和资金、人才、技术交流等形式协助中西部经济条件较为落后的地区实现产业发展和经济增长。同时，从广东省区域协同发展角度，需要把握好粤港澳大湾区建设的国家发展战略，运用广东省科技金融与高新技术产业的发展经验和发展优势，发挥除珠三角以外广东省其他地区广阔的经济腹地作用，带动粤港澳地区的产业升级。紧跟人工智能、大数据以及互联网金融等热点风口，打造粤港澳大湾区品牌与经济发展风向标，建设世界级经济大湾区，推动我国新常态下供给侧改革以及改革开放的不断深入。

8.2.3 加强科技金融对科技产业创新培育的支持力度

现阶段我国科技金融体系建设和运行机制的不足，使得高新技术产业进行科技创新缺乏金融资本的有效支持，为了缓解这一局面，迅速提升科技金融与高新技术产业二者的协同发展，应加强科技金融对科技产业创新培育的支持。一是加大国家财政对我国公共科技金融的投入额度，不断整合财政资金，通过国家财政资金的"拨改投"，设立政府创业引导基金，积极鼓动并引导社会资本和市场金融资本的投资方向，增强科技创新领域对公共与市场科技金融资金的吸引力，从而满足高新技术产业在科技创新的不同阶段对资本的需求，实现在科技金融资金充裕的情况下，使科技创新成为新常态下经济增长的驱动因素。二是鼓励并加强企业、高校等创新资源的培育，通过成立科技金融俱乐部、开设科技金融理论与实践操作课程班及科技金融沙龙等方式，向金融机构或科技型行业企业不断传授科技金融领域相关知识，以激发其不断进行科技创新。着力提高区域进行科技创新的能力，从而实现科技金融和科技创新的良性互动发展，增强区域的经济竞争力。三是采取税收优惠和财政补贴等政策手段，提高科技型企业对区域风险投资机构和天使投资者的吸引力，促使这些投资主体积极投入并不断扩大投入规模。同时，鼓励区域内的商业银行积极贷款给科技型企业，并与证监会和证券交易所不断沟通，以促进区域内发展良好的科技型企业上市。

针对现阶段广东省科技金融与高新技术产业协同发展状态特点，围绕创新过程，充分运用科技金融的资金与政策优势，促进构建众创空间、科技企业孵化器到产业园的高新技术产业孵化全链条，为高新技术企业这类创新主体从扩大规模向专业化、精细化转变提供持续的支持以及形成外溢效应。在科学技术部、广东省科学技术厅和各级政府的大力推进下，广东省国家级、省级以及市级各层次众创空间和科技企业孵化器得以蓬勃发展。《科技企业孵化器认定和管理办法》《发展众创空间工作指引》《广东省科学技术厅 广东省财政厅关于科技企业孵化器、众创空间后补助试行办法（修订）》，以及广州、深圳、珠海等各市的科技企业孵化器和众创空间相关管理及补助办法，进一步推进了广东省科技企业孵化器及众创空间的认定及试点工作的快速推进，为高新技术产业的培育注入了强大的活力。继续创新产业发展模式，推广广州创投小镇和广州国际生物岛等产业创新发展模式，强化科技金融在产业资本运作过程中的导向与引领作用。通过政府出资引导社会资本快速培育各类产业基金，加快区域间技术合作交流和高精尖产业领域的成长。

8.2.4 健全科技金融体系，优化科技金融服务平台与功能

科技金融包括投融资体系、创新体系、服务体系、政策体系和公共平台，其核心功能是通过投融资方式促进科技产业系统和金融系统的创新与发展，投融资体系与创新体系在科技金融中居于核心位置。目前我国企业的融资渠道呈现出多元化的发展趋势，而科技型企业由于受到内外部因素的限制，其资金来源仍旧以以商业银行为代表的正规性金融机构提供的贷款为主。因此，科技金融产业协同创新体系与科技金融平台建设的一个重要内容就是探索科技资本市场中金融机构如何加快科技金融服务创新，为科技产业的发展与创新提供一个良好的外部环境。一是建立健全专业性科技金融服务机构，专门为高新技术企业提供专业化或定制化的金融服务。这种专业化或者定制化的金融服务不仅包括为其提供专门的授信产品，还包括利用金融机构的专业技术为其提供全面的服务，设计科技型企业专属的金融产品和相关业务服务流程，专门为高新技术企业提供科技金融服务，满足科技企业在成长培育周期的不同需求。二是大力推动科技信贷和信贷风险补偿资金池建设与规模提升，发挥财政资金的引导和杠杆作用，

改善轻资产、自身抗风险能力偏弱的科技型中小企业的融资环境，促进科技成果的资本化和产业化。当前应进一步优化科技企业申请科技信贷的审批环节与资金授信规模。同时推动科技保险市场发展，丰富和完善科技型中小企业投融资担保体系，进一步加强广东省科技保险补贴政策的导向作用，从而有效管理和分散科技企业的风险。三是要充分发挥各级科技职能部门、科技创新委员会、财政局、税务部门以及政府相关部门等公共科技金融部门的引导和支持作用。政府部门应持续优化科技拨款和 R&D 经费等财政经费配置，大力支持科技信贷、科技保险和知识产权质押融资等科技金融资本配置模式的发展。

粤港澳大湾区将建设成为国际科技创新中心，这会对广东省科技制造与科技金融创新能力起到极大的促进和提升作用，同时也对广东省科技金融与高新技术产业的协同创新发展提出了挑战。在这个背景下，优化科技金融服务平台与功能，推动高新技术产业的发展，具有重要的意义。一是要提升科技金融的公共服务平台作用，推动科技金融与高新技术产业的信息共享和资源的有效对接。科技金融的一个重要功能就是为科技产业提供云服务平台，并通过信息的有效沟通和对接实现金融资本和技术创新资源的有效配置。实现这一功能是以数据信息的高度整合、沟通对接渠道的畅通和充分运用信息技术手段保障投融资活动的有效开展作为基础的，需要不断完善相关数据的建设以及着力构建广东省科技金融大数据中心与云共享平台。需要运用云计算、区块链、大数据等技术，鼓励生物医药、互联网服务、通信等高新技术企业开放数据资源和提供相关技术支持。二是要整合相关资源，实现政府科技产业政策及投融资机构与科技企业需求的精准有效对接。构建广东省科技金融大数据中心，实现区域内乃至全国科技金融数据资源的共享和共赢。三是进一步完善人才供给机制，依托粤港澳大湾区科技金融与数字经济协同创新研究院作为"智库"、人才培训基地和高端产业孵化平台这一背景，同时协同广东省内高等院校、科创学院和中小企业人才培训计划等各层次科技金融人才供给渠道，培育一批融合科技金融管理一体的复合型人才。通过以上努力，进一步推进"广州—深圳—香港—澳门"科技创新走廊和港深创新及科技园、中新广州知识城、南沙庆盛科技创新产业基地、横琴粤澳合作中医药科技产业园等重大创新载体和创新示范区建设。同时，基于科技金融大数据库和对企业的大数据评价体系来完善、构建科技金融大数据评价与服务平台，以该平台为信息开放载体，逐步为对数据信息有需求的企业和相关金融机构提供数据服务。创投与风投机构可以通过该平台寻找评价较高并且具有较大发展潜力的企业，为其提供资金上的大力支持，以缩短其成长周期，促使企业快速成为具有市场竞争力的科技型企业。可以通过该平台开展大数据创新创业活动，利用公共服务领域的数据资源，与企业合作组织开展大数据创业创新，激发企业创业创新活力，培育出一批优质企业和创新创业项目。科技银行等相关金融机构可以通过该平台对贷款企业进行合理评价，提高企业获得科技贷款的便利性，也有利于科技银行合理控制风险。政府部门通过利用该平台可以解决政府与企业之间信息不对称的问题，既可以提高政策为企业服务的有效性，也可以降低不良企业骗取政府补助导致影响有需求企业获得政府补助的情况发生，提高科技金融政策的服务效果。完善科技金融大数据评价与服务平台建设，可以为政府出台相关惠及企业的科技金融政策提供数据上的支持，便于金融机构通过数据平台信息对有资金需求的企业提供支持，激发市场的活力，使企业有效通过平台来解决自身发展的技术与资金需求，实现政府、市场与企业的协同发展。

8.2.5　自上而下助推科技信贷市场发展，构建新型银企关系

尽管科技型中小企业融资困难是一个世界性的难题，但通过对广州市科技信贷工作的开展和成功经验的深入分析，我们可以得出一个重要的结论：政府部门、商业银行、科技金融服务中心和企业等不同主体只需要有效合作，就可以通过构建科技信贷风险资金补偿池等措施，有效解决科技信贷融资过程中存在的信息不对称问题、协调运行机制存在的障碍以及企业自身的内在素质等诸多问题。

1. 政府部门科学设计制度，充分发挥正常引导效应

克服科技中小企业融资难题的关键在于，政府如何进行顶层设计。科学制定政府服务科技创新的模式与路径，最大限度地发挥引导作用，克服市场经济条件下商业银行和企业等市场主体的盲目性、功利性和短视性等影响，决定了政府对科技型中小企业的支持必须形成一整套能够弥补市场缺口的健全、完善的体系。诚然，由于政府职能与规则的限制，政府部门不宜采取中长期直接投资方式，这可能致使大量财政资金流失，造成国有资源的巨大浪费。但是，政府部门可以通过向高新技术企业提供政策扶持，充分发挥政策指导作用。

政策干预：政府可使用信贷补贴和信贷担保等手段指导银行信贷配给。科技型中小企业反映了以知识和技术为标志的现代经济发展标准，符

合中国的产业政策。各级政府应当实施国家创新驱动的发展和科技、金融以及产业的有效融合等战略，加大对高新技术企业的政策倾斜，引导商业银行向高新技术企业提供信贷支持，并鼓励其加大对高新技术企业的贷款额度。

信用体系建设：落实信贷管理立法工作，建立健全科技企业信用体系。要完善科技型中小企业信用体系建设，首先要有法律保障，必须落实好我国科技型中小企业的信用管理立法工作。在中国信贷管理立法的初期阶段，主要分两步进行：首先，有必要修改现行法律法规的有关规定，保障信用服务中介机构的发展和债权人的利益，使投机者无法律漏洞可钻；其次，出台一套与科技型中小企业信贷管理相关的法律法规，内容应基于信用管理行业消费者的特点，如企业资信调查、资信评级、消费者个人信用调查、市场调研和信贷追收等，并且应该涵盖征信数据的获取和使用、信用等级的评定以及信用服务中介机构运作等规定。

2. 商业银行加快科技金融服务创新，构建新型银企关系

自改革开放以来，科技型企业的融资渠道呈现出多元化发展的态势。然而，由于各种内外因素的限制，以银行信贷为主的正规金融机构依旧是高科技公司最常用的融资渠道。所以，探讨银行能否满足高科技公司的融资需求以及商业银行如何创新科技金融产品和服务，是科技金融体系建设的重点内容。

鼓励银行机构积极开展跨业合作，搭建"拨贷联盟""投贷联盟"。鼓励各类科技金融机构如银行、信托机构、保险公司、担保机构和风险投资机构，开展双赢合作；有效地整合和利用各类科技金融资源，提供集信贷、保险、信托等为一体的综合型金融服务，以满足不同发展阶段高科技公司的融资需求。为减少信息不对称，银行可以加强与科技局、税务局等相关政府机构的合作，掌握高新技术企业最新信息和资料，通过共享数据库参与企业调研。此外，银行还可以与政府部门一同建立高新技术企业协会（如"拨贷联盟"）等组织，利用相关行业协会洞察企业动态，建立工作联系机制。此外，银行还可以与风投机构建立"投贷联盟"，以实现对高新技术企业的间接授信。

3. 科技企业创新融资方式，提升信用水平

公司自有资本对信贷融资的影响也十分重要，企业应当重视其融资能力的培育。对任何企业而言，外部的支持不会持续很长时间。

加强知识产权保护，运用知识产权质押创新融资渠道。高新技术企业主要从事高科技产品的研发和生产等活动，具有更高的创新能力和自主知识产权。一方面，企业加强知识产权保护，建立知识产权管理部门，加强内部管理，防止内部人员盗窃、贩卖知识产权，将这种意识融入企业文化之中；另一方面，企业充分运用知识产权质押、信用担保等形式，不断开拓融资渠道，满足企业生产经营及长远发展需求。

规范企业内部管理制度，提升公司信用等级。对于高新技术企业而言，标准化的金融体系不仅对其发展决策具有一定的预警效果，而且有利于银行和其他金融机构信用评估工作的开展。此外，企业应当规范其财务管理和信息披露制度，提升自身信用水准，增加信贷的可能性。

8.2.6 发展创业风险投资市场，助力产业结构优化升级

通过分析发现，广州市资本市场对促进科技创新的作用十分之大。所以，我们不得不积极寻求资本市场创新发展的新模式，积极寻求和主板市场、三板市场以及银行业的合作，走出一条具有本土特色的、适应高新技术企业发展的道路。要根据企业不同的融资需求，创新金融产品的品种和运行机制，促使资金使用效率高效、资本退出机制顺畅，着重搭建能够覆盖高新技术企业整个生命周期融资需求的股权投资链。

1. 建立健全创投基金，促进产业结构转型升级

目前我国财政引导基金大多来源于财政拨款，只有少部分资金来源于政策性银行。由于政府财政资金一般分散于专项基金和创新基金等，因此需要整合现有资源，以引导基金为核心，吸引有实力的金融机构以及民间资本等各个资金供给者参与其中，充分发挥政府资金的乘数效应。此外，还应当建立健全相关政策体系，通过市场化运作和专家管理相结合的方式，公开招标，将基金交给合格的投资机构进行管理，避免寻租行为的发生，科学有序地运作基金，促使资金真正地流向有需求的企业，从而促使经济结构的转型升级。

2. 大力引进和培养科技金融复合型人才

广州市创业风险投资的快速发展离不开金融和科技管理人才。然而，目前这种科技金融复合型人才十分匮乏，现有高等学校没有专门设置相应的专业来培养这类高端创新型人才。广东财经大学和广州市科技金融综合服务中心联合创立广州市科技金融协同创新研究院，重点培养科技金融复合型人才，涵盖本科、研究生等多层次，未来计划培养科技金融博士层次的高端人才。

8.2.7 大力发展多层次资本市场，保障市场健康发展

1. 健全市场配套机制，保障市场健康发展

广州应进一步推动建立科技型企业上市后备资源库，进一步巩固企业上市工作基础，扩大上市后备资源。对后备资源库企业倾斜扶持、强化指导、推进改制，推动更多的优质企业进入后备资源；加强税收补贴执行力度，支持高新技术企业挂牌多层次资本市场。具体的税收支持方式包括科技企业上市前的改制，以及上市过程中和上市后的相关税收和退税等。广州市多层次资本市场科技企业挂牌前后的税收规模需要充分分析，确定优惠返还比例，考虑到科技企业的负担和今后的发展动力，通过税收支持为科技型企业发展增添政策动力，同时也会增大对其他科技企业挂牌的动力。此外，开通"绿色通道"，具体政策包括对基础设施配套费用的减免，优先保证相关项目的土地使用计划指标的"绿色通道"服务等。

2. 加强企业的核心竞争力

针对目前资本市场发展现存的问题，有针对性地制定一整套系统性的符合企业上市要求的筛选机制。因此，科技企业必须要不断地加强自身建设，增强核心竞争力。一是要加大企业的研发力度。科研费用投入的多少和企业高科技人才的多寡都是影响科技企业的重要因素。科技企业应当加大研发投入以及创新人才吸引机制，吸引更多优秀的人才，促使企业科技成果的产业化，提高企业的核心竞争力。二是要完善企业内控机制。科技企业必须不断地提高管理人员的整体素质，规范企业财务制度，建立健全内部控制机制；此外，要加强企业文化建设，树立诚信意识，提高企业信用等级。

8.2.8 加强顶层制度的科学设计，创新体制机制和工作模式

尽管中小企业融资难是一个世界性难题，但通过对广州市科技信贷工作的先进做法与成功经验的深入分析，我们可以得出一个重要结论：政府部门、商业银行、科技服务中心和企业等不同主体只要有效合作，可以通过构建科技信贷风险资金补偿池等多种措施，从根本上解决信贷融资过程中存在的信息不对称、协调运行机制障碍以及企业自身内在素质等诸多问题。

克服中小企业融资难题的关键在于，政府如何进行顶层设计，科学制定政府服务科技创新的模式与路径，最大限度地发挥引导作用，以克服市

场经济条件下商业银行和企业等市场主体的功利性、盲目性和短视性，这决定了政府对其的支持必须形成一整套能够弥补市场缺口的健全、完善的体系。诚然，由于政府职能与规则限制，政府部门不宜采取中长期性直接投资方式，使大量财政资金流失，造成国有资源的巨大浪费。然而，政府部门可以通过对科技型中小企业提供政策扶持方面，充分发挥政策引导作用。具体包括以下三个方面。

1. 制度设计：成立企业法人形式的服务机构，构建多层次科技型中小企业的金融服务体系

广州市科技金融工作取得显著成效的经验是，以企业法人方式设立广州市科技金融综合服务中心。广州市科技金融综合服务中心是在广州市科技创新委员会指导下，由广州科技开发总公司全资成立的国有企业；运营团队目前 30 人，其中研究生 10 人，本科生 20 人，大部分成员拥有 2 年以上创业服务经验；中心在市科创委指导下，按照"1 + 9"中心集群构建思路，在广州市 9 个区布局分中心，建立覆盖全市、市场化运作的科技金融服务体系，服务全市科技型企业。中心搭建的科技金融众创空间——科技咖啡，被科技部认定为国家级众创空间，孵化面积共 8 000 平方米。科创咖啡具有四大特色：省市区科技金融政策服务平台、高端要素集聚的创业平台、开放共享的创新创业公共服务平台、构筑科技金融推动创新的生态系统，2016 年已成功举办活动 162 场，包括科技政策培训、科技信贷培训、项目路演、新三板沙龙等，服务企业超过 5 000 家，52 家新三板企业和 63 家创业项目参加路演，帮助 9 个项目完成 3.9 亿元融资；中央电视台、《人民日报》、新华网等权威媒体报道超 100 次，广东省市主要领导及其他省科技主管部门领导调研超过 110 次。

2. 科技金融服务中心进一步创新体制机制和工作模式，提升"催化剂"效用

如前所述，广州科技金融工作取得显著成效的经验是设立企业法人形式的广州市科技金融综合服务中心。近三年来，该中心针对服务实体经济、破解企业创新创业等现实需求，构建"一站式"科技金融服务平台；通过创业孵化、科技信贷、创业投资、企业上市等全链条服务，全面支持种子期、初创期、成长期、成熟期的科技企业创新发展；通过承办中国创新创业大赛，发起创业导师联盟，建设众创空间，开展创新创业培训，激发"大众创业、万众创新"热情，释放科技金融活力，推动科技企业从科创板到新三板再创业板、中小板乃至主板的上升渠道。科技金融服务中心致力于打造国家自主创新示范区科技金融综合服务中心，通过搭建科技金融服务，助力科技企业价值腾飞。同时，科技金融中心充分发挥财政资金引导优势，撬动机构和社会资本合力支持，用市场的资源解决科技企业需求；实行省市区联动，设立各区科技金融中心分中心，形成覆盖全市的科技金融服务平台。此外，科技金融中心也致力于打造广州创业咖啡品牌、广州科技信贷品牌、广州新三板品牌和广州创业大赛品牌，助力广州创新创业发展新态势。

3. 采用"政产学研金用"一体化模式，创新体制机制，进一步提升工作效率

实践经验表明，广州市科技金融综合服务中心在广州科技创新委员会指导下，以企业法人形式运营与发展，既能保证贯彻落实广州市政府部门有关科技金融的制度与政策措施，又能保持企业的活力与工作效率，适应科技行业及科技型中小企业多方面的市场需求。同时，服务中心通过加强与高校、科研机构、金融机构、行业协会等多形式、多渠道深入合作，进一步提升服务质量和工作效率。

8.3　未来展望

本书利用演化经济学分析范式，分析广东省科技金融与高新技术产业协同演化机制，并在此基础上实证检验二者协同演进动态关系和协同演化机制。运用系统性科学、协同学和群体动力学方法研究广东省科技金融与高新技术产业的协同效应，进而研究其复合系统协同发展模式，并在此基础上实证检验二者的协同状态和协同绩效。但是，由于知识水平有限，还需在理论分析、模型构建和运用等方面不断学习，以使得研究结果更具科学性和价值性。另外，本书选取广东省近 20 年科技金融与高新技术产业相关数据，由于可供选择指标较少，很难选取一系列具有代表性的数据，这也在一定程度上局限了本书的研究结论。接下来的研究工作将从动态演化视角下分析科技金融产业协同创新发展模式、路径和绩效，进一步分析二者协同演化动态关系，重点研究科技金融产业协同创新模式的优化和协同发展路径的实现等方面，从而为广东省科技金融产业协同发展和将粤港澳大湾区建设成为国际科技创新中心提供更具价值的参考建议。

参 考 文 献

［1］白恩来，赵玉林. 战略性新兴产业发展的政策支持机制研究
［J］. 科学学研究，2018，36（3）：425－434.

［2］鲍丹. 金融创新的协同机制及实现过程［J］. 财经问题研究，
2008（1）：57－60.

［3］Carlota P. 技术革命与金融资本——泡沫与黄金时代的动力
［M］. 北京：中国人民大学出版社，2009.

［4］常国辉. 基于产业视角的科技金融体系构建［J］. 科技与企业，
2015（5）：166.

［5］陈建先，王昊. 国外政府发展高新技术产业的政策研究［J］.
审计与经济研究，2002（5）：60－62.

［6］陈迅，陈军. 科技进步与金融创新的互动关系［J］. 科技管理
研究，2009（12）：55－57.

［7］陈永明，周龙. 金融支持支柱产业发展的路径思考［J］. 甘肃
金融，2017（6）：30－33.

［8］程强，武笛. 科技创新驱动传统产业转型升级发展研究［J］.
科学管理研究，2015，33（4）：58－61.

［9］戴志敏，罗峥. 科技进步对金融创新活动促进研究［J］. 科技
管理研究，2008（11）：48－51.

［10］丁志国，赵宣凯，苏治. 中国经济增长的核心动力——基于资
源配置效率的产业升级方向与路径选择［J］. 中国工业经济，
2012（9）：18－30.

［11］龚天宇. 政策性金融支持科技创新的模式研究——以国家开发
银行为例［J］. 广西财经学院学报，2011（5）：84－88.

［12］辜胜阻，洪群联，张翔. 论构建支持自主创新的多层次资本市
场［J］. 中国软科学，2007（8）：81－84.

［13］顾焕章，汪泉，高莉莉．科技金融创新的制度取向与实践模式［J］．江海学刊，2013（3）：73－78．

［14］郭晓丹，何文韬，肖兴志．战略性新兴产业的政府补贴、额外行为与研发活动变动［J］．宏观经济研究，2011（11）：63－69，111．

［15］哈肯，郭治安．协同学的基本思想［J］．科学，1990（1）：3－5，79．

［16］韩建军．产业集群的经济学分析及政府的作用［J］．华东经济管理，2003（4）：35－37．

［17］韩胜娟．SPSS聚类分析中数据无量纲化方法比较［J］．科技广场，2008（3）：229－231．

［18］侯茂章，廖晨琦．国家自主创新示范区科技金融体系建设及其对长株潭示范区的借鉴意义［J］．中南林业科技大学学报（社会科学版），2014（5）：58－62．

［19］胡浩，李子彪，胡宝民．区域创新系统多创新极共生演化动力模型［J］．管理科学学报，2011，14（10）：85－94．

［20］胡苏迪．中国科技金融中心发展水平研究——基于科技金融中心指数的构建与测算［J］．金融与经济，2018（9）：76－81．

［21］胡义芳．基于指数分析的我国科技金融发展研究［J］．求索，2013（12）：34－36．

［22］黄德春，陈瑞国，张长征．科技型企业成长支撑视角下科技金融发展指数研究［J］．科技进步与对策，2014（20）：109－113．

［23］黄刚，蔡幸．开发性金融对广西高新技术企业融资支持模式出探［J］．改革与战略，2006（5）：81－84．

［24］黄凯南．制度演化经济学的理论发展与建构［J］．中国社会科学，2016（5）：65－78．

［25］黄日福，陈晓红．FDI与产业结构升级：基于中部地区的理论及实证研究［J］．管理世界，2007（3）：154－155．

［26］姜明辉，贾晓辉，于闯．产业集群演化的仿真研究［J］．经济问题探索，2015（12）：81－90．

［27］姜宁，黄万．政府补贴对企业R&D投入的影响——基于我国高技术产业的实证研究［J］．科学学与科学技术管理，2010，31（7）：28－33．

［28］靳景玉，刘朝明．基于协同理论的城市联盟动力机制［J］．系统工程，2006（10）：15－19.

［29］黎鹏．区域经济协同发展及其理论依据与实施途径［J］．地理与地理信息科学，2005（4）：51－55.

［30］李丛文．金融创新、技术创新与经济增长——新常态分析视角［J］．现代财经（天津财经大学学报），2015（2）：13－24.

［31］李连友，罗嘉．我国金融监管协同机制分析——基于协同学的角度［J］．财经理论与实践，2008（2）：22－26.

［32］李丫丫．高技术产业融合与技术进步协同演化机制研究［D］．武汉理工大学硕士学位论文，2012.

［33］林春艳，孔凡超，孟祥艳．人力资本对产业结构转型升级的空间效应研究——基于动态空间 Durbin 模型［J］．经济与管理评论，2017，33（6）：122－129.

［34］刘沛，黎齐．金融集聚对产业结构提升的空间外溢效应研究——以广东省为例［J］．科技管理研究，2014，34（10）：187－192，201.

［35］刘文丽，郝万禄，夏球．我国科技金融对经济增长影响的区域差异——基于东部、中部和西部面板数据的实证分析［J］．宏观经济研究，2014（2）：87－94.

［36］刘湘云，韦施威，刘兆庆．群体动力学视角下科技创新与金融创新耦合机制研究——以广东省为例［J］．科技管理研究，2018，38（15）：15－25.

［37］刘湘云，吴文洋．基于高新技术产业的科技金融政策作用路径及效果评价研究［J］．科技管理研究，2017（18）：27－36.

［38］刘湘云．群体动力学及其在金融市场应用研究述评［J］．广西大学学报，2014（6）：69－76.

［39］刘筱，王铮，赵晶媛．政府在高技术产业集群中的作用——以深圳为例［J］．科研管理，2006（4）：36－43.

［40］刘志彪．我国区域经济协调发展的基本路径与长效机制［J］．中国地质大学学报（社会科学版），2013（1）：4－10.

［41］陆国庆，王舟，张春宇．中国战略性新兴产业政府创新补贴的绩效研究［J］．经济研究，2014，49（7）：44－55.

［42］路阳．量化投资的文艺复兴之道：基于群体行为金融的量化投资思想与方法［M］．光明日报出版社，2013.

［43］马钰超．我国金融发展对产业结构的影响［D］．山东财经大学，2018.

［44］庞博慧，郭振．生产性服务业和制造业共生演化模型研究［J］．经济管理，2010，32（9）：28-35.

［45］庞博慧．中国生产服务业与制造业共生演化模型实证研究［J］．中国管理科学，2012，20（2）：176-183.

［46］彭纪生，孙文祥，仲为国．中国技术创新政策演变与绩效实证研究（1978—2006）［J］．科研管理，2008（4）：134-150.

［47］丘海雄，徐建牛．产业集群技术创新中的地方政府行为［J］．管理世界，2004（10）：36-46.

［48］束兰根．科技金融体系中的资源整合——基于商业银行视角的分析［J］．金融纵横，2013（4）：4-10.

［49］宋树岩，刘艺文．股市"磁吸效应"的群体动力学解释——以"1·4""1·7"的四次熔断为例［J］．西部学刊（新闻与传播），2016（7）：66-67.

［50］孙强，杨义梅．企业技术创新与管理创新的协同效应研究［J］．武汉理工大学学报（信息与管理工程版），2006（3）：82-84，89.

［51］孙喜民，刘客，刘晓君．基于系统动力学的煤炭企业产业协同效应研究［J］．资源科学，2015，37（3）：555-564.

［52］索尔斯坦·凡勃伦，贾根良．经济学为什么不是一门演化（进化）科学？［J］．政治经济学评论，2004（2）：127-137.

［53］汤超准．金融集聚对产业结构升级的影响［D］．厦门大学，2017.

［54］唐强荣，徐学军，何自力．生产性服务业与制造业共生发展模型及实证研究［J］．南开管理评论，2009，12（3）：20-26.

［55］唐清泉，巫岑．基于协同效应的企业内外部R&D与创新绩效研究［J］．管理科学，2014，27（5）：12-23.

［56］王斌．基于网络结构的集群知识网络共生演化模型的实证研究［J］．管理评论，2014，26（9）：128-138.

［57］王成军．大学—产业—政府三重螺旋研究［J］．中国科技论坛，2005（1）：90-94.

［58］王子龙，谭清美，许箫迪．企业集群共生演化模型及实证研究［J］．中国管理科学，2006（2）：141-148.

［59］ 吴迪，刁琢，汤景辉．技术创新和金融创新协同发展机理研究
［J］．中国集体经济，2017（8）：20 – 21.

［60］ 吴非，杜金岷，李华民．财政科技投入、地方政府行为与区域
创新异质性［J］．财政研究，2017（11）：60 – 74.

［61］ 吴非，杜金岷，杨贤宏．财政 R&D 补贴、地方政府行为与企业
创新［J］．国际金融研究，2018（5）：35 – 44.

［62］ 吴翌琳，谷彬．科技金融服务体系的协同发展模式研究——中
关村科技金融改革发展的经验与启示［J］．中国科技论坛，
2013（8）：134 – 141.

［63］ 吴勇民，纪玉山，吕永刚．科技创新与金融结构的协同演化研
究——来自美国的经验证据［J］．贵州财经大学学报，2014
（4）：82 – 90.

［64］ 吴勇民，王倩．互联网金融演化的动力——基于技术与金融的
协同演化视角［J］．经济与管理研究，2016，37（3）：46 – 53.

［65］ 解学梅，刘丝雨．协同创新模式对协同效应与创新绩效的影响
机理［J］．管理科学，2015，28（2）：27 – 39.

［66］ 解学梅，左蕾蕾，刘丝雨．中小企业协同创新模式对协同创新
效应的影响——协同机制和协同环境的双调节效应模型［J］．
科学学与科学技术管理，2014，35（5）：72 – 81.

［67］ 谢宗晓，林润辉，李康宏，丘东．协同对象、协同模式与创新
绩效——基于国家工程技术研究中心的实证研究［J］．科学学
与科学技术管理，2015，36（1）：63 – 74.

［68］ 徐德云．产业结构升级的技术进步动力分析［J］．市场周刊
（理论研究），2008（5）：47 – 48，59.

［69］ 徐岩，李昊峰，郭楠．基于产业视角的科技金融体系构建
［J］．沈阳工业大学学报（社会科学版），2014（4）：299 – 303.

［70］ 许爱萍．京津冀科技创新协同发展背景下的科技金融支持研究
［J］．当代经济管理，2015（9）：69 – 72.

［71］ 薛婧．哈尔滨科技创新城构建多元资本市场 全力服务中小企业
［N］．中国高新技术产业导报，2016 – 04 – 11（010）.

［72］ 薛莉，叶玲飞．双阶段视阈下科技金融体系的异质性解构
［J］．江苏社会科学，2016（4）：67 – 72.

［73］ 姚雪松，向军，姚慧．产业结构、金融支持对科技创新的影

响——基于中国省际面板数据的实证研究 [J]. 山东工商学院学报, 2017 (1): 106 – 112.

[74] 叶斌, 陈丽玉. 区域创新网络的共生演化仿真研究 [J]. 中国软科学, 2015 (4): 86 – 94.

[75] 游丽. 我国商贸流通产业发展的金融支持研究 [J]. 商业经济研究, 2017 (8): 161 – 162.

[76] 于斌斌, 胡汉辉. 产业集群与城市化共生演化的机制与路径——基于制造业与服务业互动关系的视角 [J]. 科学学与科学技术管理, 2014, 35 (3): 58 – 68.

[77] 于斌斌, 金刚. 中国城市结构调整与模式选择的空间溢出效应 [J]. 中国工业经济, 2014 (2): 31 – 44.

[78] 曾国平, 何薇. 我国第三产业发展地区差异问题实证分析 [J]. 生产力研究, 2007 (6): 92 – 94.

[79] 张景安. 没有金融创新, 科技创新寸步难行 [J]. 中国高新技术企业, 2010 (23): 26 – 28.

[80] 张明艳, 田卫民. 财政支持科技型中小企业投入方式国际比较研究 [J]. 特区经济, 2010 (8): 112 – 114.

[81] 张晓燕, 冉光和, 季健. 金融集聚、城镇化与产业结构升级——基于省级空间面板数据的实证分析 [J]. 工业技术经济, 2015, 34 (9): 123 – 130.

[82] 张晓燕, 虞佳妮. 科技金融发展对产业结构升级的影响研究——以江苏三大区域为例 [J]. 金融经济, 2018 (12): 89 – 90.

[83] 张玉喜, 赵丽丽. 中国科技金融投入对科技创新的作用效果——基于静态和动态面板数据模型的实证研究 [J]. 科学学研究, 2015, 33 (2): 177 – 184, 214.

[84] 赵昌文, 陈春发, 唐英凯. 科技金融 [M]. 北京: 科技出版社, 2009.

[85] 赵灵章. 浅谈价值链管理中的协同效应 [J]. 经济与管理, 2004 (4): 32 – 34.

[86] 赵天一. 战略性新型产业科技金融支持路径及体系研究 [J]. 科技进步与对策, 2013 (8): 63 – 66.

[87] 赵玉林, 李丫丫. 技术融合、竞争协同与新兴产业绩效提升——基于全球生物芯片产业的实证研究 [J]. 科研管理, 2017, 38

（8）：11 - 18

［88］ 肇启伟，付剑峰，刘洪江. 科技金融中的关键问题［J］. 管理世界，2015（3）：164 - 167.

［89］ 郑婧渊. 我国高科技产业发展的金融支持研究［J］. 科学管理研究，2009（5）：101 - 103.

［90］ 周春彦. 大学—产业—政府三螺旋创新模式——亨利·埃茨科维兹《三螺旋》评介［J］. 自然辩证法研究，2006（4）：75 - 77，82.

［91］ 朱大玮，雷良海. 我国财政科技支出结构优化探讨——基于科技金融视角［J］. 科学管理研究，2012（2）：66 - 70.

［92］ 朱闪. 科技金融对战略性新兴产业集聚的影响研究［D］. 上海师范大学，2018.

［93］ 朱迎春. 政府在发展战略性新兴产业中的作用［J］. 中国科技论坛，2011（1）：20 - 24.

［94］ 祝佳. 创新驱动与金融支持的区域协同发展研究——基于产业结构差异视角［J］. 中国软科学，2015（9）：106 - 116.

［95］ 邹建国，李明贤. 科技金融对产业结构升级的影响及其空间溢出效应研究［J］. 财经理论与实践，2018，39（5）：23 - 29.

［96］ 邹珊刚，杨佐仪，杨长桂等. 发展的潜力——我国基础研究与应用基础研究资源的分析［M］. 武汉：华中理工大学出版社，1993.

［97］ Abrams D, Rutland A, Cameron L. Older but Wilier: In - group Accountability and the Development of Subjective Group Dynamics ［J］. Developmental Psychology, 2007（43）：134 - 143.

［98］ Alessandra C, Stoneman P. Mayer - Foulkes. The Effect of Financial Development on Convergence: Theory and Evidence ［J］. The Quarterly Journal of Economics, 2009, 1（1）：173 - 222.

［99］ Anna Ilyina, Roberto Samaniego. Structural Change and Financing Constraints ［J］. Journal of Monetary Economics, 2012, 59（2）：166 - 179.

［100］ Barberis N, Xiong W. What Drives the Disposition Effect: An Analysis of a Long - Standing Preference - Based Explanation ［J］. The Journal of Finance, 2009（64）：751 - 784.

[101] Carwright D, Zander A. Group Dynamics: Re – search and Theory (3rd ed.) [M]. New York: Harper & Row, 1968.

[102] Chou Y K, Chin M S. Financial Innovations and En – dogenous Growth [J]. Applied Mechanics and Materials Journal, 2006, 12 (3): 146 – 149.

[103] Colombo G, Grilli L. Funding Gaps? Access to Bank Loans by High – Tech Start – Ups [J]. Small Business Economics, 2011 (29): 25 – 46.

[104] Daniel K, Hirshleifer D, Subrahmanyam A. Investor Psychology and Security Market under – and Overreactions [J]. The Journal of Finance, 1998 (53): 1839 – 1885.

[105] Doh S, Kim B. Government Support for SME Innovations in the Regional Industries: The Case of Government Financial Support Program in South Korea [J]. Research Policy, 2014, 43 (9): 1557 – 1569.

[106] Dosi G. Finance, Innovation and Industrial Change [J]. Journal of Econometrics, 1990.

[107] Forsyth D R. The Scientific Study of Groups: An Edito – rial [J]. Group Dynamics: Theory, Research, and Practice, 1987 (11): 3 – 6.

[108] Gerard G, Ganesh P. Development Financial Institutions as Technology Policy instruments: Implications for Innovation and Entrepreneurship in Emerging Economics [J]. Research Policy, 2003 (32): 89 – 108.

[109] Gereffi G, Lee J. Economic and Social Upgrading in Global Value Chains and Industrial Clusters: Why Governance Matters [J]. Journal of Business Ethics, 2016, 133 (1): 25 – 38.

[110] Hong H, Stein J C. A Unified Theory of under Reaction, Momentum Trading, and Overreaction in Asset Markets [J]. The Journal of Finance, 1999 (54): 2143 – 2184.

[111] Hyeok J, Robert M T. Sources of TFP Growth: Occupational Choice and Financial Deepening [J]. Economic Theory, 2007, 32 (1): 179 – 221.

[112] Hägerstrand Torsten. A Monte Carlo Approach to Diffusion [J]. Archives Européennes De Sociologie, 1953, 6 (1).

[113] Kebebe. Understanding Socio – economic and Policy Constraints to Dairy Development in Ethiopia: A Coupled Functional – structural Innovation Systems Analysis [J]. Agricultural Systems, 2015 (141): 69 –78.

[114] Koen Frenken. A Complexity Approach to Innovation Networks. The Case of the Aircraft Industry (1909 – 1997) [J]. Research Policy, 2000 (2).

[115] Krugman P. Increasing Returns and Economic Geography [J]. Journal of Political Economy, 1991, 99 (3): 483 –499.

[116] Krugman P. What's New about the New Economic Geography? [J]. Oxford Review of Economic Policy, 1991 (2): 2.

[117] Krugman, Paul. Increasing Returns and Economic Geography [J]. Journal of Political Economy, 1999, 99 (3): 483 –499.

[118] Kurt Lewin. A Dynamic Theory of Personality: Selected Papers [J]. The Journal of Nervous and Mental Disease, 1936 (84): 612 –613.

[119] Kübra Şimşek, Nihan Yıldırım. Constraints to Open Innovation in Science and Technology Parks [J]. Procedia – Social and Behavioral Sciences, 2016 (11): 229 –235.

[120] Lee Fleming, Olav Sorenson. Technology as a Complex Adaptive System: Evidence from Patent Data [J]. Research Policy, 2001 (7).

[121] Lesage J P, Pace R K. Spatial Econometric Modeling of Origin – Destination Flows [J]. Journal of Regional Science, 2008, 48 (5): 941 –967.

[122] Luigi B, Fabio S, Alessandro S. Banks and Innovation: Microeconometric Evidence on Italian Firms [J]. Journal of Financial Economics, 2008, 90 (2): 197 –217.

[123] Marques J, Abrams D, Paez D, et al. The Role of Categorization and in – group Norms in Judgments of Groups and Their Members [J]. Journal of Personality and Social Psychology, 1998 (75):

976 – 992.

[124] Menzel M P, Fornahl D. Clister Life Cycles – Dimensions and Rationales of Cluster Evolution [J]. Industrial and Corporate Change, 2010, 19 (1): 205 – 238.

[125] Michael Porter. National Competitive Advantage [M]. Beijing: Huaxia Press, 2002.

[126] Mudambi R, Mudambi S M, Mukherjee D, et al. Global Connectivity and the Evolution of Industrial Clusters: From Tires to Polymers in Northeast Ohio [J]. Industrial Marketing Management, 2016 (15): 344 – 368.

[127] Nelson R R, Winter S G. An Evolutionary Theory of Economic Change [M]. Cambridge: Harvard University Press, 1982.

[128] O'Sullivan. The Firm as an Interactor: Firms as Vehicles for Habits and Routines [J]. Journal of Evolutionary Economics, 2004 (3).

[129] Perez. Technical Revolution and Financial Capital: The Dynamics of the Bubble and Golden Age [M]. Beijing: Renmin University Press, China.

[130] Po – Hsuan Hsu, Xuan Tian. Financial Development and Innovation: Croscountry Evidence [J]. Journal of Financial Economics, 2014, 112 (1): 116 – 135.

[131] Po – Hsuan H. Technological Innovations and Aggregate Risk Premiums [J]. Journal of Financial Economics, 2009, 94 (2): 264 – 279.

[132] Revilla A J, Fernandez Z. The Relation between Firm Size and R&D Productivity in Different Technological Regimes [J]. Technovation, 2012, 32 (11): 609 – 623.

[133] Venables A J. The Spatial Economy: Cities, Regions, and International Trade [J]. MIT Press Books, 2001, 1 (1): 283 – 285.

[134] Yong Huang, Funian Zheng, Zhijian Huang. Research on Science and Technology and Finance Scientific Positive Feedback Mechanism Based on Ceramic Industry Technology Innovation Strategic Alliance [M]. Springer Berlin Heidelberg, 2013.

图书在版编目（CIP）数据

科技金融与高新技术产业协同演化机理、模式及效应
研究/刘湘云著. —北京：经济科学出版社，2021.12
国家社科基金后期资助项目
ISBN 978 - 7 - 5218 - 3281 - 5

Ⅰ.①科… Ⅱ.①刘… Ⅲ.①科学技术 - 金融 - 关
系 - 高技术产业 - 研究 - 中国 Ⅳ.①F832

中国版本图书馆 CIP 数据核字（2021）第 254041 号

责任编辑：初少磊
责任校对：郑淑艳
责任印制：范　艳

科技金融与高新技术产业协同演化机理、模式及效应研究
刘湘云　著
经济科学出版社出版、发行　新华书店经销
社址：北京市海淀区阜成路甲 28 号　邮编：100142
总编部电话：010 - 88191217　发行部电话：010 - 88191522
网址：www. esp. com. cn
电子邮箱：esp@ esp. com. cn
天猫网店：经济科学出版社旗舰店
网址：http://jjkxcbs. tmall. com
北京季蜂印刷有限公司印装
710×1000　16 开　17 印张　290000 字
2022 年 5 月第 1 版　2022 年 5 月第 1 次印刷
ISBN 978 - 7 - 5218 - 3281 - 5　定价：75.00 元
（图书出现印装问题，本社负责调换。电话：010 - 88191510）
（版权所有　侵权必究　打击盗版　举报热线：010 - 88191661
QQ：2242791300　营销中心电话：010 - 88191537
电子邮箱：dbts@ esp. com. cn）